孔孟之乡非物质文化遗产概览

主　编　宋永利　张宏图　樊云松

副主编　姚洪运　赵本立　李亭亭

王小彤

参　编　杨　森　王　丹　马　艳

王师琪　朱大诚　尤　振

邱文博　吕翠萍　韩婉婉

北京理工大学出版社

BEIJING INSTITUTE OF TECHNOLOGY PRESS

内容简介

本书紧跟国家大力弘扬优秀传统文化的战略要求，系统梳理了山东省非物质文化遗产项目，对保护与传承地方非物质文化遗产具有积极作用。第一章至第四章对非物质文化遗产的概念、界定与特点，非物质文化遗产的价值，非物质文化遗产的保护方法和保护原则等理论问题进行了探讨，同时，对非物质文化遗产的传承主体与保护主体进行了分析。第五章至第十一章从民间文学，传统手工技艺，传统美术，民俗，民间音乐、舞蹈与曲艺，传统中医药，传统体育、游艺与杂技等角度对孔孟之乡的非物质文化遗产进行了详尽的个案分析，对了解孔孟之乡非物质文化遗产的丰富性和重要性具有重要价值。附录则对孔孟之乡非物质文化遗产名录作了系统的梳理。

本书可以作为高等院校的文化通识课教材，为高等院校思想政治教育提供丰富的思想政治教育资源，拓宽思想政治教育的研究视野和研究思路；也可以作为普通大众的文化读本。

图书在版编目（CIP）数据

孔孟之乡非物质文化遗产概览 / 宋永利，张宏图，樊云松主编.—北京：北京理工大学出版社，2018.9

ISBN 978-7-5682-6232-3

Ⅰ.①孔…　Ⅱ.①宋…　②张…　③樊…　Ⅲ.①非物质文化遗产－介绍－山东　Ⅳ.①G127.52

中国版本图书馆CIP数据核字(2018)第198328号

出版发行 / 北京理工大学出版社有限责任公司
社　　址 / 北京市海淀区中关村大街5号
邮　　编 / 100081
电　　话 / （010）68914775（总编室）
（010）82562903（教材售后服务热线）
（010）68948351（其他图书服务热线）
网　　址 / http：//www.bitpress.com.cn
经　　销 / 全国各地新华书店
印　　刷 / 北京紫瑞利印刷有限公司
开　　本 / 710mm × 1000mm　1/16
印　　张 / 17
字　　数 / 253千字
印　　次 / 2018年9月第1版　2018年9月第1次印刷
定　　价 / 72.00元

责任编辑 / 赵　岩
文案编辑 / 赵　岩
责任校对 / 周瑞红
责任印制 / 边心超

编委会

前言

进入 21 世纪以来，特别是《中华人民共和国非物质文化遗产法》颁布以来，非物质文化遗产保护意识不断深入人心，非物质文化遗产的保护工作也正在朝着更广阔的领域、更深入的层面拓展。非物质文化遗产保护工作的开展，迫切呼唤非物质文化遗产基础知识的普及和基础理论研究的深化。正是在这样的背景和氛围下，我们合作编写了本书，旨在为在校大学生提供一部兼具知识性与思想性的非物质文化遗产知识普及读本，同时为高等院校思想政治教育提供丰富的思想政治教育资源，拓宽思想政治教育的研究视野和研究思路。

本书是山东省高等院校第一部以非物质文化遗产学科建设和地方非物质文化遗产保护与传承为目标的教科书，也是供相关人士学习与参考的知识读本。本书在撰写的过程中，得到了山东省、济宁市非遗中心的关心支持，在此一并致谢！

本书由宋永利、张宏图、樊云松撰写大纲并进行最后的统稿。本书在编写过程中，参阅了诸多学者的论著、文章，吸取了他们的许多成果。这些资料为我们提供了有益的素材和启示，在此向这些作者致以诚挚的谢意。

本书是山东省高校人文社科研究计划思想政治教育专题研究项目《中华优秀传统文化融入大学生思想政治教育研究——基于非物质文化遗产的视角》的研究成果，同时是山东省教学资源库“民族文化传承与创新子库——儒家文化及孔孟之乡非遗传承与创新资源库”的重要建设内容。

由于编者水平有限，加之编写时间仓促，书中难免存在疏漏之处，敬请专家、同行和读者不吝赐教，提出宝贵意见。

编　者

目录

第一章
非物质文化遗产的概念、界定与特点

非物质文化遗产的概念、界定与特点 ppt

阅读提示：

“非物质文化遗产”是一个提出时间并不长的概念。理解和掌握这个概念，是掌握本书内容的基础。本章以“非物质文化遗产”概念作为重点，首先介绍了提出这个概念的背景和过程，进而分析了与这个概念相关的一些概念，如文化遗产、有形文化、无形文化和文化空间等概念；其次，在阐述这些概念之后，又介绍了国内外学术界对这个概念的解释；最后，在此基础上提出了本书对非物质文化遗产概念的解释和对非物质文化遗产范围的界定。为了更全面、更准确地理解这个概念，又分别比较了非物质文化遗产与自然遗产、世界文化遗产、传统民族民间文化遗产、文化景观遗产的联系和区别，并从非物质文化遗产与其他类型遗产的区别中，提出并分析了非物质文化遗产的独特性、活态性、传承性、变异性、综合性、民族性和地域性等基本特点。

随着我国昆曲艺术、古琴艺术、新疆维吾尔木卡姆艺术和中国与蒙古国联合申报的蒙古族长调民歌先后入选联合国教科文组织宣布的第一批、第二批、第三批“人类口头和非物质遗产代表作”项目名单，2006 年 6 月 10 日我国迎来了第一个“文化遗产日”：国务院 2006 年 5 月公布了共计 518 个项目的第一批国家级非物质文化遗产名录，2008 年 6 月公布了共计 510 个项目的第二批国家级非物质文化遗产名录和共计 147 项的第一批国家级非物质文化遗产扩展项目名录，2011 年 6 月国务院公布了第三批国家级非物质文化遗产目录共 191 项、国家级非物质文化遗产扩展项目名录 164 项；2014 年 11 月国务院公布了第四批国家级非物质文化遗产代表性项目名录共 153 项、国家级非物质文化遗产代表性项目名录扩展项目名录共计 153 项。2011 年 2 月 25 日，第十一届全国人民代表大会常务委员会第十九次会议审议通过了《中华人民共和国非物质文化遗产法》，“非物质文化遗产”这一概念成为家喻户晓的社会性词汇。

然而，“非物质文化遗产”作为一个学术概念，即使在较早提出这一词语的联合国教科文组织的词语库里，也是一个非常新的术语。根据有关资料，联合国教科文组织最初使用“非物质遗产”的概念是受到了美国的影响，其是一个与“物质遗产”相对的术语。

1982年，联合国教科文组织内部特别设置了一个管理部门，叫作“非物质遗产”部门。也就是说，到了20世纪80年代，“非物质遗产”的概念才开始出现，这一概念的提出距今仅有30多年的时间。

“非物质文化遗产”被引入国内，在时间上更晚一些。甚至可以说，直到进入21世纪之前，在国内，“非物质文化遗产”的概念仍是个使用率极低、完全没有引起人们注意的词语。这一概念开始比较频繁地进入人们的视野是在2001年——我国积极参与向联合国教科文组织申报第一批人类口头和非物质文化遗产代表作项目。这一年，围绕这一申报活动，有关政府部门、学术机构和社会团体举办了一系列活动，有关媒体跟踪报道，使“非物质遗产”（最初使用的是“人类口头和非物质遗产”）这样一个略显模糊费解、学术色彩较浓的术语，渐渐引起人们的关注。总而言之，“非物质文化遗产”概念的产生，无论是在国外还是在国内，历史都非常短暂。

第一节　非物质文化遗产概念的提出

事实上，联合国教科文组织对非物质文化遗产的关注经历了一个渐进的过程，在保护自然遗产和文化遗产的过程中，逐渐认识到非物质文化遗产在整个遗产保护中的重要性和特殊性，进而将其提上了议事日程，并在世界范围内大力开展非物质文化遗产的保护活动。非物质文化遗产的保护既是世界遗产保护工作深入开展的体现，也是社会发展提出的新课题。在理解非物质文化遗产之前，有必要回顾联合国在保护遗产过程中的几个重要事件，正是这些事件推动了非物质文化遗产的保护进程。

一、自然遗产与文化遗产概念的提出

1959年，埃及与苏丹两国商定，在阿斯旺修建一座规模宏大的水坝，这一行为致使努比亚遗址和阿布辛拜勒神庙毁于一旦，尽管有许多呼吁，仍未能使神庙避免厄运。更严重的是，为了经济的发展，在20世纪六七十年代，全世界因为旅游和水利工程而毁掉的古

迹要大大多于两次世界大战对古迹的破坏。于是，一场遗址保护运动在世界范围内兴起。1965 年，美国首先提出了“世界遗产信托基金”建议案，倡导通过国际合作保护“世界杰出的自然风景区和历史遗址”。1970 年，美国首次把这一设想写进了《国家环境政策法》。1972 年，美国同时颁布了《人类环境宣言》和《人类环境行动计划》。前者强调了人类与环境之间的密切关系，还把环境视为基本人权的重要组成部分：“人类环境包括自然环境与人文环境两个方面，人类所享受的基本人权，甚至包括生存权利本身，都是必不可少的。”《人类环境行动计划》则建议，应当尽快制定《保护世界文化遗产和自然遗产公约》。这些具有前瞻性的建议获得了联合国教科文组织的重视和采纳。1972 年 11 月 16 日，联合国教科文组织在巴黎通过了《保护世界文化和自然遗产公约》（以下简称《世界文化遗产公约》），同时还颁布了《关于国家一级保护文化和自然遗产建议案》。这两个法案使“世界遗产”“文化遗产”和“自然遗产”这些概念在国际上流行开来。

《世界文化遗产公约》把对人类整体有特殊意义的文物古迹、风景名胜及自然风光、文化及自然景观列入世界遗产名录。该公约规定的保护对象是自然遗产和文化遗产，还对自然遗产和文化遗产都作了相应的界定，主要保护的是物质遗产。《世界文化遗产公约》所涉及的最后一种遗产类型是文化与自然双重遗产。文化与自然双重遗产指将在历史、艺术或科学方面有世界意义的纪念文物、建筑物、遗迹等文化遗产，和在审美、科学、保护形态上特别具有世界价值的地形或生物，包括景观在内的地域等内容的自然遗产融合起来，构成的同时具有文化与自然两方面因素的遗产。我国的黄山（图 1–1）、泰山（图 1–2）等名胜均属于文化与自然双重遗产。

图 1–1　黄山

图 1–2　泰山

从立法角度看，在保护遗产方面，东方的日本、韩国都早于美国进行了立法，日本以立法的形式对“有形文化财”（物质遗产）的保护始于1871年。日本对“无形文化财”（类似非物质文化遗产）的保护始于1950年。而且，日、韩两国的实践也对联合国教科文组织的有关活动产生了明显的影响。1950年通过的《文化财保护法》，是日本在保护文化遗产方面的一部重要法典。这部法律把保护对象分为有形文化财、无形文化财、民俗文化财、史迹名胜、天然纪念物、传统建筑物群、文化财保存技术、埋葬文化财8类。经过试行、修改，最终形成了1975年的新版《文化财保护法》。日本的《文化财保护法》把文化遗产分为有形文化遗产和无形文化遗产的做法是首创性的，拓展了保护文化遗产的范围，并对世界范围内的文化遗产保护产生了积极的影响。1962年，韩国颁布的《文化财保护法》受到了日本的影响，把文化财分为有形文化财、无形文化财、纪念物、民俗文化财。韩国的《文化财保护法》规定，无形文化财主要是指历史、艺术、学术等方面具有较高价值的演剧、音乐、舞蹈、工艺技术以及其他无形的文化载体，主要强调传统表演艺术、民间技艺方面。2003年，联合国教科文组织在巴黎通过的《保护非物质文化遗产公约》，就吸收了日本、韩国的经验，并借鉴了相关的提法，非物质文化遗产保护就是由无形文化遗产保护发展而来的。

二、非物质文化遗产概念的提出和深化

随着保护自然遗产和文化遗产工作的深入，同时为了弥补对非物质文化遗产保护的疏漏，保护非物质文化遗产的工作也被提到了联合国的议事日程。1987年，联合国教科文组织在原来世界自然文化遗产和文化遗产的基础上，确定把非物质文化遗产作为保护对象。之后，联合国教科文组织把这一决策进一步细化，并通过专门的立法明确了对非物质文化遗产的保护，这就是1989年11月在联合国教科文组织的第25届巴黎大会上通过的关于保护民间传统文化的建议书《保护民间创作建议案》。不过，这个建议案并没有使用“非物质文化遗产”的概念，而是以“民间传统文化”来指代“非物质文化遗产”。

2001年是联合国在保护非物质文化遗产工作方面值得重视的一

年。这一年，联合国教科文组织第 31 届大会在巴黎总部通过了《文化多样性宣言》，该宣言指出："文化在不同的时代和不同的地方具有各种不同的表现形式。这种多样性的具体表现是构成人类的各群体和各社会的特性所具有的独特性和多样化。文化多样性是交流、革新和创作的源泉，对人类来讲就像生物多样性对维持生物平衡那样必不可少。从这个意义上讲，文化多样性是人类的共同遗产，应当从当代人和子孙后代的利益考虑予以承认和肯定。"应该说，该宣言的意义是非常重大的，它反映了尊重多元文化格局、尊重各个文明成就已经成为联合国各成员国的共识，各个民族、各种文化、各种文明之间应该相互尊重，用对话代替敌视、冲突，在彼此的同情、理解中积极寻求认同和共识，共同维护多元共存共生的格局，以维持和发展人类的自然环境和人文环境，提升人类的生活质量。其基本精神为世界范围内的非物质文化遗产的保护奠定了良好的基础。

2003 年 10 月 17 日，联合国教科文组织第 32 届大会通过了《保护非物质文化遗产公约》，该公约使用了规范的非物质文化遗产的概念，详细界定了非物质文化遗产的概念、非物质文化遗产所包括的范围，并为联合国成员国提供了可供操作的申报细则，标志着联合国教科文组织主导的、世界各国参与的非物质文化遗产保护工作已经达到了新的水平和阶段。中国作为联合国缔约国之一，不仅坚决地支持和执行公约的相关规定，而且积极地参与了该公约的起草和修订，为推进世界范围内的非物质文化遗产的保护工作发挥了重要的作用。

第二节　非物质文化遗产的概念及界定

一、非物质文化遗产的概念

"非物质文化遗产"一词源于"无形文化财"一词的英译，从字面看，这类遗产特指那些"看不见""摸不着"的人类财富，如传统工艺技术、传统表演技艺等，故而又被称为"无形文化遗产"。

最早使用这个词的国家是我们的邻国日本。在1950年颁布的《文化财保护法》中，日本率先使用“无形文化财”一词，但该词除20世纪60年代开始影响韩国外，在很长一段时间里，都没有对国际社会产生太大影响。进入20世纪70年代后，随着日本进驻联合国教科文组织，这一概念才逐渐受到联合国教科文组织乃至整个国际社会的高度重视，一个规模宏大的非物质文化遗产保护运动在联合国教科文组织的倡导下迅速展开。①

联合国教科文组织在引进这一理念的过程中，最初将“无形文化财”译作“民间口头创作”或“人类口头及非物质文化遗产”，后译作“非物质文化遗产”（Nonphysical Cultural Heritage）。但在此后的使用中，人们仍觉得这一译法并不十分恰当，遂最终改译为“无形文化遗产”（Intangible Cultural Heritage）。由于中国政府在启动中国民族民间文化保护工程时，只注意到了联合国教科文组织有关“非物质文化遗产”的最初提法，而没有注意到后来的改变，在用语上也一直沿用了联合国教科文组织对“无形文化遗产”的最初表述——“非物质文化遗产”，而没有使用国际社会已普遍使用的“无形文化遗产”一词。

要想保护非物质文化遗产，首先要知道什么是非物质文化遗产。

在2003年10月17日颁布的《非物质文化遗产保护公约》中，联合国教科文组织是这样界定非物质文化遗产的：“‘非物质文化遗产’指被各群体、团体、有时为个人视为其文化遗产的各种实践、表演、表现形式、知识和技能及其有关的工具、实物、工艺品和文化场所。各个群体和团体随着其所处环境、与自然界的相互关系和历史条件的变化不断使这种代代相传的非物质文化遗产得到创新，同时

① 例如，1977年联合国教科文组织在制定《联合国教科文组织第一个中期计划》（1977—1983）时，首次提及“无形文化财”一词，而1984年联合国教科文组织在制定《联合国教科文组织第二个中期计划》时，便开始将无形文化遗产保护工作列入第二个中期计划。1989年联合国教科文组织颁布的《保护民间创作建议案》和《人类口头及无形文化遗产代表作条例》，更是将无形文化遗产保护作为联合国教科文组织的中心议题，呈现在国际社会面前。在2002年9月16日联合国文化遗产日这天，联合国教科文组织在土耳其伊斯坦布尔以“无形文化遗产——文化多样性的体现”为题，召开了联合国成员国文化部长圆桌会议并通过了《伊斯坦布尔宣言》，呼吁在全球化形势下，加强对于各国无形文化遗产的保护。2003年联合国教科文组织《保护无形文化遗产公约》的颁布，更是标志着人类无形文化遗产保护运动进入一个新的纪元。

使他们自己具有一种认同感和历史感，从而促进了文化多样性和人类的创造力。在本公约中，只考虑符合现有的国际人权文件，各群体、团体和个人之间相互尊重的需要和顺应可持续发展的非物质文化遗产。”非物质文化遗产所涵盖的内容有口头传说和表述，包括作为非物质文化遗产媒介的语言；表演艺术；社会风俗、礼仪、节庆；有关自然界和宇宙的知识和实践；传统的手工艺技能。

2011 年 2 月 25 日，第十一届全国人民代表大会常务委员会第十九次会议通过的《中华人民共和国非物质文化遗产法》是国家保护非物质文化遗产的基本法律。它对非物质文化遗产及其范围的界定是：本法所称非物质文化遗产，是指各族人民世代相传并视为其文化遗产组成部分的各种传统文化表现形式，以及与传统文化表现形式相关的实物和场所，包括：①传统口头文学以及作为其载体的语言；②传统美术、书法、音乐、舞蹈、戏剧、曲艺和杂技；③传统技艺、医药和历法；④传统礼仪、节庆等民俗；⑤传统体育和游艺；⑥其他非物质文化遗产（图 1-3）。

图 1-3　世界非物质文化遗产——呼麦

二、非物质文化遗产的界定

应该说，上述定义已经触及非物质文化遗产的核心内容，但在表述形式上仍有不尽完备之处，需要做进一步的补充、修正和发展。笔者认为，要想为非物质文化遗产做出一个准确的学术定位，就有必要从以下几个方面对非物质文化遗产做出明确的学术限定。

（1）从传承主体看，非物质文化遗产必须以杰出传承人为依托，没有杰出传承人的不能认定为非物质文化遗产。

就像任何传承都需要载体一样，非物质文化遗产的传承同样需要载体。这个载体便是非物质文化遗产传承人（图 1-4）。非物质文化遗产濒危，说到底就是传承人濒危；非物质文化遗产消亡，说到底就是传承人的消亡。因此，有没有传承人，事实上已经成为我们判断一个传统文化事项能否成为非物质文化遗产的基本标志。没有传承人的非物质文化遗产事项，事实上是不可能存在的。而已经进入《非物质文化遗产保护名录》的非物质文化遗产项目，如果传承人过世而又无适当人选继承，则该项目只能自动取消。

图 1-4　非物质文化遗产传承人

那么，什么人才有资格充当非物质文化遗产传承人呢？以往，人们往往从阶级或阶层角度出发，认为只有民间社会的普通民众才有资格成为非物质文化遗产传承人。事实上，在非物质文化遗产传承过程中，绝大多数非物质文化遗产传承人确实来自民间，特别是那些著名的艺人、匠人、巫师、歌手。因此，即或人们以“民间”一词代指非物质文化遗产传承人也无可厚非。但这并不意味着民间社会之外的其他人无权获此殊荣。因为有些非物质文化遗产的创造与传承，恰恰是由民间社会之外的人们来完成的。例如，日本的能乐、韩国李氏王朝的宫廷祭祀等，都是由宫廷社会来传承的。它们虽非民间之物，但确是这些民族的宝贵的文化遗产。同理，中国历史上的宫廷音乐、古代官式建筑技术等，虽不是民间创造，也不在民间传承，但无法否认它们在中华文化遗产中的重要地位。事实证明，许多非物质文化遗产的创造与传承，都需凭借雄厚的经济实力，没有国家或宫廷的扶持，许多非物质文化遗产就不可能得到最为有效的传承。因此，判断一个传统文化事项能否成为非物质文化遗产，不是看该遗产传承人是贫民还是皇帝，而是看他究竟掌握有多少传统知识、技艺与技能。在联合国教科文组织《非物质文化遗产保护公约》中可以看到，即或联合国教科文组织也未将非物质文化遗产传承人仅仅局限于“各地人民群众”，同时也包括了除“各地人民群众”之外的“某些个人”。这在无形中也表明，有些非物质文化遗产传承人并不在普通民众之列。

（2）从传承形态看，非物质文化遗产必须以活态的原汁原味的传承为基本特征，非活态的、非原汁原味的传承项目不能认定为非物质文化遗产。

图 1-5 焖炉烤鸭

首先，非物质文化遗产必须以活态传承为特征。对于物质文化遗产而言，只有时限以及品质上的限定就已经足够。但对于非物质文化遗产而言，除时限、品质上的限定外，还必须有形态上的限定——必须以活态传承的方式呈现在世人面前（图 1-5）。这也是判断一个传统文化事项是不是非物质文化遗产的重要标志。譬如，如果还有人以传统的方式原汁原味地讲述满族说部，那么，满族说部就是非物质文化遗产；如果传承人已经逝去，再无人能够以传统的方式原汁原味地讲述满族说部，那么，尽管人们也承认满足说部是满族祖先留给后人的一笔珍贵的民族文化遗产，但是，无论如何也不能称其为非物质文化遗产，更不能在国家级非物质文化遗产代表作名录中继续留名。因为作为一种活态传承，它的生命已经终结。以此类推，泰山封禅、流行于隋唐之际的早期戏曲《踏摇娘》以及宋词、元曲等，尽管历史上确实有过真实的存在，但由于目前均已消失，所以，从理论上均不能认定为非物质文化遗产。

其次，非物质文化遗产必须以原汁原味的传承为基本特征。任何事物都在发展变化，但变化所赋予它们的意义并不相同。对于许多事物而言，变化意味着进步，但对于文化遗产而言，变化则意味着破坏。这是因为非物质文化遗产虽以活态传承为基本特征，但出于认识历史的需要，保留下来的历史信息、文化信息、艺术信息、社会信息当然是越多越好。如果无视上述信息的历史价值而任人改造，非物质文化遗产就会由于上述信息的大量缺失而不再具有历史认识价值。

（3）从传承时限看，非物质文化遗产必须具有悠久的历史，时间不足百年者不能认定为非物质文化遗产。

活态传承是非物质文化遗产的重要特征，但这并不意味着流传至今的所有文化事项——哪怕是非常优秀的文化事项——都能成为非物质文化遗产。例如，1949 年以后出现的户县农民画（产生于 20 世纪 50 年代）、金山农民画（产生于 20 世纪 70 年代）等，至少目前不能被认定为非物质文化遗产。原因即在于它们在传承时限上，尚没有达到非物质文化遗产的准入门槛。

在非物质文化遗产遴选过程中，各国对非物质文化遗产都有一定的时限上的要求。以日韩等国为例，这些国家虽然对非物质文化遗产的准入门槛不曾有过明确的时间上的限定，但历史最短者，一般也都要控制在百年以上。这一标准的制定，对于绝大多数国家来说显然是比较合适的。我国将非物质文化遗产准入门槛限定在百年以前（清朝灭亡之前），是因为清末民初是中国历史上传统手工技艺、传统曲艺等发展的一个高峰期，将这一时期产生并流传至今的优秀遗产钩沉出来，对于非物质文化遗产保护工作而言，无疑会起到事半功倍的作用。当然，百年历史只是对非物质文化遗产所设下的一个最基本的准入门槛。其实，像中国这样一个具有 5000 年文明史的国家，一般的非物质文化遗产事项通常也都应具有数百年乃至上千年历史，如昆曲、京剧等表演艺术已经有数百年的历史，木版年画已经有近千年的历史，风筝制作有近两千年的历史。所谓“遗产”，当然是指财富的创造者亡故后留给人们的财产。不足百年，财产创造者尚健在人世，其所赠予人们的财富，显然不能称之为“遗产”。

需要说明的是，我们所说的百年，并非对某一具体事物而言，而是泛指某类事物。只要某类事物已经具有百年以上的历史，其他条件也已具备，便有资格成为非物质文化遗产。

（4）从品质上看，非物质文化遗产必须是一种重要的民族文化遗产，没有重要价值者不能认定为非物质文化遗产。

有人认为，所谓“非物质文化遗产”就是传统文化。其实，这是个误解。非物质文化遗产是传统文化，但并不是传统文化的全部，而只是其中的精华部分。因此，不用说抽大烟、裹小脚这类陋俗不能成为非物质文化遗产，就连那些老百姓喜闻乐见的行酒令、打麻将等传统民俗事项，也很难获此殊荣。

那么，在品质上对非物质文化遗产具有怎样的要求呢？我们认为，所谓“非物质文化遗产”，至少应具有重要的历史价值、艺术价值、文化价值、科学价值和社会价值。没有上述硬性条件作支撑，是不能成为非物质文化遗产的。而在这个评价体系中，学术界对该遗产的价值评估固然重要，但更主要的，还是要看当地社会的认同。一个不被当地社会视为本地地域标志性文化的传统文化事项，是不能成为非物质文化遗产的。为确保非物质文化遗产申报质量，2003年联合国教科文组织在颁布《非物质文化遗产保护公约》时，将非物质文化遗产涵盖范围集中界定在了口头文学、表演艺术、传统技能、传统知识、传统节日仪礼及民俗活动等几个领域，其主要原因即在于这几个领域是非物质文化遗产这座金矿的矿脉所在，从这里更容易发掘出一个民族非物质文化遗产的精华。

第三节 非物质文化遗产与其他人类遗产的关系

一、非物质文化遗产与文化遗产的关系

《保护世界文化和自然遗产公约》第1条明确地规定了世界文化遗产应包括的范围：①文物。从历史、艺术或科学角度看具有突出的普遍价值的建筑物、碑雕和碑画，具有考古性质成分或结构、铭文、窟洞以及联合体。②建筑群。从历史、艺术或科学角度看，在建筑式样、分布均匀或与环境景色结合方面，具有突出的普遍价值的单立或连接的建筑群。③遗址。从历史、审美、人种学或人类学角度看具有突出普遍价值的人类工程或自然与人工联合工程以及考古地址等地方。

对于世界文化遗产，《执行〈保护世界文化和自然遗产公约〉的操作指南》规定，凡提名列入《世界遗产名录》的文化遗产项目，首先必须至少具备以下一种或数种特质：①代表一种创造性天才的杰作；②在一定时期或世界某一文化区域内，对建筑艺术、技术、纪念物艺术、城镇规划或景观设计的发展产生过重大影响；③能为一种现存的或已经消失的文明的文化传统提供一种独特的或至少是特殊的见证；④可作为一种类型的建筑物、建筑群体或景观的杰出范例，展示人类历史上一个（或几个）重要阶段；⑤可作为传统的人类居住地或使用地并代表一种（或几种）文化的杰出范例，尤其是处在不可逆转的变化之下，容易损毁的地点；⑥与某些事件或现行传统、思想、信仰或文学艺术作品有直接或明显关联，具有突出的普遍意义（只有在某些特殊情况下并将该项标

准共同考虑时才能作为《世界遗产名录》的标准）。

由这些规定可知，非物质文化遗产与世界文化遗产都是人类的创造，离开了人的参与，它们则不能产生，更谈不上长期存在。二者的区别是关注点的不同：世界文化遗产所关注的主要是人工的、有形的、物质形态的文化遗产的保护，而且这些遗产基本上是不可再生的；非物质文化遗产关注的主要是精神、技艺和创造等非物质形态的因素。

二、非物质文化遗产与自然遗产的关系

《保护世界文化和自然遗产公约》第 2 条指出以下各项为自然遗产：从审美或科学角度看具有突出的普遍价值的由物质和生物结构或这类结构群组成的自然面貌；从科学或保护角度看具有突出的普遍价值的地质和自然地理结构及明确划为受威胁的动物和植物生境区；从科学、保护或自然美角度看具有突出的普遍价值的天然名胜或明确划分的自然区域。《执行〈保护世界文化和自然遗产公约〉的操作指南》规定自然遗产必须至少具备以下一种或数种特质：①绝妙的自然现象或具有罕见自然美的地区；②是地球演化史中重要阶段的突出例证，包括生命记载和地貌演变中的地质发展过程或显著的地质或地貌特征；③突出代表了陆地、淡水、海岸和海洋生态系统及动植物群落演变、发展的生态和生理过程；④是生物多样性原地保护的最重要的自然栖息地，包括从科学或保护角度具有突出的普遍价值的濒危物种栖息地。

自然遗产与非物质文化遗产的主要区别在于：自然遗产是通过自然力量的作用形成的，由于从审美或科学的角度看，具有普世价值，所以才需要保护，其形成的动因和过程都是大自然自身的变化，并没有主观的人为因素的参与；而非物质文化遗产则是人类活动的产物，无论其创造，还是其传承，都需要有人的参与，离开了人的参与，根本就谈不上有非物质文化遗产。

三、非物质文化遗产与民间文学艺术遗产的关系

1982 年，联合国教科文组织和世界知识产权组织的《保护民

间文学艺术表达形式，防止不正当利用及其他损害性行为国内示范法条》中提出了“民间文学艺术表达”（Expressions of Folklore，EOF），是“由传统艺术遗产的特有因素构成的、由某国的某居民团体（或反映该团体的传统艺术发展的个人）所发展和保护的产品”。其列举了四类民间文学艺术表达形式：①口头表达形式的民间故事、民间诗歌及民间谜语（图 1–6）；②音乐表达方式，如民歌及器乐；③活动表达方式，如民间舞蹈、民间游戏、宗教仪式；④物质形态的民间艺术品、乐器、建筑艺术等。从中可以看出，非物质文化遗产与民间文学艺术表达形式有共同和共通的地方，非物质文化遗产中的一部分便是民间文学艺术遗产，民间文学艺术也有一部分是非物质文化遗产。但二者也有不同之处：①非物质文化遗产中绝大部分是由民间百姓创造，并通过他们传承下来的，但也包括一部分主要通过官方主导而非民间方式发展和保留下来的文化遗产（如南京云锦），这一部分文化遗产却不属于传统民间文学艺术遗产。通常，这些文化遗产是在官方主导下，动用了民间智慧、技艺创造出来的，但并不允许在民间使用和流传。②属于传统民间文学艺术的并不都是非物质文化遗产，《保护民间文学艺术表达形式，防止不正当利用及其他损害性行为国内示范法条》所规定的民间文学艺术也包括“物质形态的民间艺术品、乐器、建筑艺术”。但非物质文化遗产却不限于形式本身，它着眼于这些形式创造过程的技艺。只有把活态的技艺与这些形式连接在一起的时候，这些形式才作为非物质文化遗产技艺的有形载体而被视作非物质文化遗产的呈现形式。

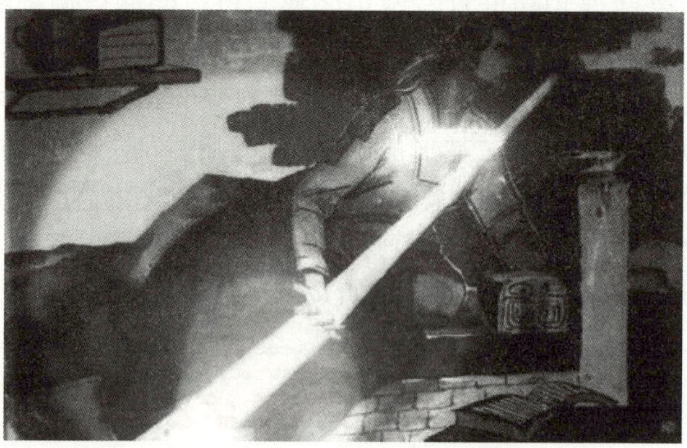

图 1–6　凿壁借光

第四节　非物质文化遗产的基本特点

非物质文化遗产种类繁多、内容复杂，为了进一步加深对它的认识，我们需要了解其特点。作为综合性的文化遗产类型，非物质文化遗产有其基本特点，但作为具体的各种不同的遗产项目，则是各有侧重。本节对于非物质文化遗产的特点将作一些概括。需要说明的是，对于各种具体的非物质文化遗产项目而言，它们一般不会同时呈现出所有如下特点，而大都是各有侧重的。

一、独特性

非物质文化遗产一般是作为艺术或文化的表达形式而存在的，体现了特定民族、国家或地域内的人民独特的创造力，或表现为物质的成果，或表现为具体的行为方式、礼仪、习俗，这些都具有各自的独特性、唯一性和不可再生性。而且，它们间接体现出来的思想、情感、意识、价值观也都有其独特性，是难以被模仿和再生的。例如，剪纸艺术既是我国民间美术中特有的一种艺术样式，也是民间流行的一种表达理想、情感的手段，有很普遍的用途，或用于绣花图样，或用于日常装饰，或用于节日庆祝；其还是一种象征符号，有丰富的含义，是中国人特有的祈福和祝福的方式，有独特的审美价值。任何民族的文化、文明中都含有独特的传统的因素、某种文化基因和民族记忆，这是一个民族赖以存在和发展的“根”。而非物质文化遗产中蕴含了特定民族的独特的智慧和宝贵的精神财富，是社会得以延续的命脉和源泉。

因而，保护非物质文化遗产也就是保护了独特的文化基因、文化传统和民族记忆。此外，这种独特性还必须与独一无二的创造力相联系。例如，南京云锦织造技艺（图 1-7）是为宫廷织造丝织服装的工艺，被誉为“东方瑰宝”，不仅以其高超的技艺而闻名，也是集体智慧的结晶。迄今为止，云锦的制作已有1 500多年的历史，它有极其高超的手工制作工艺，即使在科技如此发达的今天，也不能用机器织造出如此精致的产品，它是我国极少的仍不能用机器替代的织造工艺。此外，云锦的制作工艺也能够反映出当时生产力发展的水平、科学技术水平和人们的工艺创造能力。

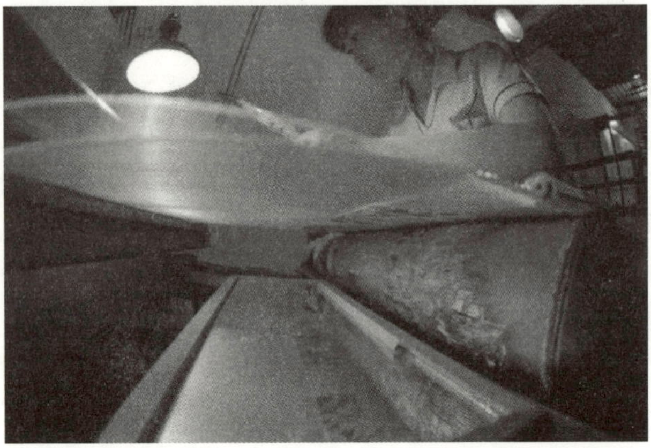

图1-7　世界非物质文化遗产——南京云锦织造技艺

二、活态性

非物质文化遗产重视人的价值，重视活的、动态的、精神的因素，重视技术、技能的高超、精湛和独创性，重视人的创造力，以及通过非物质文化遗产反映出来的该民族的情感及表达方式，传统文化的根源、智慧、思维方式和世界观、价值观、审美观等这些意义和价值的因素。非物质文化遗产虽然有物质的因素、物质的载体，但其价值并非主要通过物质形态体现出来，它属于人类行为活动的范畴，有的需要借助行动才能展示出来，有的需要通过某种高超、精湛的技艺才能被呈现和传承下来。非物质文化遗产的表现、传承都需要语言和行为，都是动态的过程。对于具体的非物质文化遗产类型来说，传统音乐、舞蹈、戏剧等表演艺术类型都是在动态的表现中完成的；图腾崇拜、巫术、民俗、节庆等仪式的表现也都是动态的过程；器物、器具的制作技艺也是在动态的过程中得以表现的。

三、传承性

从历时性来看，非物质文化遗产的传承主要依靠世代相传保留下来，而且往往是口传心授，打上了鲜明的民族、家族的烙印。一旦停止了传承活动，也就意味着死亡。在一个家族内，传承人的选择和确定主要着眼于与被选择者的亲密关系以及对其保密性的认可。通常，以语言的教育、亲自传授等方式，使这些技能、技艺、技巧由前辈那里流传到下一代，正是这种传承才使非物质文化遗产的保存和延续有了可能。而这些非物质文化遗产也成为历史的活的见证。例如，藏族史诗《格萨尔王》是迄今为止世界上最长的一部英雄史诗，至今仍被传唱（图 1-8）。这部史诗具有表达民族情感、促进社会互动、秉持传统信仰的作用，是一部反映古代藏族社会状况的百科全书。这部史诗完全是靠民间的传承得以流传和保存的，正因如此，才需要尽快抢救、整理，从而使它完整地保存下来，使其为全面而科学地认识藏族的历史和中华民族的历史发挥独特的作用。

图 1-8　世界非物质文化遗产——格萨尔王

四、流变性

从共时性来看，非物质文化遗产或通过一方有意识地学习、另一方悉心传授，或通过老百姓之间自发地相互学习等方式得以流传到其他民族、国家和区域，这就导致了非物质文化遗产的传播。这种传播呈现出活态流变的性质，使非物质文化遗产的共有共享成为可能，而且这也是它与物质文化遗产的重要区别之一。通常而言，物质文化遗产的传播通过复制就可以获得，依据设计图纸和建造方案进行复制就可以了。但是非物质文化遗产的传播是一种活态流变，是继承与变异、一致与差异的辩证结合。在它的传播过程中，常常与当地的历史、文化和民族特色相互融合，从而呈现出继承和发展并存的状况。应该看到，虽然有变化和发展，但仍然存在恒定性或基本的一致性，如果完全不同，也就失去了其特质。例如，端午节起源于我国，在中外文化交流中传播到了韩国，但韩国并不是照搬，而是融入了很多韩国自己的风俗习惯、民族特色和文化传统，丰富和发展了端午节在该国的内涵。

五、综合性

非物质文化遗产是各个时代生活的有机组成部分，它是一定时期环境、文化和时代精神的产物，必然与当时的社会生活有着千丝万缕的联系。其综合性表现在：从构成因素来讲，非物质文化遗产往往是各种表现形式的综合，如作为非物质文化遗产的戏曲就蕴含了文学、舞蹈、音乐、美术等多种表现形式；从功能来看，非物质文化遗产往往具有认识、欣赏、历史、娱乐、消遣、教育、科学等多种作用。比如妈祖文化（图 1–9），它起源于宋代的福建，至今已有 1 000 多年的历史，并从福建传播到中国台湾地区和世界上许多华人聚居区。它以妈祖信仰为核心，通过神话、传说、故事、音乐、舞蹈、戏曲、叙事歌谣、游戏、祭典、民俗、艺术等文化形式表达了丰富的内容，并依托建筑、雕塑和其他手工艺等有形的文化形式而存在。而且，妈祖文化所树立的大同道德深入人心，有普世性价值和广泛的影响；它所蕴含的道德感召力和道德说教也对后世产生了很大的、积极的影响；它在促进中华民族精神认同方面起到了不可替代的作用。可以说，妈祖文化是极具综合性的文化，是物质文化遗产与非物质文化遗产交织、综合的产物，是综合各种表现形式的产物。

图 1-9　世界非物质文化遗产——妈祖信仰

六、民族性

民族性指为某一民族独有，深深地打上了该民族的烙印，体现了特定民族的独特的思维方式、智慧、世界观、价值观、审美意识、情感表达等因素。有时，随着文化交流的深入，某种非物质文化遗产流传到了其他地方，但不同民族仍然会使其打上各自民族文化的烙印。特定民族的特性表现在从形式到内容的各个方面。从民族的形式特征方面看，世界观、信仰、思维方式、宗教观、价值观、民族的文化—心理结构、审美趣味、生活方式、民族认同等因素是长期以来形成的，表现在日常生活和行为的方方面面，有很强的稳定性，不太容易改变。实际上，民族特性的表现形式和内容都会在非物质文化遗产形态上有很鲜明的表现。2001 年，我国的昆曲艺术入选联合国教科文组织认定的世界人类口头和非物质遗产代表作，而民族性就是其重要的价值之一。昆曲出现于明代，至今已有 600 多年的历史，有鲜明的民族特色，在中国戏曲史上具有重要的地位，被称为“百戏之祖”“百戏之师”。昆曲高度反映了中国传统戏曲艺术的人文内涵与完整的表演体系，它的不少经典剧目通过历史变迁中人物命运的转折，反映出了封建社会的政治、经济、文化和人生命运等的时代特征。昆曲成功地吸收了唐诗、宋词和元曲的文学传统，唱词由诗歌、散文和方言语汇组成，诗歌主要用于唱词，散文和方言语汇主要用于人物的独白或对话，其风格典雅，长于抒情、委婉、细腻、富有诗意地表达人物的各种情感；其音乐旋律优美、婉转、流畅而悠远；其唱腔富有典范性，对许多戏曲剧种的唱腔有很大的影响；其表演是高度和谐的有机艺术整体，既对演员的唱、念、做、打等功夫要求高，又需要完美地统一结合并精湛表现；昆曲还因其剧目丰富和对我国戏曲传统的丰富呈现而有了“活化石”的美誉。由于其典雅的审美趣味与今天人们更具多样化的审美趣味的差异，其呈现出衰落的趋势，一旦消失，不可能再生。从昆曲艺术入选世界人类口头和非物质遗产代表作看，昆曲的表演方式和所反映的内容都具有很强的民族性，具有鲜明的中国传统文化的特色，这才是其存在的主要意义（图 1-10）。

图 1-10 世界非物质文化遗产——昆曲

七、地域性

就一个民族来说，每一个民族大都有自己特定生活和活动的地域，该地域的自然环境对该民族有很大的影响，进而会在此基础上形成该民族的文化特征。通常，非物质文化遗产都是在一定的地域产生的，与该地域环境息息相关，该地域独特的自然生态环境、文化传统、宗教信仰，生产、生活水平以及日常生活习惯、习俗都从各个方面决定了其特点和传承；离开了该地域，便失去了其赖以存在的土壤和条件，也就谈不上保护、传承和发展。新疆维吾尔木卡姆（图 1-11）传播到了阿塞拜疆等其他国家和地区，其在传播过程中有了某些变异和新的发展，并深深地打上了这些区域的烙印，由新疆十二木卡姆演变而来的阿塞拜疆木卡姆和新疆维吾尔木卡姆艺术曾先后被联合国教科文组织认定为人类口头和非物质遗产代表作。

图 1-11　世界非物质文化遗产——新疆维吾尔木卡姆艺术

以上是非物质文化遗产的基本特点，由此还派生出非物质文化遗产的其他特点，这些特点也有助于我们加深对非物质文化遗产的认识和理解。譬如：

（1）群体性。从非物质文化遗产项目的传承人来看，有时表现为个体性，但从总体上来说，非物质文化遗产不是单个人的行为，而是集体智慧和集体创造的产物，通常以一定的居住地、社区、民族或国家为单位，并在这样的范围内流传、延续和传播。也许最初其是由某个人的偶然的个体行为引发的，但在其创造、完善和传承过程中，主要是集体创造的产物，吸收和积累了许多人的聪明才智、经验、创造力、技艺，尽管有时它是通过某一个人、某一个家族流传下来的。

（2）历史积淀性。非物质文化遗产非一时一世的产物，而是在漫长的历史过程中形成的，有着极为丰富的政治、经济、社会、历史、文化信息。而且，其在传承过程中，又积累了历代传承者的智慧、技艺和创造力，成为人类智慧和创造力的结晶。它们本身不仅包含着丰富的历史文化信息，也反映出特定的传承者的思维、情感、价值观等。例如，世界非物质文化遗产——中国古琴艺术（图 1-12），就以积淀深厚的文化、历史、情感等信息著称。古琴是世界上最古老的弹拨乐器之一，有 3 000 多年的悠久历史。古琴以音乐为主要载体，吸收了中国音乐的精华，它与文人雅士的生活、情趣和精神创造联系密切，具有丰富的人文内涵，从多方面体现了中国传统文化精神，对中国音乐史、美学史、文化史的研究有重要价值。

图 1-12 世界非物质文化遗产——古琴艺术

（3）系统性。非物质文化遗产的系统性指非物质文化遗产既与其“物质的”手段、载体相联系，又与其“活态的”技艺相联系，还与其存在、传承、延续、发展所必需的环境相联系，这些环境包括自然生态环境、人文生态环境、经济生态环境。事实上，非物质文化遗产的系统性就是实施文化生态区保护的主要依据。例如，流行于中国西部宁夏、青海、甘肃等地的“花儿”以鲜明的乡土色彩和强烈的抒情性著称，作为一种深受回、汉、藏、撒拉等多民族人民喜爱的山歌，它历史久远，内容丰富，歌词生动，曲调感人，集歌唱、文学、艺术于一身，具有极高的艺术价值、文学价值、文化价值、历史价值。实际上，它主要在“丝绸之路”周围流行，与那里的生产方式、生活方式和大的环境密切相关。对于这样的文化遗产，不但要关注其自身，而且要关注其赖以生存的大环境，只有从其系统性出发，才能完整而全面地理解它、认识它。

第二章 非物质文化遗产的价值

非物质文化遗产的价值 ppt

阅读提示：

从价值体系、基本价值等方面来描述非物质文化遗产的价值，从而确立非物质文化遗产对人类文明发展具有重要功能和作用的认知，是非常必要的。本章分析了非物质文化遗产的历时性基本价值，将其分为历史价值、文化价值、精神价值；讨论了非物质文化遗产的共时性基本价值，将其分为艺术价值、科学价值、社会价值；探讨了非物质文化遗产重要时代价值中的教育价值及有条件的、有限制性的经济价值。

一般而言，事物的价值不同于事物的属性，属性是事物本身所客观固有的，不以人的意志为转移；价值则存在于主体和客体的关系中，离不开主体和客体的共同作用。价值的实质、意义主要在于它对人的有效性，而不在于它的客观的事实存在性。因此，价值的变化从根本上取决于价值主体需要的改变、价值观的改变、价值标准或尺度的改变，而不是价值客体属性的改变。事物的功能决定事物的价值，非物质文化遗产也不例外。非物质文化遗产的价值，就是非物质文化遗产对人类具有的重要功能和作用，它存在于非物质文化遗产本身与人类的相互关系中。

非物质文化遗产中含有丰富的历史资源、文化资源、艺术资源、科学资源、伦理资源、教育资源、经济资源，并相应地具有认识历史、传承文化、进行审美体验、增加科学知识、创造经济效益等功能，这些功能决定了非物质文化遗产具有历史价值、文化价值、艺术价值、精神价值、科学价值、社会价值、教育价值、经济价值等多方面的价值。这些价值既不是完全等值的，也不是互不相干的，而是有深层与表层、历时与共时之分，有非物质文化遗产的基本价值与重要时代价值之分。

非物质文化遗产之所以能成为全人类的宝贵遗产，是因为它具有重要的历史价值、文化价值、艺术价值、科学价值与社会价值。这些价值虽然未必一定要在所有遗产上一一体现，但应该成为非物质文化遗产所具有的普遍价值。正因为上述价值的存在，非物质文化遗产不仅成为人类认识自身传统的重要渠道，同时也是人类开创未来的重要前提。能否传承、保护好这笔遗产，将直接关系到一个民族的前途与命运。

第一节　非物质文化遗产的历时性价值

非物质文化遗产对于今人来说，其最重要的价值便是历史价值、文化价值和精神价值，即我们可以从中了解历史，而且是活态的历史；可以从中认识人类文明，而且是以鲜活生动的形式，从而很好地发挥其传承民族精神的作用。

非物质文化遗产的历史价值、文化价值和精神价值，构成了非物质文化遗产的历时性价值，它们既是非物质文化遗产最基本、最普遍的价值，也是其最深层、最核心的价值。任何民族、任何群体在任何时代的非物质文化遗产都具有这些作用和价值。

一、历史价值

非物质文化遗产的历史价值是指非物质文化遗产在帮助人类认识自身历史过程中所体现出来的独特价值。非物质文化遗产的历史价值大体可分为非物质文化遗产的证史价值、正史价值以及补史价值。

非物质文化遗产的证史价值，是指人类利用各种产生于各个历史时期并以活态形式传承至今的非物质文化遗产事项，如傩戏、钻木取火（图 2–1）、建筑技术（图 2–2）等，去印证往昔历史过程中所呈现出来的某些独特价值。例如，中国上古史的复原，除利用出土文物予以解读外，基本上都是通过民间传说、神话故事、史诗古歌等非物质文化遗产事项来加以印证的。

图 2–1　钻木取火

图 2-2 世界非物质文化遗产——中国传统木结构建筑营造技艺

非物质文化遗产的正史价值，是指非物质文化遗产在纠正历史偏谬过程中所呈现出的某种独特价值。人类自进入文字社会以来，一直都是以文字记录的方式来转述自己的历史的。但由于统治阶层对于文字的垄断以及录史者本身的局限，史书与史实之间难免会出现较大差异。即或录史过程充满科学精神，人们在转述这些史料时，也难免会因转述者个人素质的不同，对史料进行不同程度的改造，从而造成历史文献的失实。在这个时候，我们就可以通过历史上传承下来的各种非物质文化遗产事项，纠正录史者的偏颇，还历史以本来面目。

非物质文化遗产的补史价值，是指非物质文化遗产在补充、丰富历史文献的过程中所呈现出的某种独特价值。中国自春秋以来即有一套完整的录史传统。二十四史将中国数千年历史连续不断地记录了下来，这在世界上也不多见。但是，由于录史权主要掌握在统治阶级手中，因此，流传至今的史料以记录帝王史、政治史、经济史为主，而广大民间社会的文化生活很少得到记录，从而造成民间文化史记录的缺失。这也是迄今为止中国农业史、畜牧史、科技史、工艺史、体育史、艺术史、建筑史等诸多与非物质文化遗产有关的专门史籍不够发达的主要原因。国外经验已经证明：只要深入发掘，非物质文化遗产完全可以在历史重构，特别是在文化史重构过程中发挥重要作用。

非物质文化遗产的价值固然与其所具有的历史认识价值有关，但这并不等于说具有重要历史认识价值者一定是非物质文化遗产。在这个问题上，物质文化遗产与非物质文化遗产的区别相当明显。在物质文化遗产方面，无论该遗产历史价值是正面的还是负面的，都可以作为遗产受到不同程度的保护。例如，伟人宅第、名人故居可以保护，地主院落、汉奸老宅同样可以保护。因为它们是历史的一部分，它们在展示其历史认识价值的过程中，并不会对社会产生不利影响。但非物质文化遗产是以活态的方式传承于民间社会的，它在为社会提供历史认识价值的同时，也会影响社会。所以，它所提供给我们的历史认识价值只能是正面的而不能是负面的。例如，尽管缠足、典妻这样的陋俗同样具有重要的历史认识价值，但由于保护它们势必会影响社会的发展与进步，所以，它们不可能作为一国遗产而受到精心的保护。至于其历史认识价值，则完全可以通过录音、录像或是记录口述史等方式，将它们科学地记录下来，为我们认识历史保留下更多的史料。

二、文化价值

非物质文化遗产的文化价值，是指非物质文化遗产在帮助人们认识民族文化时所呈现出来的独有价值。所谓“文化”，就是指人类在漫长的历史发展过程中，为适应各种自然环境与人文环境所创造出的各种生活方式与生产方式。由于生活环境不同，人们的生活方式与生产方式——他们的传统文化，也会呈现出较大差别，从而形成人类文化的多样性与地域文化的独特性。而传统文化中这些出类拔萃的传统知识与经验，正是一个民族非物质文化遗产的结晶。它们就像一个民族的文化基因一样，在帮助我们认识传统文化的同时，也为人类新文化的发展保留了更多的种源（图 2-3）。

任何一种文化遗产都具有文化价值。物质文化遗产的文化价值是通过固态的文物体现出来的，而非物质文化遗产的文化价值则是通过知识、技术与技艺，如传统农耕生产经验、游牧生产经验、渔猎生产经验，以及衣食住行、婚丧嫁娶、民间医药、天文地理等民间知识与经验体现出来的。

图 2-3 世界非物质文化遗产——麦西热甫

非物质文化遗产是鲜活的文化，是文化活化石，是原生态的文化基因，对其进行保护、发展有助于在全社会形成文化自觉，这样既有利于文化的传承、延续，又有利于文化生态的规划、建设。

文化的多样性是人类文化特性的一个重要方面，也是非物质文化遗产文化价值的一个重要方面。不同民族、不同种群都有其独特的文化，因非物质文化遗产在维系、保存、促进文化的多样性方面具有不可或缺的重要作用，从而强化了其本已相当重要的文化价值。一方面，每个民族、种群的文化都有其独特的创造性和迥异于其他民族的特有价值，都是不可重复、不可替代的独立生成的体系，都是具有独特价值的文化传统。这是非物质文化遗产具有文化多样性的根本原因所在，因此，保护、传承非物质文化遗产，就是保护和发展文化的多样性，就是在促进人类文化的发展；另一方面，人类文化的多样性也促进了非物质文化遗产的丰富和发展。

不容忽视的是，在当今世界，非物质文化遗产和其他文化领域一样，面临着丧失多样性的严重威胁。文化多样性的重要性、文化多样性消失的严重程度迄今为止并未被人们普遍认识、理解和接受；许多人还没意识到，如果文化多样性受到严重破坏，无数代人千百年来积累、传承下来的非物质文化遗产、人类文化以及人类丰富的精神世界、精神生活就将遭受重大损失。

中国是由 56 个民族组成的多民族国家。多元一体的文化构成，在丰富中华文明宝库的同时，也为中华民族新文化的创造提供了充足的人文资源。在发掘非物质文化遗产资源过程中，我们不但要注意到广大汉族地区的生产生活知识类遗产，同时还要注意到少数民族地区，特别是那些地处偏远的少数民族地区的生产生活知识类遗产，并将其中最为优秀的部分发掘出来，而不是将其轻易同化。追求现代化是时代的必然，但以追求现代化为由，对一切都施以西化、汉化或是同化的做法都不值得提倡。这样做不但会造成民族隔阂，同时也会造成人类文化资源的枯萎，对于文化的发展和民族的团结均有百害而无一利。因此，我们应该像保护物种多样性一样，保护少数民族文化，特别是那些地处偏远地区的少数民族优秀文化。

三、精神价值

非物质文化遗产的精神价值是指其具有传承民族精神的重要作用和价值。非物质文化遗产鲜活生动地传承着丰富的历史文化，是民族的生命动力、精神家园、情感依托，是民族文化复兴、民族文化整体可持续发展的源泉。

非物质文化遗产中深深蕴藏着特定民族的文化基因、精神特质，这些维系民族血脉的元素反过来又塑造并延续了该民族一脉相承的生活态度和社会行为，形成民族特有的精神传承。这些在长期的生产劳动、社会实践中积淀而成的民族精神，是积累而来的发展经验、生存智慧，是历史地形成的有凝聚力、号召力的民族意识，是世代相传沉积下来的民族的思想精髓、文化理念，是包含了民族的价值观、心理结构、气质情感等的群体意识、群体精神，是包含了民族的灵魂、民族文化的本质和核心。

虽然历史典籍、工具器物和社会制度很好地助力了民族精神的传承和延续，但是我们绝不能忽视以致认识不到非物质文化遗产在传承民族精神方面的不可替代的重要作用和价值。说到底，精神之类的东西是无形的，主要是以内在修养与气质的方式来传承并进一步实现其创造性转化、发展的。而非物质文化遗产以其活态特征，具有成为传承民族精神的最为自然而然和具有潜移默化作用的载体和形式的优势。因此，作为一种鲜活地保留了富有地域特色的民族文化的活态文化遗存，非物质文化遗产传承了民族文化、民族精神的精华，使民族文化的精神传承价值在多元文化世界中以其独特性得到了世界的认可。尽管某些非物质文化遗产已不再具有当初的地位与功能，但它们作为民族形成过程的历史见证，作为民族珍贵的精神情感的活态遗存，在今天仍然以其与各民族生存发展的紧密联系表现出重要性，其意义和价值不会随着时间的流逝而逝去（图2-4）。鉴于此，保护并保存具有丰富历史文化内涵的非物质文化遗产，保护好这些民族文化的精华，传承其蕴含的重要精神价值就成为我们义不容辞的重任。非物质文化遗产是宝贵的，蕴藏其中的民族精神更是具有重要的无形资产价值，每一个民族的后来者不仅要发掘并重视这些无形资产，更要通过自身的努力提高这些无形资产的含金量。

图2-4　世界非物质文化遗产——端午节

中国丰富多彩、形态多样的非物质文化遗产，是中华民族宝贵的精神财富，极富精神传承价值。非物质文化遗产是很好地保留和体现了民族特有的心理模式、生产方式、生活习俗和民族精神的载体和遗存，所以，通过非物质文化遗产的保护和传承，可以全面、深入认识精神价值的重要作用，激活丰富的民族精神资源，传承光大民族精神，进一步巩固深厚的民族根基。

第二节　非物质文化遗产的共时性价值

在非物质文化遗产的基本价值中，除了历史价值、文化价值、精神价值这些历时性价值外，还有艺术价值、科学价值、社会价值这些共时性的基本价值。历时性价值主要是从纵向的、时间的维度，跨越不同历史时期来对非物质文化遗产进行价值审视。共时性价值，则是说在某一历史时期，在某一特定空间中看非物质文化遗产，就会发现它们必定具有真的价值、善的价值、美的价值这三种基本价值中的一种。例如，就当今而言，我们所说的非物质文化遗产基本上可以分为三大块：艺术类、技艺类和民俗类。艺术类非物质文化遗产主要包括文学、戏曲、音乐、雕刻等各种民族民间艺术，它们多是美的作品，具有审美功能，具有美的价值；技艺类非物质文化遗产主要包括酿造、鞣制皮革、煎制井盐等工艺技术和大量农业生产耕作技术，以及传统手工技艺，它们含有更多的科学成分和因素，具有真的价值；民俗类非物质文化遗产则主要是各种民间节庆礼仪活动及文化空间等，由于大多数民间风俗、礼仪、禁忌实际上是对人的行为的规范和引导，以保证并促进族群、社会的井然有序、和谐稳定、健康发展，因此具有善的价值。

一、艺术价值

非物质文化遗产的艺术价值，是指非物质文化遗产在帮助人类认识不同历史时期以及不同地域间审美生成规律与演变规律过程中所呈现出来的独特价值。艺术价值不一定为所有非物质文化遗产所共有，但在通常情况下，绝大多数非物质文化遗产，如传统建筑技术、绘画艺术、雕刻艺术、书法艺术、传统音乐、民间舞蹈、民间文学、表演艺术等的入选，均与它们所具有的高超的艺术价值有关。

人类文化遗产保护史告诉我们，许多国家对文化遗产的保护，几乎都是从对艺术品的保护开始的。进入各国文化遗产代表作名录的文化遗产项目，绝大多数也都与该遗产所具有的高超的艺术价值有关。

艺术价值这一入选标准的设定，反映了人类社会对于审美世界的特别追求。而代表不同时代、不同地域的非物质文化遗产项目，对于我们研究人类社会在不同时空环境下审美观念的产生和变迁，是相当重要的。

在这种观念的支配下，各国在非物质文化遗产代表作评选过程中，都十分看重非物质文化遗产的艺术价值。在日本、韩国等非物质文化遗产保护先进国国家级项目评选过程中，绝大多数项目的入选，都与它们所具有的独特的艺术价值有关。而我国第一批 518 项国家级非物质文化遗产代表作中，至少有 420 项非物质文化遗产代表作的入选，与它们所特有的艺术价值有关。由此也不难看出，艺术价值已经成为人们评判非物质文化遗产价值取向的重要标准。

非物质文化遗产的艺术价值主要表现在：

（1）非物质文化遗产中有大量的艺术作品，是历史上不同时代、不同民族的人民劳动和智慧的结晶，是按照当时审美风尚、美的标准创作的艺术产品。它们能流传到今天，说明其审美水平和创造美的能力得到了历史上不同时代人们的认可、接受、赞美、欣赏，因而具有极高的审美价值，也值得今天的人们去认识、欣赏和研究。例如，可以追溯至唐宋的音乐——泉州南音（图 2-5），古代士大夫抒情咏怀的古琴古曲，天籁清音一样和谐动听的侗族大歌（图 2-6），浑厚悠扬的蒙古族长调，刚柔相济、禅武合一的少林功夫。

图 2-5　世界非物质文化遗产——南音

图 2-6　世界非物质文化遗产——侗族大歌

（2）非物质文化遗产中不仅口头文学、民间文学、表演艺术有艺术价值，而且民间文化、社会习俗、服饰织染、红白礼仪等也普遍涉及艺术的内容，具有重要的艺术价值、审美价值。它们是不同地区、不同时代、不同民族的文化史、艺术史的活化石，是这些民族的艺术存在的活的见证，反映和表现了不同民族杰出的艺术才能和天才创造，是这些民族乃至全人类值得骄傲的宝贵财富。因此，非物质文化遗产中的艺术资源是人类艺术之源，是不同民族的艺术、文化得以发展的土壤。

二、科学价值

非物质文化遗产的科学价值，是指非物质文化遗产在帮助我们解读人类历史上所创造的各种科技成就，并利用这些成就来创造新科技的过程中所呈现出来的独特认识价值与借鉴价值。

非物质文化遗产的科学价值主要表现在：

（1）非物质文化遗产作为历史的产物，是对历史上不同时代生产力发展状况、科学发展程度、人类创造能力和认识水平的原生态的保留和反映，传承这些非物质文化遗产，是后人获取科技资料、掌握科技信息的基本途径之一。

每个民族的非物质文化遗产中或多或少可能都会有一些不科学、不人道的东西，都会有这样或那样的陈规陋习。这些东西都应该被禁止、被摒弃。但是这些东西可能存留了人们在当时的思想水平、生活情感态度，记录了科学发达程度、风俗信仰禁忌等社会历史文化内容，因而具有极高的研究价值。我们要以科学的态度对待不一定科学的非物质文化遗产中的某些部分和内容，真正重视、利用它们的认知价值。例如，对中国传统的风水文化就应采取这样的态度。

风水之说起源于先秦，所用名称还有形法、堪舆、地理等，在《易经》《诗经》中已有所反映和记载。所谓风水，就是古人在择址而居时注意选择兼具和风与碧水的地方。因为风与水对古人的生活影响极大：一方面，在风口地带简陋的房屋易被吹倒，农作物也不易种植收获；另一方面，不能选四面不通风的地方，因为空气不易流通时，易生细菌，产生疾病。而房屋如果建在河道旁会有洪水之危，如果离水源太远，则又会给日常生活带来麻烦。古代的城市或国都，大都选在依山傍水、地势开阔的地方，既有利于采风、采光、采水，又便于交通、灌溉、渔猎，这就形成了一个良好的、宜居的小环境、小气候。风水文化中的精华，就是讲究生理健康、心理健康和谐统一的人居观念，讲究天地人和谐统一的环境理念。风水是含有生态学、地理学、水文学、地质学、建筑学、气象学、景观学、心理学等科学内容的一门综合性科学。它表明了古人在这些科学方面有很大的发展。至于它向神秘主义、鬼神宿命方向发展的另一路径和内容，则是我们今天要摒弃的封建迷信。

（2）在人类文明发展历程中，超凡脱俗的艺术精品往往同时也代表着该时代或该地域的最高科技水平。许多艺术精品之所以价值连城，不仅是因为原料的珍贵，更为重要的是加工技术与加工工艺的高超。因此，它们在代表时尚的同时，也代表着一种超前的科技水平和难以企及的加工能力。透过它们，我们不但可以清晰地了解各个时代、各个地域的审美情趣，同时也可以从中了解此时此地人类社会的科技发展水平和工艺加工水平（图 2–7）。

（3）非物质文化遗产的科学价值还指某些非物质文化遗产本身就具有相当高的科学含量和内容，有较多的科学成分和因素，例如，民族传统医学医药、民族传统历法以及其他民俗、民间禁忌等。中医中药堪称我国最重要的非物质文化遗产之一。传统中医在长期的发展中，形成了自己独特的医学体系，包括阴阳五行、经络、病因病机等学说及治法，基本特点为治疗的整体观念和辨证施治。其科学性在世界医学体系中是非常独特的。中医讲究“望、闻、问、切”，这些既要靠经验传授，也要靠自身经验的积累，还要靠自己的感悟和摸索。中医这些无形的技巧和经验，要靠每一个人在实践中去学习和掌握。中药学是中医学的重要组成部分。中药学中对中药的采集、炮制，对药性、药量、配方、服用的分析，都建立在对植物学的深入认识上，具有很高的科学性（图 2–8）。

图 2–7　中国水密隔舱福船制造技艺

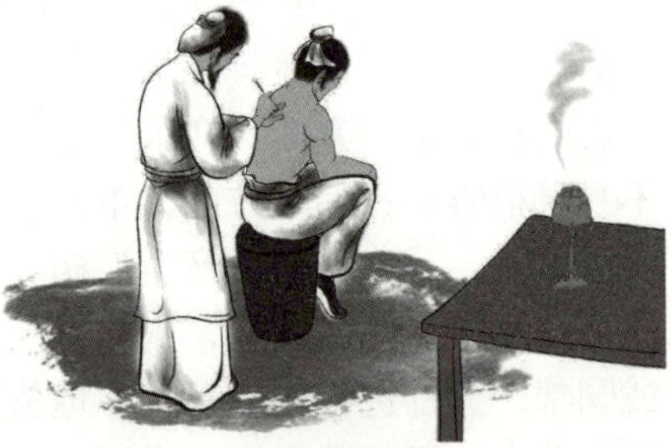

图 2–8　世界非物质文化遗产——中医针灸

在国际社会，世界各国都十分重视对科技类非物质文化遗产的保护，并将科学价值作为评判非物质文化遗产的一项重要标准。在联合国教科文组织及日、韩等国非物质文化遗产分类体系中，也都将这类具有重要科学价值的遗产作为非物质文化遗产的重要组成部分并给予周到的保护。例如我国第一批 518 项国家级非物质文化遗产代表作中，与传统工艺技术有关的项目已占所有项目中的 154 项，即占遗产总量的 30% 左右。随着人类遗产观念的解放，这类遗产在非物质文化遗产中所占比重将会越来越大。

三、社会价值

非物质文化遗产的社会价值，是指非物质文化遗产在推动社会发展、调节人际关系过程中所体现出的某种特殊价值。该价值集中体现在以下几个方面。

（1）非物质文化遗产是一个民族集体认同的产物。它的存在不但可以有效地促进不同社会集团的文化认同，同时还是增强民族凝聚力、向心力的重要手段。从古至今，非物质文化遗产在整合族群关系，建立和谐社会的过程中，一直都在发挥着重要作用。

中华民族是与人为善的民族，自古以来就有关于和谐的丰富思想传统。例如，孔子讲“和为贵”“和而不同”，孟子讲“天时不如地利，地利不如人和”，荀子讲“和则一，一则多力”。

（2）非物质文化遗产在维系社会秩序、建立公共道德等方面一直发挥着重要作用。中国是人类历史上的四大文明古国之一，素有“礼仪之邦”的美称。历史上中国人所培养起来的各种美德，许多都是通过各种传统节日、仪式及各种文学、艺术等传承至今，并影响到当代中国人政治、经济、文化、礼仪等方方面面的。可以说，非物质文化遗产在维持社会秩序、维系社会公德、融洽族群关系等方面，一直在发挥着重要作用。例如，布依族聚居的贵州黔南贵定县音寨自中华人民共和国成立以来，至今尚无刑事案件发生，这在全世界也是不多见的。据当地有关人士分析，这一现象的出现，在很大程度上与音寨一带从未间断当地特有的“三月三”“六月六”歌会等民族民间节日文化活动有关，正是这些非物质文化遗产活动的有效传承与持续举行，很好地起到了促进民众知礼明节、弘扬正气、凝聚民心的作用，从而保证了当地人民平安、社会和谐。

（3）非物质文化遗产是中国当代社会道德建设的重要源泉。非物质文化遗产是一个民族传统道德的重要载体。我们保护非物质文化遗产，不仅是保护一种知识、技术或技能，同时也是在保护中华民族千百年传承下来的具有普世价值的传统道德理念。在经历了近百年的外来文化冲击后，中国人要想重建自己的新的道德体系与价值认知体系，就必须从传统道德体系中汲取营养。而作为人类文明重要组成部分的非物质文化遗产，也应该成为中国当代精神文明建设的重要参照。例如，非物质文化遗产中许多口头传说和故事的内容，主要突出的是善有善报、恶有恶报的主旨，认同安分守己、尊老爱幼、知足常乐、明礼诚信、乐于助人、意志坚强、天人合一等。尽管有些故事可能带有一些息事宁人的负面成分，但总的来说，非物质文化遗产中的这些内容在促进个人内心平和、人际关系友爱、人与自然和谐相处等方面还是有明显效果的，这些伦理道德资源和内容，有助于当今和谐社会的建设（图 2–9）。

图 2–9　世界非物质文化遗产——藏戏

第三节　非物质文化遗产的时代价值

在全球经济一体化的浪潮下，在现代化、工业化以及信息化的作用下，人们的生产方式、生活方式、生存环境发生了重大变化，人类社会由农业社会、工业社会进入后工业社会、信息社会。在这样一个市场化、商业化、信息化、全球化的时代，谈论非物质文化遗产及其价值，就不能回避其特定的、重要的时代价值，尤其是教育价值和经济价值。因为在这样一个信息化、多媒体化的时代，如果不进行有意识的教育、不发挥其教育价值，大量非物质文化遗产就会因为失去自然传承的社会环境而失传；在这样一个市场化、商业化的消费型社会中，如果不正视并合理开发、利用非物质文化遗产的经济价值，则非物质文化遗产及其传承人、拥有地就会失去自我延续、自我传承、自我发展的条件和能力。

一、教育价值

非物质文化遗产的教育价值，一方面是非物质文化遗产中除了包含丰富的历史文化知识、大量的科学知识，还有许多极富审美价值的艺术精品，值得用这些重要的、科学的、美丽的知识和内容进行个体教育、学校教育、社会教育；另一方面，要使非物质文化遗产教育成为教育的一个重要领域和组成部分，使教育成为非物质文化遗产保护、传承的一条重要途径（图 2-10、图 2-11）。为充分发挥非物质文化遗产的教育价值，《中华人民共和国非物质文化遗产法》第 4 章第 34 条规定："学校应当按照国务院教育主管部门的规定，开展相关的非物质文化遗产教育。"

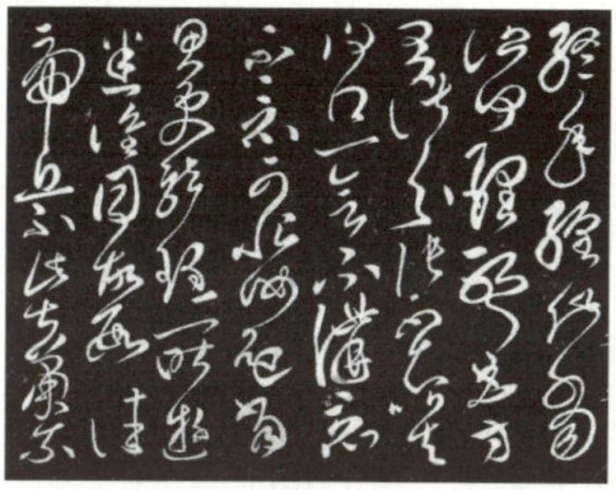

图 2-10　世界非物质文化遗产——中国书法

图 2-11　世界非物质文化遗产——珠算

非物质文化遗产本身涵盖了大量的各方面的知识内容，是教育的重要知识来源；非物质文化遗产中又有大量的独特技艺技能可用以传授，这构成教育活动的重要内容和方面；非物质文化遗产有许多传承人，他们传授自己独有的宝贵技能的过程就是教育的过程，而学生或受业者接受知识技能的过程，就是学习活动的过程。要充分利用、发挥非物质文化遗产的教育价值，在学校教育、社会教育中广泛开展有关非物质文化遗产及其保护相关内容的教育，使全社会充分认识到非物质文化遗产的宝贵和重要，能在全社会形成保护、传承非物质文化遗产的良好社会氛围，使人们懂得非物质文化遗产的价值和重要性。要保护传统文化，保护非物质文化遗产，就要充分发挥教育的作用。

在非物质文化遗产的个体教育、学校教育和社会教育中，个体教育由于涉及面小，随着全社会对非物质文化遗产的重视和投入的增加，非物质文化遗产项目代表性传承人、民间工艺大师之类荣誉称号的设立、授予，以及相应的待遇、资助与经济效益，将会有效地吸引年轻人学习民族传统文化。因此，个体教育方面的问题比较容易得到解决。在社会教育方面，随着我国连续多次成功申报联合国教科文组织"人类口头和非物质文化遗产代表作"，以及更名、调整后的“人类非物质文化遗产代表作名录”“急需保护的非物质文化遗产名录”“最佳非物质文化遗产保护实践项目名册”，并成为入选联合国教科文组织非物质文化遗产名录项目最多的国家；加上《中华人民共和国非物质文化遗产法》颁布等一系列重大举措，我国已经在社会上掀起重视、保护非物质文化遗产的热潮。当前的重点在学校教育，现在许多学校注重对学生进行人文素质教育，其目的是培养学生的人文精神，全面提升学生素质。因此，在学校教育中进行非物质文化遗产教育，使学生了解、认识非物质文化遗产，掌握、传承民族的历史和文化，就变得既十分重要又非常迫切。

要在各级学校开设有关非物质文化遗产内容的课程，在高校设置相关专业并招收学生，把民间文化、民间艺术引入学校教育，培养非物质文化遗产传承、保护、发展、管理、研究的各类型、各层次人才。学校应成为民族非物质文化遗产传承、发展、创新的主体，成为文化遗产的学习地，成为文化资源的可持续发展的重要桥梁、重要基地。

二、经济价值

非物质文化遗产保护工作的方针十分明确：保护为主，抢救第一，合理利用，传承发展。因此，在做好抢救与保护的前提下，对非物质文化遗产中的经济资源加以合理开发，科学利用其经济价值，在市场化、商品化的时代背景下就显得大有必要。同时，更要认识到，从发展文化产业的角度去充分利用丰富的非物质文化遗产，会为非物质文化遗产带来不失本色的蓬勃生机（图 2–12）。

图 2–12 世界非物质文化遗产——中国传统桑蚕丝织技艺

非物质文化遗产的经济价值是一种有条件的和有限制性的价

值，主要表现在：

（1）非物质文化遗产具有丰厚的经济价值，是因为非物质文化遗产自身具有遗产价值和经济价值双重价值。在遗产价值和经济价值二者的关系上，遗产价值越大，潜在的经济价值也就越大，因为非物质文化遗产的经济价值是依赖于其遗产价值、文化含量而产生、扩大的。因此，在追求非物质文化遗产的经济效益时，一定牢记首先要使非物质文化遗产存活、传承、发展下去，然后才能谈得上经济开发，否则就是竭泽而渔。我们必须牢记“保护第一、合理利用”是对待非物质文化遗产的根本原则。

（2）非物质文化遗产具有广泛多样的社会功能和价值，其中也包括巨大的市场开发价值，因此可以合理地开发其经济价值，发挥其现实功用。丰富的民族文化遗产、多彩的传统文化资源，使非物质文化遗产成为中国文化产业的优势所在。合理利用非物质文化遗产的经济价值，科学地进行生产性保护，可以大有作为。例如，鄂伦春人很早就广泛使用桦皮桶、桦皮篓、桦皮碗等造型美观、做工精巧的桦树皮器具，创造了独具特色的桦树皮文化。但自鄂伦春人走出深山后，桦树皮文化面临消失的危险，是文化创意与经济开发挽救了桦树皮制作技艺。一些鄂伦春美术家把中国水墨画、版画技艺与桦树皮镶嵌工艺结合起来，创作了桦树皮镶嵌画，大受欢迎。这种做法既利用传统工艺、传统文化资源取得了经济收入，又推动了传统文化的传承和发展，促进了非物质文化遗产的保护和发展。

（3）非物质文化遗产的保护、发展可以把古典与现代、文化与经济结合起来，使传统文化在现代语境中焕发新的生机，寻找到新的生长点和发展点，在工业社会、后工业社会中完美地传承、发展前工业社会的文化记忆，把有条件的非物质文化遗产变成文化产品和文化服务，推向市场，形成文化品牌效应，把丰富的文化资源转化发展成为优势文化产业。例如，文房四宝中的砚台，在触屏、指代笔的信息社会，作为书写工具，已然退出历史舞台。但是，作为书香门第、文人雅趣象征的艺术品，砚台却又成为消费社会中别具一格的文化产品。

非物质文化遗产的保护传承与经济开发、生产性保护是一个对立统一的矛盾体，如何做好相关工作，关键在于对度的把握——既不能过度开发、为了开发而开发，更不能纯粹为了经济利益而进行破坏性开发（图 2-13、图 2-14）。

图 2-13 世界非物质文化遗产——宣纸传统制作技艺

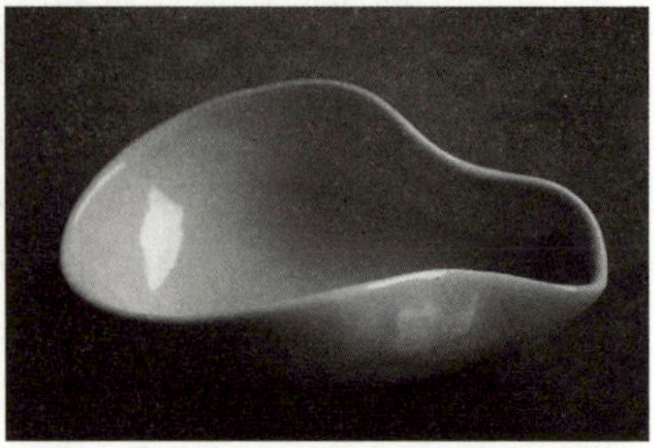

图 2-14 世界非物质文化遗产——龙泉青瓷传统烧制技艺

在非物质文化遗产评估过程中，人们常常将某种本不具有遗产价值者当成遗产，而将那些具有重要价值者视为糟粕。造成这种规律性错误的主要原因，显然是评估标准出了问题。常见的规律性错误主要表现在以下几个方面：

（1）以政治价值作为非物质文化遗产评估的主要标准，即认为只要符合现行体制以及现行社会要求者，便能进入非物质文化遗产保护名录。这种观点并不足取。非物质文化遗产是全人类的财富，而不是某一阶级或阶层的专利，否则，名录就很可能会因为过多的政治介入，而失去其应有的普世价值。

（2）以审美价值作为评估非物质文化遗产的主要标准。是否具有审美价值，确实是遴选非物质文化遗产的重要尺度，但这里所说的审美价值必须以传统审美价值为前提。用当代审美替代传统审美的一个最可怕的后果，便是导致非物质文化遗产不再具有历史认识价值。

（3）以经济价值即盈利多少作为非物质文化遗产评估的重要标准。非物质文化遗产具有经济价值，但与其他价值相比，经济价值已显微不足道。因此，经济价值永远不应该成为我们判断非物质文化遗产的价值尺度。

（4）以规模大小作为评估非物质文化遗产的重要标准。在一部分人眼中，规模越大，档次越高，就越有资格成为非物质文化遗产。其实，能否进入非物质文化遗产保护名录与遗产规模并无必然联系。那些规模很大，但已经经过人为改造、失去原生状态的传统文化事项，是不会进入非物质文化遗产保护名录的。

第三章
非物质文化遗产的传承主体与保护主体

非物质文化遗产的传承主体与保护主体 ppt

阅读提示：

本章从非物质文化遗产保护工作的实际出发，探讨非物质文化遗产保护最核心的要素——“人”的重要作用。首先，界定了非物质文化遗产传承主体，讨论了非物质文化遗产传承主体的责任与义务，论述了传承主体保护的紧迫性和重要性。其次，讨论了以政府为主的非物质文化遗产保护主体的构成，重点从国家政府、非物质文化遗产保护研究机构、商界与媒体四个方面，探讨各级各类非物质文化遗产保护主体应履行的职责，以求从理论上澄清一些非物质文化遗产保护工作中亟待解决的问题。

第一节　非物质文化遗产传承主体的界定

非物质文化遗产是植根于民族民间土壤的活态文化，是发展着的传统的行为方式和生活方式，因而，它不能脱离生产者和享用者而独立存在，它是存在于特定群体生活之中的活的内容。它无法被强制地凝固保护，它的生存与发展永远处在“活体”传承与“活态”保护之中。从这个意义上说，传承主体是进行非物质文化遗产保护的核心因素。如果从事非物质文化遗产的传承人日益减少，乃至青黄不接、后继乏人，他们承载的那些非物质文化遗产就谈不上有效传承和发展，只会逐步走向消亡。所以，保护好非物质文化遗产项目传承人和传承团体，重视发挥各级传承主体的作用，是做好非物质文化遗产抢救与保护工作的根本。

一、非物质文化遗产传承主体的所指及其认定标准

所谓“非物质文化遗产传承人”，是指熟练掌握其传承的非物质文化遗产，在特定领域内具有代表性，在一定区域内具有较大影响，并愿意将自己所知道的相关知识与技能传授给后人的自然人或群体。因为传承人所传承的非物质文化遗产项目，是指那些人类社会在历史上创造并以活态形式传承至今的、具有重要历史价值、艺

术价值、文化价值、科学价值与社会价值，足以代表一方文化并为当地民众所认可的，且具有普世价值的传统文化事项，所以，传承人或传承群体每每被视为一个国家、一个民族或是一个地区优秀基因的活态载体。而他们所传承的传统文化是否具有重要的历史价值、文化价值、艺术价值、科学价值与社会价值，也就成了人们衡量传承人能否成为非物质文化遗产传承人的重要尺度。

上述定义包含了以下几层含义。

首先，我们衡量一个人能否成为非物质文化遗产传承人，要看他所传承的传统文化事项是否具有重要的历史价值、艺术价值、文化价值、科学价值与社会价值。如果满足了上述要求，且足以代表一方文化，同时为当地民间社会所认可，则该人有资格成为非物质文化遗产传承人；否则便没有资格成为非物质文化遗产传承人。总之，一个人是否有资格成为非物质文化遗产传承人，是由他所传承的事项的价值决定的。

其次，是否直接参与了非物质文化遗产的传承，也是衡量一个人能否成为非物质文化遗产传承人的重要尺度。因为只有亲自参与，他才有可能将他所熟知的非物质文化遗产传承下来。相反，那些在非物质文化遗产保护工作中的组织者、协调者以及热情参与者，即或热情再高，由于缺乏必要的专业知识与技能，也不能成为非物质文化遗产传承人。

再次，是否原汁原味地传承了非物质文化遗产，是衡量一个人能否成为非物质文化遗产传承人的重要标准。非物质文化遗产的最重要的价值就是它的历史认识价值。如果有新元素不断介入，遗产的认识价值就会随着新元素的不断介入而不断遗失，故人们通常会主张对非物质文化遗产实施“原汁原味”的保护。作为传承人，他们唯一的工作，就是通过自己的双手，将人类在历史上创造并以活态形式传承下来的一切优秀遗产保护下来，传承下去。这是他们的本职工作。所以，韩国认为，所谓“非物质文化遗产传承人”，就是指那些“原原本本领会或保存重要非物质文化遗产之技艺、技能，并能够原汁原味地进行艺术表演或进行工艺制作的人”。而那些不顾非物质文化遗产历史价值而随时改动非物质文化遗产的人，是不能，也不应该成为非物质文化遗产传承人的。因为非物质文化遗产的真正价值不是创新，而是保留。保留数量的多与寡，保留质量的粗与精，才是我们评价、衡量一个非物质文化遗产项目的第一尺度。

最后，是否愿意将自己所知道的传统知识、技能与技巧传授给后人，也是衡量一个人能否成为非物质文化遗产传承人的重要尺度。在这个问题上，我们以前并没有给予足够的重视。其实，如果将《国家级非物质文化遗产申报书》当成一个利益互惠的契约，那么在这个契约中，除国家允诺传承人以某种“好处”外，传承人也应允诺给国家以一定的“好处”，这个“好处”就是他会以书面的形式向政府承诺，他会将他所知道的非物质文化遗产，以活态的方式传承给政府指定人群。否则，即或才高八斗，也不能成为非物质文化遗产传承人。

需要补充的是，非物质文化遗产传承人有时指个人，即有些传承项目是以个体传承的形式出现的，它们的传承人是纯粹的“自然人”，如某些手工艺人、说书艺人等。而有些传承项目，如皮影、木偶戏、侗族大歌、苗族舞蹈等，则是以群体传承的形式出现的。这些传承人虽然仍可以泛称为“人”，但是，其传承主体已经由个体转化为群体。为确保遗产项目的唯一性，按国际惯例，在非物质文化遗产代表作评选过程中，遗产传承人和遗产项目必须同时指定，这种双指定模式，既避免了无人传承的“空壳”项目的出现，也确保了非物质文化遗产的真正传承。当然，作为一种制度，项目与传承人的联动机制也会影响到遗产项目的除名。譬如，如果某传承人因故无法传承，而该遗产又后继乏人，则只能将该遗产从名录中除名。与这种以个体方式传承的遗产项目相比，以群体方式传承的遗产项目情形要好得多。在指定这类遗产时，尽管也需要同时指定一名责任人，但从总体上说这类项目是由人数众多的社会群体加以传承的，濒危概率也要小得多，所以，这类遗产也比较容易避免因某个传承个体的去世而使整个遗产惨遭除名的厄运（图 3-1）。

图 3-1　世界非物质文化遗产——甘肃花儿

二、非物质文化遗产传承主体认定中存在的主要问题

非物质文化遗产保护尽管会涉及“物”，但只保护“物”，不保护“人”，非物质文化遗产同样会随着老艺人的离世而人绝艺亡。所以，非物质文化遗产的保护重点不应该是“物”——一件件已经做好的器物或是一出出戏曲，而应是能制作出一件件器物、能表演出一出出戏曲节目的“人”。只要保护好这些民间文化传承人，非物质文化遗产才会自然而然地被保护下来，传承下去。因此，对非物质文化遗产传承人实施科学保护，并通过口传心授等方式，将那些宝贵的非物质文化遗产传承下来，才是我们保护非物质文化遗产的最终模式。而对非物质文化遗产所实施的物质层面的保护——搜集、整理、出版、展示等，只能说是一种辅助和补充。否则，许多非常优秀的非物质文化遗产，很可能会因为我们的误判而彻底断送在我们手中。但保护、认定传承人并不是一句空话，处理不好，同样会影响到非物质文化遗产的顺利传承。目前，在非物质文化遗产传承人的保护与认定方面，容易出现以下几类问题，需要我们格外注意。

（一）以保护主体取代传承主体

在非物质文化遗产发展过程中，事实上存在着传承主体与保护主体这样两个性质、功能完全不同的实施主体。所谓传承主体，是指由民间艺人、匠人、歌手、乐师等非物质文化遗产传承人或传承群体组成的非物质文化遗产传承载体，他们的主要功能，就是负责非物质文化遗产的原汁原味传承；而所谓保护主体，则是指专门为非物质文化遗产活态传承提供技术支持的群体和个人。由于他们所做工作均与非物质文化遗产有关，所以实践中人们常常会忽略两者间的差别而将他们混为一谈。从理论上说，以官员、学者、歌唱家、商业精英为主要构成要素的非物质文化遗产保护主体，除历史上和传承人确有明确传承关系或本人就是某种非物质文化遗产传承人外，通常这类人群是不能申报非物质文化遗产传承人的。这不仅仅是因为他们没有亲自参与过非物质文化遗产的活态传承，即或有所参与，也由于他们接受了太多当代文明或外来文明的影响，而影响了他们所学传统的纯度——这种影响对于保持非物质文化遗产的

原真性是相当不利的。

（二）传承人年龄偏低问题

非物质文化遗产传承人是一个民族传统文化的呈递者。没有长时间的积累、学习与揣摩，是不可能将传统中的精华融会贯通并烂熟于心的。这就要求我们在审批非物质文化遗产项目过程中，有意识地提高对申请者年龄方面的限制（通常应在50岁以上），以确保申报项目具有更为丰富的文化内涵。这些内涵既包括传承人对该领域历史、信仰、文化、行规、行业道德的了解，也包括对行业技艺、技巧与流程的准确把握。如果我们过于看重某种外在的技艺、技巧，而忽略了上述文化内涵，就很容易使传承的非物质文化遗产项目变得越来越浅薄，越来越表象，最终导致非物质文化遗产其他内涵的全面失传。因此，在传承人的选拔上，我们更应该从整体上评估非物质文化遗产传承人的总体传承能力，并将是否已经掌握了该遗产行业历史、行业绝活、行业文化、行业道德等行业知识，作为选拔非物质文化遗产传承人的重要依据。

从国外经验看，非物质文化遗产传承人的年龄通常至少在50岁以上。因为据统计学分析，在50～70岁这个年龄段中，传承人所掌握的“绝活”最多，所知相关传统也最多。当然，由于年龄、体力、手劲儿、腰板、眼力等诸多原因，在手艺与技艺方面，这个年龄段很可能也正是人们所说的手艺与技艺“走下坡路”的时期。但在非物质文化遗产传承这个问题上，固然应看重当事人的手艺（如能否刻出精美的图案）和技巧（如能否展现出优美的舞姿），但更应看重的是他们到底掌握了多少传统知识与经验、多少传统技能与技巧，以及多少堪称精华的“独门绝技”。否则，在群雄争霸的竞争中，他们是很难成为非物质文化遗产传承人的。

对于那些已经进入名录而又年龄偏低，对传统技艺与技能掌握欠佳的非物质文化遗产传承人来说，政府有义务督促他们尽快掌握尚未学到的传统技艺与知识。长期未达标者，政府有权责令主管单位遴选新的传承人，甚至有权将该项目列入《非物质文化遗产濒危名录》。

（三）传承人断档问题严重

活态传承是非物质文化遗产的基本特征。但随着中青年进城务工者人数增加以及农村人口的空心化，非物质文化遗产的活态传承也受到了相当大的影响。通过补助金的发放来挽留大批进城务工者也不够现实。解决这些问题的思路有两个：一是通过老年留守者的传承，将非物质文化遗产直接传承给在学在乡的学童；二是将非物质文化遗产传承工作直接纳入当代主流教育，使在校学生成为非物质文化遗产的新型传承主体，从根本上解决因年轻人外出而导致的非物质文化遗产传承人断档问题。当然，我们也承认，与主流教育相比，原渠道传承更真实、更全面、更系统，也更符合非物质文化遗产传承规律。因此，我们不能仅仅因为二渠道的开通，而否认原有渠道的重要性，更不能以二渠道取代原有渠道的非物质文化遗产传承（图 3–2）。

图 3–2　中国编梁木拱桥营造技艺

三、传承主体保护的紧迫性、重要性

中国非物质文化遗产存活在众多杰出传承人的记忆和技艺里，传承人的口传心授是非物质文化遗产传承的最重要渠道。可以说非物质文化遗产的保护，归根结底是对传承制度、传承环境和传承主体的保护。目前，我国非物质文化遗产的传承链十分脆弱，许多项目传承人的生存状况不容乐观。一是传承人“高龄化”。不少国宝级的非物质文化遗产传承人，年迈体弱，有的身怀绝技但未能传承给后人就已离开人世了，出现了不少“人亡艺绝”的案例。二是后继乏人。由于许多传统技艺，难度高、强度大、耗时多、收入低，很少有人愿意学，不少民间艺术大师面临着无弟子或弟子太少的尴尬境地。三是缺少基本保障。非物质文化遗产代表性传承人绝大多数是土生土长的民间艺人，长期以来，他们的艺术创造得不到社会应有的承认和回报，生活困难，工作条件艰苦。如果各级政府不能及时给予他们扶持和资助，仅靠“热爱”很难长久维持。

造成某些项目传承面狭窄、后继乏人的状况的原因是多方面的。首先，受传承方式的局限。在农耕社会，艺人对从祖辈传袭而来又经过自己多年潜心学习和磨砺才拥有的某种技艺、绝活，怀有一种敝帚自珍的心态，把自己所掌握的技艺看作立足社会、养家糊口的独门绝技，只属于本家族或某一族群所有，绝不外传。这便形成了某些技艺单线式的传承方式，即一对一地传承，父传子、母传女、师父传徒弟。这种一对一的传承，主要是通过口传心授，因而对传者的依赖性很大，若传者突然去世，或无徒可收时，这门技艺就可能失传。其次，受现代文化和现代生活方式的冲击。相对封闭的社会文化环境，是保持传统文化的稳定性和完整性，使民族民间传统技艺能代代相传的客观条件。一旦这一客观条件改变了，文化传承就面临威胁，传承链在某些环节就会出现断裂。最后，现代科技的发展和人们审美情趣的改变，对传统文化艺术也造成了较大冲击，导致了市场日益萎缩。

第二节　非物质文化遗产传承主体的职能

以往，一谈起文化名人，人们便会立刻想到孔子、孟子这些史籍记载中的文化精英。在中华文明发展过程中，这些文化精英确实发挥过十分重要的作用。但是，在肯定他们的同时，我们也不能不看到，在中华文明的发展进程中，还有相当多的非常优秀的民族文化遗产，如蜚声海内外的中华烹调技艺、传统建筑技术，已经传承了千百年之久的中国戏曲、舞蹈、杂技、音乐以及历史悠久的传统农耕技术、渔猎技术、游牧技术，我们的中医中药、藏医藏药、瑶医瑶药、维医维药等，这些并非来自孔孟先贤的真传。这也就是说，除孔孟之外，还有那么一批人，他们在中华文明的创造与传承过程中，同样发挥着不可或缺的作用。而他们，正是那些历史上很少为史学家所关注的民族文化英雄。他们，就是民间口碑中广为传颂的纺织能手黄道婆，改进造纸术的蔡伦，活字印刷术发明人毕昇，建筑大师鲁班，歌唱家秦青，抚琴高手伯牙，舞剑能手公孙大娘，以及以各种方式来传承中华民族文化精华的人们。用传统术语来说，他们就是我们以往所说的“文化精英”；用今天的话来说，他们就是我们所说的“非物质文化遗产传承人”。今天，中国非物质文化遗产保护工程所要保护的也正是这样一些具有独特才艺的文化英雄。所不同的是，今天我们所要保护的，不再是那些已经作古了的文化精英，而是那些尚活在人间的“黄道婆”“蔡伦”“鲁班”和“毕昇”。

那么，作为一国之宝的非物质文化遗产传承人，他们在传承一国文明的过程中，究竟发挥着怎样的作用，又具有怎样的职能呢？

一、传承民族历史知识的职能

在人类历史上，历史知识的传递主要是通过文字与口述两种完全不同的方式完成的。在有文字民族中，文字记录是他们传递历史知识的最主要的方式，而且，这种传递主要由官方来完成。由于这种记录具有超稳定性，所以，文字记录一直被视为文字民族记录本民族历史的主要方式。而随着文字记录的出现，这些民族的口述史反倒逐渐退出历史舞台。即或偶有出现，也很难为主流社会所认同。而当这种社会舆论反作用于讲述者后，也很容易迫使他们放弃对历史知识的传承，而加入更多的附会成分。而在无文字民族中，由于没有文字，口述史是这些民族记录历史的最主要的方式。这种方式尽管具有一定的普遍性，但真正的历史知识的传递者，主要是巫师、酋长一类的文化精英。作为非物质文化遗产传承人，这类人在历史知识的传递过程中，发挥了重要作用。这种传递尽管不乏附会和艺术加工，但其主体内容通常是真实可信的，应该成为我们研究无文字民族历史的重要参考。

当然，由于民族传统不同，即或是口头传承，各民族的表述方式也会呈现出明显的区别。在北纬 45° 线以北的渔猎抑或游牧民族地区，作为非物质文化遗产传承人的歌手们，他们记录历史的主要方式是史诗。

这些民族的历史，特别是这些民族的军事民主制时期的历史，主要是通过史诗吟唱的方式传承的。例如，蒙古族歌手演唱的《江格尔》、藏族歌手演唱的《格萨尔》、柯尔克孜族歌手演唱的《玛纳斯》（图 3-3），所讲述的基本上都是这些民族在军事民主制时期的历史。而历史上曾经生活于这一纬度，其后又大举南迁的苗族、瑶族、彝族等准南方民族，虽然其录史方式也以吟唱为主，但内容更加广泛，故事常常从开天辟地、始祖诞生、创造人类、建立秩序说起，全面展示出这些民族筚路蓝缕的创业过程，这些故事是研究这些民族早期历史的不可多得的历史读本。与此不同的是，中原地区农业民族早期的录史方式尽管不乏古歌，但至少在后期，以神话、故事、传说为主，所以，在无文字的民间社会，民间的历史知识的传递，主要是通过故事家来传承的。在民间社会中，非物质文化遗产传承人崇高地位的建立，不能不说与他们在传递一个民族或是一个氏族历史知识方面所发挥的巨大作用息息相关。

图 3-3 世界非物质文化遗产——玛纳斯

二、传承传统工艺技术的职能

在人类历史上，非物质文化遗产传承人还常常扮演着一个民族科技成果创造者与传承者的重要角色。历史上，各种风车、水车等机械设备的制作技术，各种瓷器陶器的烧制技术，各种织物的织造技术，各种图案的印制技术，各种美酒的酿制技术，各种药材的炮制技术等，都是通过各地能工巧匠——老郎中、老艺人、老匠人或是老把式创造并传承下来的。作为传统科技的创造者与传承者，他们对于一个国家传统科学技术的发展，发挥了重要作用。没有他们的努力，中华民族就不可能创造出如此灿烂的物质文明与精神文明。我们保护非物质文化遗产的一个重要目的，就是要打破传统进化史观的束缚，将历史上产生并以活态形式传承至今的，具有较高科技含量的非物质文化遗产事项发掘出来，为当代科技进步提供更多的资源。

与其他非物质文化遗产事项不同，科技类遗产分布较为集中，许多成果多掌握在专业性极强的老艺人、老匠人或是老郎中手中。而其中的祖传秘方，基本上代表了这类遗产的核心技术，也是非物质文化遗产传承人传承的重点。

三、传承传统文学艺术的职能

在传承民族文化遗产的过程中，非物质文化遗产传承人同时还扮演着一个民族文学艺术创作者、表演者与传播者的重要角色。我们的昆曲、京剧，我们的史诗、歌谣，我们的剪纸、皮影，我们的石雕、木雕，正是通过他们那一张张巧嘴、一双双巧手传承下来的（图 3–4）。

图 3–4　世界非物质文化遗产——中国篆刻

民间艺人对传统文学艺术的传承，主要体现在以下两个方面：其一是对本民族表演艺术的传承；其二是对本民族传统工艺技术的传承。两者虽然都根植民间，但表现方式完全不同。前者强调的是通过口头及肢体语言表达民间审美，后者强调的是通过色彩、线条以及造型表达民间审美，分属于完全不同的两个艺术行当。他们的艺术创造，对于丰富本民族口述文学、表演艺术以及传统手工技艺，发挥了重要作用。可以说，没有他们的奉献，中国人的艺术生活就不会如此丰富多彩，中国人的鉴赏能力也不可能达到如此高超的水平。因此，我们在评价整个中国文学艺术发展时，既不能忽略文化精英对中国文学艺术的深刻影响，也不能忽略民间艺人对中国文学艺术的深刻影响。

四、传承民族精神与传统道德的职能

非物质文化遗产传承人在传承一个民族物质文明的过程中，也在不知不觉中传承着一个民族的精神文明。例如，他们在讲述一则则故事，吟唱一部部史诗，裁剪一幅幅剪纸，雕刻一尊尊石刻，让人们产生极大的愉悦的同时，也将正直、善良、团结、互助、机智、勇敢、谦恭、忍让、助人为乐、舍己救人等美好品质，灌输给了每一个人。非物质文化遗产传承人也由此获得了民族精神与传统道德忠诚捍卫者这样一种特殊身份。作为一种重要的、已经所剩不多的人力资源，非物质文化遗产传承人理应受到国家的重点保护。

与官方教育不同的是，民间教育很少通过文本教育完成。教育对象的文字水平，决定了这种大众化教育只能通过民间文学、表演艺术、民间工艺等艺术形式来完成。寓教于乐几乎成了民间教育的主要范式。

当然，在看到非物质文化遗产传承人所做贡献的同时，我们也应该清醒地意识到：非物质文化遗产就像一条流动的河，从远古流淌至今。在它们身上，或多或少会残留有某些往昔的痕迹。例如，我们听到的苗族古歌、仪式歌、宗教音乐，本身就是祭神的神曲；我们所看到的剪纸、皮影、木偶戏，很多都是远古巫术道具的残留；我们所欣赏的许多地方剧种，本身就是祈雨、还愿仪式的重要组成部分。所谓纯而又纯、根正苗红的非物质文化遗产，事实上是不存在的。这就要求我们在继承这些遗产的过程中，必须从马克思主义唯物史观出发，客观地看待历史上所曾发生的 一切，并对非物质文化遗产及其传承人给予更多的宽容。

第三节 非物质文化遗产保护主体的构成

在非物质文化遗产传世过程中，事实上存在着两个与非物质文化遗产传承息息相关的主体：一个是非物质文化遗产的传承主体，另一个是非物质文化遗产的保护主体。所谓“非物质文化遗产传承主体”，是指我们通常所说的“非物质文化遗产传承人”。一个国家非物质文化遗产的传承——无论是民间文学、表演艺术的传承，还是民间技艺、传统仪式的传承，主要是通过他们来进行的。这一点，亘古以来，从未改变。

除艺人、匠人等传承主体外，还存在着一个以政府为主导的非物质文化遗产保护主体。所谓“非物质文化遗产保护主体”，是指那些处于传承圈之外，虽与传承无关，但却对非物质文化遗产传承起着重要推动作用的外部力量。这一群体包括各级政府、学界、商界以及新闻媒体等。

一、政府职能部门

在人类历史上，并不是只有传承人才重视民间歌舞及各种民间文学艺术。翻阅历史我们就会看到，历朝历代的统治阶层，在保护民间歌舞及文学艺术过程中，也都发挥过重要作用。例如，历史上民歌、乐府的搜集、整理，传统戏曲、曲艺的推广，有许多是在统治阶层的直接干预下完成的。近代以来在中国大地上展开的对民歌、民间小戏、民间舞蹈、民间美术、民间传说故事以及民间谚语等的搜集、整理工作，更是在中央政府的直接领导下举全国之力共同完成的。它告诉我们，随着人类遗产保护意识的增强，有责任感的政府会对本民族的非物质文化遗产给予越来越多的关注。作为非物质文化遗产保护主体，政府的作用不可低估。

目前，负责中国非物质文化遗产保护工作的领导机构，是国家设立的非物质文化遗产保护工作部际联席会议。该机构由文化和旅游部牵头，由文化和旅游部、国家发展和改革委员会、教育部、国家民委、财政部、住建部及宗教局、文物局等部门共同组成。以此为参照，各地也开始建设联席会议制度。

目前，中国非物质文化遗产保护工作的行政主管机构是文化和旅游部。2006 年 12 月，在社会文化司下设非物质文化遗产处。2007 年 6 月，社会文化司加挂“非物质文化遗产司”的牌子。具体行政工作由上述部门负责。地方非物质文化遗产保护工作则由当地文化行政主管部门的社会文化处负责。

我国非物质文化遗产保护执行机构是 2006 年成立的中国非物质文化遗产保护中心，中心成立后，我国的 31 个省、自治区、直辖市几乎都成立了各自的非物质文化遗产保护中心。这些中心一直普及到了各县市，是我国各省、市、县非物质文化遗产保护体制的核心工作机构。

非物质文化遗产保护是一项专业性极强的工作。许多国家都十分强调专业队伍的建设，以确保保护工作的科学性与严肃性。非物质文化遗产的专业化管理，首先应该从制度建设抓起。通过建立严格的人才管理制度，提高该领域准入门槛，从根本上杜绝队伍建设中的非专业化倾向。同时，通过建立严格的终身教育制度，提高整个行业从业人员的专业水平，确保从业者的整体素质。

二、学界

尽管许多国家都在关注非物质文化遗产，但许多具体工作并非由政府完成。在这方面，作为“先知先觉者”的学术界似乎发挥了更大的作用。在日本和韩国，它们的非物质文化遗产保护工程的启动，几乎都是在这些被称为“有识之士”的学术精英的呼吁下进行的。在我国，学术界也一直秉持着自古以来便形成的保护本国遗产的传统。例如，发起于五四运动之前的中国近代歌谣学运动，20 世纪 80 年代的《中国民族民间十部文艺集成志书》搜集编撰工作，都是在学术界的积极参与下完成的。在 2003 年启动的中国民族民间文化保护工程中，中国学术界的理论研究不但很好地指导了中国非物质文化遗产保护实践，同时，由学者参与的各级非物质文化遗产专家保护工作委员会的建立，也为政府的决策提供了重要咨询。

三、商界

在非物质文化遗产传承过程中，不管我们赞成与否，商界的参与都将是一个清晰的事实。但对于非物质文化遗产保护来说，无论如何都是极其敏感的。因为这股力量如果参与得当，将会通过市场这只“看不见的手”，对非物质文化遗产的传承，特别是对那些比较容易进入市场的非物质文化遗产的传承，起到积极的推动作用；否则，将会给非物质文化遗产的传承带来致命伤害。一些地区非物质文化遗产所遭受的种种冲击，许多都与商界的不当介入有关。

目前，中国非物质文化遗产商业化运营主要体现在与旅游休闲产品相关的表演展示、民间工艺品开发以及影视剧制作等方面。参与单位主要有各种开发公司、文化公司以及影视集团等。

四、新闻媒体

在“鸡犬相闻，老死不相往来”的传统社会中，非物质文化遗产的传承本是不需要媒体参与的。但在全球一体化的今天，特别是在非物质文化遗产面临巨大冲击之时，没有媒体的积极参与，很难唤起人们保护本国遗产的意识。因此，在非物质文化遗产保护队伍中，新闻媒体显然应该占据重要一席。新闻媒体的工作除充分调动非物质文化遗产传承人积极性外，还要进一步调动起整个社会的积极性，让他们主动地参与到非物质文化遗产保护中来，并使非物质文化遗产保护变成全民族的自觉行动。

第四节　非物质文化遗产保护主体的基本职能

在非物质文化遗产传承这个问题上，我们历来主张“民间事民间办”，但这并不等于说政府、学界、商界、新闻媒体在非物质文化遗产保护这个问题上只能袖手旁观。作为非物质文化遗产保护主体，他们虽然不能越俎代庖，直接参与到非物质文化遗产传承中来，但仍可在非物质文化遗产保护方面做出自己的贡献。事实已经证明，在信息化、全球化猛烈冲击下的今天，没有政府的扶持以及学界、商界、新闻媒体的参与，仅凭传承人一己之力，非物质文化遗产是很难存活下来的。政府、学界、商界、新闻媒体的积极参与不但可行，而且相当必要。

那么，作为非物质文化遗产保护工程的发起者、指导者与参与者，我们的各级政府部门、学界、商界、新闻媒体在非物质文化遗产保护过程中，究竟应该发挥怎样的作用，做出怎样的贡献呢？

一、政府部门的职能

在非物质文化遗产保护过程中，政府的作用主要体现在以下四个方面。

（一）建立健全完善的组织管理体系

中国民族民间文化保护工程是中国历史上最大的一个以保护本国非物质文化遗产为基本目标的文化救亡工程。这一工程能否得以成功实施，关键在于能否建立健全完善的组织管理体系。这个组织的管理体系包括以下几个方面。

1. 领导机构——部级联席会议

非物质文化遗产保护常常会涉及方方面面，所以，在中国民族民间文化保护工程启动伊始，中国政府便成立了非物质文化遗产保护工作部际联席会议制度。该机构的任务是统一协调各部委意见，解决非物质文化遗产保护、申报工作中存在的问题等。其主要职能包括以下几个。

（1）拟定保护工作的方针政策；

（2）审定中国非物质文化遗产保护规划；

（3）协调处理保护中涉及的重大事项；

（4）审核“国家级非物质文化遗产代表作名录”名单，并上报国务院批准公布等。

2. 工作机构——行政主管单位文化和旅游部

中国非物质文化遗产保护工作的行政主管单位是文化和旅游部。为确保非物质文化遗产申报工作的顺利进行，2006 年 12 月，原文化部在社会文化司下设非物质文化遗产处。2007 年 6 月，原文化部社会文化司加挂“非物质文化遗产司”的牌子。但无论是非物质文化遗产处，还是非物质文化遗产司，都只是领导机构，具体工作主要交由中国非物质文化遗产保护中心负责实施。在地方，负责非物质文化遗产保护工作的行政主管单位是各省（直辖市、自治区）文化和旅游厅下设的社会文化处。

中国非物质文化遗产保护中心，是中国非物质文化遗产保护工作的具体执行单位。它是经中央机构编制委员会办公室批准（中央编办复字〔2006〕03号）正式成立的国家级非物质文化遗产保护专业机构，承担着全国非物质文化遗产保护工作的具体事宜。它的主要工作包括：

（1）履行非物质文化遗产保护工作的政策咨询；

（2）组织全国范围普查工作的开展；

（3）指导保护计划的实施；

（4）进行非物质文化遗产保护的理论研究；

（5）举办学术、展览（演）及公益活动，交流、推介、宣传保护工作的成果和经验；

（6）组织实施研究成果的发表和人才培训等工作职能。

2006年中国非物质文化遗产保护中心成立后，全国有31个省（直辖市、自治区）纷纷成立了各自的非物质文化遗产保护中心。这些保护中心事实上已经成为今天各省、市、自治区非物质文化遗产保护体制中的核心机构。各地非物质文化遗产申报工作主要由上述中心负责。

（二）建立健全完善的政策保护体系

非物质文化遗产保护工作所面对的是一个民族的历史传统，但这并不意味着抱残守缺，故步自封，或是不分良莠地将历史上创造的一切都继承下来。它的真正目的，是想通过全体国民的共同努力，将祖先在历史上创造的一切优秀技艺与技能、知识与经验统统发掘出来，并以活态的方式传承给后人（图3-5）。

然而，任何一种非物质文化遗产都是远古文化的残留。在它们身上尽管聚集着丰富的人类文明的精华，但同时也残存有许多往昔的痕迹，甚至糟粕。这些成分在漫长的历史发展过程中已经与我们所说的非物质文化遗产形成了某种无法割舍的共生关系。所以，尽管我们在非物质文化遗产申报过程中，也会尽可能多地“汲取精华”，将那些非常优秀的非物质文化遗产事项钩沉出来，但要想找到根正苗红、纯而又纯的非物质文化遗产事实上是相当困难的。我们应按国际社会所普遍实施的原真性保护原则，即或遗产略有瑕疵，也不应该对这些非物质文化遗产进行任何改动。否则，就会因当代人的介入而变色、走味。所以，要想保护好这些遗产，只能对其报以更多的宽容。为确保遗产的原真性，政府有必要制定出一套完整且具有相当包容性的文化遗产保护政策，通过政策的制定，确保非物质文化遗产的有效传承。此等文化政策，不仅社会主义国家有，资本主义国家同样存在。因为即或在资本主义国家，也同样存在着如何看待自己文化传统，如何看待传统文化中的所谓“迷信”问题。[①]

图 3-5 赫哲族伊玛堪说唱

（三）建立健全完善的资金运作体系

在文化遗产保护过程中，非物质文化遗产与文物一样，同样存在着保护经费的问题。而且，随着非物质文化遗产保护力度的加大，这种投入还会不断增加。

在国际社会，用于非物质文化遗产保护工作的经费主要来自

① 如几十年前韩国江陵市端午祭在申报国家级非物质文化遗产时，就曾因端午祭中残存有某些所谓“迷信”成分而险些落选。

中央政府的财政预算[①]和地方政府的财政预算[②]。保护经费的第三个来源通常是民间财团的资助。历史上，中国并没有为非物质文化遗产设立民间基金的传统，但近年来，用于文化遗产保护的民间基金开始悄然出现。这些社会团体虽然在短期内还很难为迅速崛起的非物质文化遗产保护工程提供大量的经费支持，但它们的出现事实上已经结束了非物质文化遗产保护经费来源单一的局面。非物质文化遗产保护经费的第四个来源是专项彩票收入。在国际社会，通常有设立专门面向文化遗产保护专项博彩基金的传统。这些彩票收入在一定程度上也缓解了文化遗产保护经费不足的问题。

保护经费不足是个国际性难题，并且带有相当的普遍性。但是，如果我们不增加经费投入，以加大濒危遗产抢救力度，我们很可能会因此失去更多的遗产，付出更多的代价。

（四）建立健全完善的法律保障体系

国际社会非物质文化遗产保护实践已经证明，通过立法，从法律上保障全民参与非物质文化遗产保护的权利与义务，保障各级政府机构中非物质文化遗产保护机构的完整性与有效性，保障保护经费的正常投入与落实，保障非物质文化遗产传承人的合法权利，以及通过法律的形式确保非物质文化遗产保护工作的规范与协调，是非物质文化遗产保护法建设的核心内容。近年来，我国政府十分重视非物质文化遗产保护法的立法工作。但理论研究的滞后，在一定程度上影响了立法工作的进程。为摸索经验，少走弯路，以确保立法工作的严肃性，近年来，中央政府有意鼓励地方立法。目前已经出台地方性非物质文化遗产保护条例的省（自治区）有福建、甘肃、贵州、宁夏、广西、江苏、浙江、云南等。此外，北京、重庆、新疆、内蒙古、安徽等省（直辖市、自治区）的立法工作也在积极审议之中。

---

① 据不完全统计，从2002年中国民族民间文化保护工程启动至今，我国政府已陆续投入专项保护资金共2.36亿元，用于非物质文化遗产的保护工作，而且，这种投入有不断加大的趋势。

② 以北京为例，2004—2007年的四年间，北京市政府用于北京市非物质文化遗产培训、普查、保护的专项资金，就已高达2 300万人民币。除此之外，北京市下属各区县也都有不同程度的投入。

总之，以上四大体系的建立，是中央政府有效组织、规划、建立中国非物质文化遗产保护体系的政策基础、法律基础、经费基础及组织基础，是政府工作的基础和前提。

二、学界的职能

在非物质文化遗产保护工作中，学界虽无法直接参与非物质文化遗产传承，但作为非物质文化遗产保护工作的积极参与者，它所发挥的作用却是任何一方都无法代替的。在传统社会中，作为一种在自发状态下成长起来的非物质文化遗产，无须学界的助力就可以实现自主传承。例如，历史上传承下来的民间歌曲、舞蹈、小戏、曲艺，并没有或很少有哪一种是经过学界之手传承下来的。但每当社会转型等原因而使这些传承了千百年之久的非物质文化遗产面临危机，而整个社会又无法意识到其无可取代的社会价值而任其自生自灭之时，作为先知先觉者，学界往往会挺身而出，承担起文化救亡的历史重任，唤醒整个社会的非物质文化遗产保护意识。在非物质文化遗产保护工作中，学界的职能主要表现在以下三个方面。

（1）通过深入研究，发现非物质文化遗产保护及传承规律，并用以指导当前的非物质文化遗产保护实践。学界从理论的高度弄清什么是非物质文化遗产，为什么保护非物质文化遗产以及怎样保护非物质文化遗产，并用自己的研究成果来影响整个社会。

（2）介绍国外经验，用以指导本国非物质文化遗产保护实践。作为非物质文化遗产保护后起国，要想迎头赶上非物质文化遗产保护先进国并跨入世界非物质文化遗产保护先进国的行列，就要放下遗产大国的架子，虚心向国外学习，并将它们的先进理念、先进做法介绍进来，用以指导本国的非物质文化遗产保护实践。

（3）通过咨询制度的建立，辅助政府决策工作。非物质文化遗产保护具有很强的专业性，仅凭政府行政之力是很难保护好这些遗产的。因此，组建一支专家队伍，以解决非物质文化遗产保护过程中所出现的问题，是国际社会的普遍做法。各国专家委员会的主要职责包括：

①保护规划的制定与监督；

②普查方案的制定与监督；
③国家级名录的评审、保护与管理；
④《濒危名录》的评审；
⑤传承人的认定、保护与管理；
⑥传统文化生态保护区等保护模式的规划、认定与监督等。

三、商界的职能

在文化遗产保护过程中，商界的贡献有目共睹。通观世界各国文化遗产保护史可以发现，许多国家的文化遗产保护工作，都是从商业运作，特别是旅游开发开始的。随着旅游产业的飞速发展，特别是随着乡间民俗游的全面启动，以歌舞表演、传统艺术展示为代表的非物质文化遗产开发，显然受到了越来越多的关注。而在这个过程中，商界的介入显然功不可没。在非物质文化遗产开发过程中，商界的介入主要表现在以下两个方面。

（一）参与非物质文化遗产的商业性经营

在民间，许多非物质文化遗产本身就是市场经济的一部分。这些遗产的传承人既是该遗产的保有者、制造者，也是该遗产的经营者。但随着非物质文化遗产市场规模的扩大，产品数量的增加，势必需要更多的文化经纪人参与到非物质文化遗产的商业化经营中来。这种经纪人由于只参与非物质文化遗产的商业化营销而不参与非物质文化遗产成品的生产，所以，通常不会对非物质文化遗产传承造成伤害。

（二）参与非物质文化遗产的产业化开发

使用传统手段生产传统工艺美术品、传统医药，展演传统戏曲、曲艺，是这类非物质文化遗产事项传承的重要手段。但这种常规操作产能有限，有时很难满足更广泛的市场需求，这就要求有更多的商业精英在保护好非物质文化遗产的基础上，有针对性地对非物质文化遗产实施产业化开发。例如，使用大机械化生产的方式生产刺绣、蜡染、印染产品，利用电影、电视等现代传媒改编民间传说、神话故事等，都是非物质文化遗产产业化经营的常见模式。我国的文化遗产相当丰厚，如果我们能将这些遗产开发出来，无疑会给中国文化产业竞争带来更多活力。因为与其他国家相比，我们具有更多的资源上的优势。但遗憾的是以往我们没能意识到这一点。直至美国将中国的花木兰拍成电影，日本将中国的牛郎织女传说拍成大型芭蕾舞剧，我们才猛然意识到本国文化资源的惊人流失。从经济角度看，非物质文化遗产虽然是一种可再生资源，只要保护得力，即可永续利用，但是，作为一种经济资源，非物质文化遗产的存量又十分有限。即使其他国家的利用并没有给我国遗产造成致命伤害，也不存在文化安全问题，但作为一种无偿借用，同样会影响到我们对该文化资源的再开发。中国的经济界应该在确保非物质文化遗产不受破坏的前提下，主动介入非物质文化遗产再开发，为我国的非物质文化遗产产业化开发增添后劲。

当然，商业社会在介入非物质文化遗产开发过程中，也必须清楚地意识到商业介入是柄双刃剑，我们在巧用市场这只“看不见的手”以刺激非物质文化遗产市场化营销的过程中，也应充分考虑到，过多的商业介入有可能给非物质文化遗产传承带来负面影响。从某种角度来说，商业开发与非物质文化遗产保护本身就是一对矛盾。这对矛盾集中表现在以下两个方面：首先，商业投资所追求的是商业利润的最大化。非物质文化遗产虽有经济价值，但在整个非物质文化遗产价值体系中，这并不是它的核心价值。过分追求经济利益，势必会影响到非物质文化遗产的原真性，对非物质文化遗产造成不必要的破坏。其次，从社会伦理角度看，非物质文化遗产的享有者不仅是当代人，同时也应该包括我们子孙在内的所有人。但是，商业经营强调的是及时回报，再加之人类的私欲，很容易让人干出杀鸡取卵、竭泽而渔的勾当。一些商业介入，或使传承人离开他所熟悉的原生环境，或改变传承人所熟知的环境，会使他们所掌握的技艺技能成为无源之水、无本之木，甚至成为文化功能严重缺项的摆设。

此外，大机械化生产从表面上看确实增加了产量，但这种规模经营也很容易成为将非物质文化遗产传承逼上绝路的元凶。因为大机械化生产无法传承一针一线的手工技艺，但却很容易因其低廉的价格占领市场，并最终导致真正的传统手工技艺的断流。作为一级政府，虽然不能不考虑企业的短期利益和社会的购买能力，但是同时也应该考虑民族的长远利益与非物质文化遗产的有序传承，并将大机械化生产控制在一个可控的范围之内。否则，我们的传统手工技艺就很可能会像埃及金字塔建造技术一样彻底失传。对于一个具有悠久历史与灿烂文明的文明古国来说，那才是真正的悲剧。

四、新闻媒体的职能

在非物质文化遗产保护工作中，新闻媒体既不是工程的组织者，也不是工程的执行者，但它所发挥的作用不容低估。国内外非物质文化遗产保护实践告诉我们，没有新闻媒体的介入，非物质文化遗产保护理念就不可能深入人心，非物质文化遗产保护工作也不可能转变为整个民族的自觉行动。因此，如何发挥好新闻媒体的作用，是各国政府都十分关注的问题。

在非物质文化遗产保护工作中，新闻媒体的职责首先是通过媒体告诉全体公民什么是非物质文化遗产；作为各地地域标志性文化的非物质文化遗产，在当地具有怎样的分布；在本地区经济、社会及文化发展过程中，究竟扮演着怎样的角色；让全体国民对本民族非物质文化遗产的特点、存量、分布、品质，做到心中有数。其次是通过媒体告知每一位公民为什么保护非物质文化遗产以及怎样保护非物质文化遗产。非物质文化遗产是一个民族传统文化的精华，具有重要的历史认识价值、艺术价值、文化价值、社会价值与科学价值，是了解当地社会历史、文化、艺术、经济、政治的重要窗口，理应受到社会各界的高度重视。这就需要新闻媒体进行广泛的社会宣传，将非物质文化遗产的价值，特别是各地非物质文化遗产的独特价值，告知每一位公民，从而使非物质文化遗产保护，变成全民族的自觉行动。

当然，知道遗产重要是一回事，知道如何保护遗产是另一回事。新闻媒体的第三项工作，就是通过媒体告知每一位公民怎样保护非物质文化遗产。普及保护知识，传播保护经验，同样是新闻媒体的一项重要工作。我们要通过各种渠道，将非物质文化遗产的各种保护理念、知识、经验与方法，告诉每一位公民，使他们在正确理念的引导下保护好祖先传承下来的每一种非物质文化遗产。

总之，在非物质文化遗产普查、申报、保护工作中，作为非物质文化遗产保护队伍中的一员，无论是指挥这一工程的政府部门，还是参与决策、实施及宣传工作的知识阶层、商界人士、新闻媒体，大家都有责任、有义务参与到非物质文化遗产保护工作中来。但在参与之前，必须清醒地意识到，即或我们的地位再高，作用再大，也不能取代传承人而成为非物质文化遗产的传承主体。我们的工作就是利用自己的行政优势、学术优势、经济优势、舆论优势，来帮助、鼓励、推动民间社会对非物质文化遗产的自主传承，而不是越俎代庖，亲自参与到非物质文化遗产传承中去，这一点非常重要。

第四章
非物质文化遗产的保护方法和保护原则

非物质文化遗产的保护方法和保护原则 ppt

阅读提示：

本章立足于非物质文化遗产保护工作实践，探讨非物质文化遗产保护应该遵循的方法与原则，帮助学习者以正确的观念看待和参与非物质文化遗产的保护工作。首先紧密联系非物质文化遗产保护工作的实际，从七个方面阐释我国非物质文化遗产的抢救与保护应采取的主要方法与措施，以使保护工作落到实处且卓有成效。其次，从提高全民"文化自觉"的高度，探讨抢救与保护非物质文化遗产应该秉承的基本原则，即以人为本原则、整体保护原则、活态保护原则、民间事民间办原则、原真性保护原则、独特性保护原则、就地保护原则、濒危遗产优先保护原则。

在非物质文化遗产保护工作中，政府发挥着重要作用。没有政府的主导，一个国家的非物质文化遗产就不可能得到周全的保护。但由于我们所保护的是民间文化而非官方文化，这就给并不十分熟悉这一行当的政府部门出了一道难题。处理不好，还会使原本原汁原味的非物质文化遗产变色、走味儿，这种教训在国内外非物质文化遗产保护史上屡见不鲜。通过本章的学习，我们要从理论上弄清作为非物质文化遗产保护主体的政府，在保护非物质文化遗产过程中经常使用的方法和应该秉持的保护原则。

第一节　非物质文化遗产的保护方法

在非物质文化遗产保护工作中，各级政府应该怎样定位自己的职能呢？首先，我们必须清醒地意识到，任何一个时代的非物质文化遗产都是由非物质文化遗产传承人传承的，作为活态载体，这些艺人、匠人、歌师、乐手在传承民族非物质文化遗产的过程中，发挥了重要的作用。而作为非物质文化遗产保护主体，政府、学界、商界以及新闻媒体等尽管也都为非物质文化遗产的保护与传承做出过这样或是那样的贡献，但都不曾参与非物质文化遗产的传承。从春秋时期官府动员鳏寡孤独者搜集民歌，到今天各国政府出资扶持非物质文化遗产的传承，古往今来，莫不如此。原因很简单，传承非物质文化遗产并不是政府的强项，如果一定要让作为保护主体的政府来取代民间力量并亲自参与非物质文化遗产的传承，那么，遗产会不可避免地变色、走味儿。所以，在非物质文化遗产保护过程中，作为非物质文化遗产保护主体的政府，只能做好其分内的工作。

从国际经验看，作为非物质文化遗产保护主体，政府的工作主要应集中在以下几个方面。

一、开展全国性非物质文化遗产大普查

通常，一个国家在非物质文化遗产保护工程启动之初的第一项工作，便是进行全国性非物质文化遗产大普查。日本如此，韩国亦是如此。这一工作在计算机已经普及的今天看似简单，但在计算机尚未出现的 20 世纪五六十年代，却是一项相当艰巨的工作。普查成果的繁杂，直接影响后期材料的梳理和运用。普查工作的重心只有一个，那便是深入调查，摸清家底，要对本国非物质文化遗产种类、数量、分布、生存环境、保护现状以及所存在的问题，进行一次拉网式普查。

通常，普查工作的第一步，便是《普查工作手册》的编写和出版。这项工作直接关系到普查工作的质量。冯骥才先生讲过，遗产的普查，要“大到教堂，小到汤匙”。通过拉网式普查，将各地遗产打捞上来，从而对本国遗产做到心中有数，这是各国政府的重要职责。遗产普查虽然可以小到“汤匙”，但这并不是说我们最终的目的是将所有的“汤匙”打捞上来。我们究竟需要将什么档次的遗产打捞上来，需要具体问题具体分析，并通过一系列标准的制定体现出来。这就像捕鱼，想要大鱼，网眼就大些；想要小鱼，网眼就小些。如果想将全国县级以上的遗产资源普查出来，“网眼”（标准）就要小些，如果想将省级或是国家级遗产普查出来，“网眼”就要大些。考虑到普查工作是要将当地最优秀、最著名的非物质文化遗产，即当地的地域标志性文化打捞上来，“网眼”可以适当小些。这样做一方面可以帮助我们摸清当地的遗产资源，另一方面也可以帮助我们摸清当地的旅游资源，可谓“一举两得”。以县级非物质文化遗产普查为例，其成果至少应包括以下几个方面。

（1）摸清本县十种或数种最重要的民间文学体裁（如传说、故事、叙事诗、史诗等）或题材（如有关羌族碉楼的传说故事等），找出本地最具特色的民间文学品种或作品。

（2）摸清本县最重要的十种或数种表演艺术样式（如戏曲类的皮影戏、木偶戏、地方小戏等；曲艺类的民间说唱等）。

（3）摸清本县最重要的十种或数种传统民间工艺技术（如剪纸、年画、木雕、石雕的制作技艺等）。

（4）摸清本县最重要的十种或数种传统节日（传统风味保持较好的民俗节日，特别是当地独具特色的地方性传统节日，如羌年、牯脏节等）。

（5）摸清本县最重要的十种或数种传统仪式（如祭山、祭天仪式以及独具特色的人生仪礼等）。

（6）摸清本县最重要的十种或数种传统生产知识（主要指当地独具特色的农林牧副渔业知识，如黑山法狩猎知识与技能、坎儿井挖掘技术、稻田养鱼技术等）。

（7）摸清本县最重要的十种或数种传统生活知识（主要指当地独具特色的服饰制作知识、食品加工知识、传统建筑技术等）。

（8）摸清本县最重要的十个或数个文化空间（主要指原生状态保持得比较好的传统村落、历史街区等。许多非物质文化遗产的存在与这些物质文化遗产密不可分）。

（9）出于整体保护需要，还要摸清本县最著名的十个或数个自然遗产地（主要指本县最著名的风景名胜区、自然保护区。许多非物质文化遗产的存在和这些自然遗产密不可分）。

从表面上看，这样进行普查过于简单，其实真正做起来并不容易，关键是落到实处。比如提到的十种生活知识，就包括衣食住行各个方面。而其中的饮食文化，会涉及当地独具特色的各种主食、副食品种，如大菜、小吃的制作技术以及各种泡菜的腌制技术、各种食品的储存技术（熏肉技术、腊肉技术、腌肉技术）等。将这些饮食资源打捞上来，对于了解当地的文化传统，打造当地的旅游品牌，显然具有重要意义。而且，上述工作除可取得预期成果外，还可为我们总结出一套行之有效的方法，培养一批训练有素的专业型普查人才，为今后的非物质文化遗产申报工作做好铺垫。

二、建立非物质文化遗产四级名录体系

在普查工作的基础上，根据既定标准，将本国非物质文化遗产划分为四个等级，并对它们实施差别保护，这是各国政府在非物质文化遗产保护工作中的一个普遍做法。

在非物质文化遗产保护名录建立之前，必须建立一套行之有效的非物质文化遗产评估体系。这套体系由定性分析与定量分析两部分组成。前者用以确定什么是非物质文化遗产，什么不是非物质文化遗产。而后者主要根据非物质文化遗产的品质上的优秀度、状态上的原生度、社会上的知名度、存量上的濒危度、时间上的跨越程度、信息上的承载度、性格上的独特程度等，为遗产进行定量分析，并根据上述尺度，将非物质文化遗产分为世界级非物质文化遗产、国家级非物质文化遗产、省区及直辖市级非物质文化遗产、县市级非物质文化遗产四个等级，并适时建立四级名录体系。

从管理层面看，世界级非物质文化遗产需联合国教科文组织注册，国家级遗产需中央政府注册，省区及直辖市级遗产需省、直辖市、自治区政府注册，县市级遗产需县市政府注册，但具体的保护工作仍需当地政府负责。按国际通行惯例，上一级遗产需从下一级遗产中选出，不得越级申报。国家级非物质文化遗产代表作名录的公布，标志着一个国家非物质文化遗产代表作名录体系的建立，体现了一个国家非物质文化遗产保护工作已经进入体系化、科学化保护阶段。目前，许多国家均已建立了四级名录体系，这项工作也会随着各国非物质文化遗产申报工作的不断展开而逐渐完善起来（图 4–1）。

图 4–1　世界非物质文化遗产——京剧

三、制定非物质文化遗产传承人登记制度

由于非物质文化遗产的所指是那些“看不见”“摸不着”的传统

技术、技艺与技能，而掌握这些技术与技艺的人水平又参差不齐，这便给指定工作带来了很大的不确定性。为避免非物质文化遗产的“滥指定”，确保在众多传统文化事项中让那些优秀的非物质文化遗产项目脱颖而出，各国在指定这类遗产项目时，通常都会将项目与项目传承人捆绑在一起，并根据传承人的水平来判定“这一个”遗产能否进入非物质文化遗产保护名录，从而确保了指定项目的唯一性。同时，也造就了非物质文化遗产指定制度。

非物质文化遗产项目由于传承人多寡的不同，又可被分为以自然人名义传承的“个体传承项目”、以团体名义传承的“团体传承项目”和以群体名义传承的“群体传承项目”三个大类，于是，传承人也被分为个体传承人与团体或群体传承人数种。

以自然人名义传承的“个体传承项目”，多出现在传统工艺技术类、民间文学类及部分以个体名义出现的表演艺术类非物质文化遗产中。这些能工巧匠、民间艺人在保护、传承一个民族传统冶金锻造技术、陶瓷制作技术、纺织印染技术等方面发挥了重要作用。这类遗产的传承基本上也都是通过个体传承的方式世代相传的。由于同类传承事项很多，为确保指定对象的唯一性，在指定这类遗产的过程中，传承项目需与特定传承人一并指定。例如，在申报北京“聚元号”弓箭制作技艺时，就必须将该技艺的传承人杨福喜一并申报。这种捆绑指定的言外之意就是告诉人们，至少到目前为止，只有杨福喜传承的弓箭制作技艺才是国家指定项目，从而避免了其他弓箭制作方的“乱搭车”现象。

以团体名义传承的“团体传承项目”，是指以团体的智慧和力量创造并传承下来的非物质文化遗产项目。这类项目多出现在表演艺术、传统手工技艺、传统生产知识、传统生活知识以及传统节日与仪式类遗产中。在现实生活中，绝大多数非物质文化遗产项目，都是通过团体传承的力量代代相传的。例如，侗族大歌、苗族舞蹈、汉族戏剧，都是这类遗产的典型代表，反映出这类遗产在传承过程中所具有的公众普遍参与的特点。

在这类遗产的传承过程中，尽管某些个人发挥着重要作用，但没有众多传承人的集体参与，这类遗产是不可能获得有效传承的。所以，这类遗产的传承人不是某个个体，而是由若干自然人组成的某个团体。例如，杨柳青年画绘制技术、荣宝斋水印木版年画制作技艺等，都是由多道工序、多名传承人共同完成的。在保护这类遗产时，要充分考虑传承群体的作用。任何一种过分强调个体而忽视团体的想法与做法，都会对这类遗产的传承带来负面影响（图 4–2）。

图 4–2　世界非物质文化遗产——粤剧

在日本，人们将这类由群体来完成的遗产项目统称为“民俗无形文化财”，而这类遗产的指定也必须与某个具体村落或团体挂钩，通过项目冠名确保保护对象的唯一性。这种做法事实上也为该团体未来利益的获得奠定了法律基础。

以群体名义传承的“群体传承项目”，是指以群体名义传承的非物质文化遗产项目。与以团体名义传承的非物质文化遗产项目相比，两者的传承人都具有明显的复数特征。所不同的是，团体传承项目只需要一个团体，而群体项目则需要多个团体共同完成。例如，某些传统节日或是传统仪式，通常都会动用数十个花会做支撑。例如，北京门头沟的妙峰山庙会，就是由粥茶会、面茶会、青菜会、献盐会、缝绽会等几十个文会以及杠箱会、狮子会、中幡会、杠子会、石锁会、双石会、吵子会、花坛会、花钹大鼓、开路会、五虎棍、秧歌会、太平会等数十个武会共同组成的。这种大规模的仪式活动，仅以团体名义申报显然是不合适的，故传统节日、传统仪式类遗产项目的传承人，不可能是某个个体，甚至是某个团体，而应是某些群体。

由于团体传承、群体传承人数众多，管理困难，所以，在申报这类遗产时，通常都会指定一名总会首担任联系人，而无须对所有传承人都一一登记。此外，根据风险利益共担原则，这类遗产的传承由该项目中所有团体负责，所获利益与名誉，也由该群体共享。

四、建立传统文化生态保护区

为体现非物质文化遗产整体保护原则及原生态保护原则，一些国家纷纷以"传统文化之乡""传统艺术之乡""文化生态博物馆"等名义，建立传统文化生态保护区。建立传统文化生态保护区的初衷是想通过对某一地域自然环境、人文环境、物质文化遗产与非物质文化遗产的整体保护，使该地区的优秀传统得以延续和传承，也使该地区人与人、人与自然的关系变得更加和谐。

文化生态保护区理念的理论基础是非物质文化遗产保护中的"整体保护"理论。所不同的是，这一理论要求我们不但要注意到非物质文化遗产自身的内在关联，同时还要注意到对非物质文化遗产生存空间的全方位保护。这一理论并没有将物质文化遗产与非物质文化遗产割裂开来，而是将它视为与非物质文化遗产相互依存、互为表里的外在环境。所以，在这类项目中，物质文化遗产、自然遗产以及非物质文化遗产都将受到同等重要的保护。

五、非物质文化遗产成果的收藏与展示

在非物质文化遗产漫长的传承过程中，民间艺人为我们保留下来了丰富的物质文化遗产，将这些艺术精品、制作工具、民俗实物搜集起来，并以博物馆的方式将它们展示出来，不但有利于这些艺术精品的收藏，而且还可以通过展览展示，让更多的人了解当地文化与风俗、劳作与生活、艺术与审美，充分发挥出这些展品的社会价值。此外，通过民间艺术大师的现场展示，也有利于人们对这些艺术精品制作工艺、制作流程的全面把握（图 4–3）。

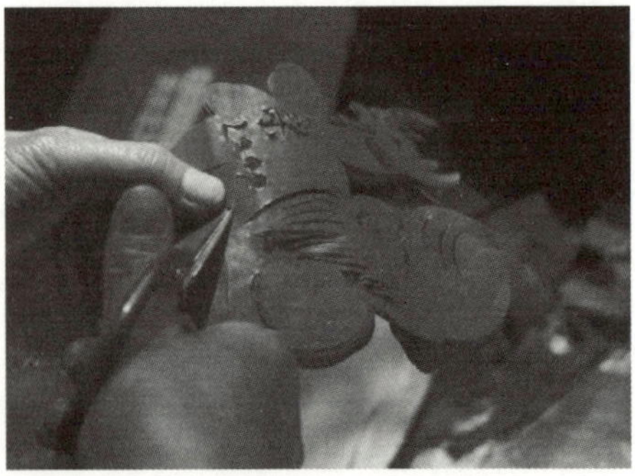

图 4–3　世界非物质文化遗产——中国剪纸

在建立博物馆的过程中，我们要充分认识到博物馆在展示、弘扬本地标志性文化过程中的重要作用。必

要时，还可通过建立专业性博物馆，为当地传统文化产业提供更多的展示平台。为节省成本，增加盈利，突出民族特色与地域特色，这类博物馆的开办，最好能与当地老宅院的利用与当地政府部门的旅游规划结合起来，使博物馆建设成为展示城市历史与城市形象的重要窗口。

需要特别指出的是，尽管我们并不反对对非物质文化遗产实施“物质化”保护，但非物质文化遗产保护工作者必须明白，活态保护是非物质文化遗产保护最基本的模式。也就是说，评价一个非物质文化遗产代表作是否还在有效传承，其基本标志不是看它被收藏了多少，而是看它的传统工艺技术、技能、知识、经验传承下来多少。实物收藏只能作为非物质文化遗产保护的一个辅助手段（图 4-4）。

图 4-4　世界非物质文化遗产——蒙古长调（中国、蒙古国）

六、建立非物质文化遗产资料库、数据库

在非物质文化遗产大普查过程中，除实物征集外，就是大量录音录像资料以及口述史资料的获得。这些来自第一现场的第一手资料，不但详细地记载了非物质文化遗产传承人制作、表演的整个过程，而且详细记载了他们对所传承遗产的理解。建立资料库、数据库，将这些数据保存起来，然后通过多媒体的方式实现资源共享，是实现非物质文化遗产成果资源共享的一条重要途径。正因为物质

文化遗产与非物质文化遗产具有千丝万缕的联系，所以，通过保护物质文化遗产的方式来保护非物质文化遗产，是非物质文化遗产保护的一条重要途径。这些途径包括：

（1）通过收藏实物的方式来保护非物质文化遗产。这种保护方式的最大特点是记录方式的直观性、客观性、真实性与不可替代性。它的另一个长处是便于展示，而展示又是非物质文化遗产实现其自身价值的最为有效的手段。当然，征集到这些实物后，对它们的保护，也开始由原来的对非物质文化遗产的活态保护，转变为对物质文化遗产的静态保护。无论是对民间绘画、镂刻、织艺、编艺、刺绣、挑花、印染、彩扎的保护，还是对雕塑、陶艺、瓷艺、金属工艺品的保护，莫不如此。

（2）对非物质文化遗产实施“物质化”保护也不应局限于实物的收藏上。例如，利用多媒体技术记录非物质文化遗产，将流动的技术与技能固定在多媒体芯片中，也是非物质文化遗产“物质化”保护的重要方式。这种记录方式在记录讲述、表演、节日、仪式、传统工艺等非物质文化遗产表现形式时非常有效，因为讲述、表演、节日、仪式、传统工艺等，除道具、行头及布景外，并无多少“实物”可言。它的真正精华的部分并不是那几件简单的道具与行头，而是表演或制作的整个过程。对于这部分技艺，没有全程不间断的录像是无法记录下来的。

我们倡导以多媒体方式记录非物质文化遗产，也是出于今后将全部普查成果进行网络化与数字化技术处理的需要。中国地大物博，遗产众多，但从目前的资金投入看，我们不可能、也没有必要将所有普查成果都印制成册。这种传统做法不仅投入过大，而且还会给未来的检索、查询工作带来诸多不便。法国等西方国家数十年前所进行的卡片式记录，最后多以失败告终，原因即在于人们无法对调查数据进行科学而有效的管理与运用。而现代科技的发展，特别是近年来数字网络技术的高速发展，已经为遗产的普查、梳理、应用与传播铺平了道路。

数字化处理与网络化传播的优势主要体现在以下几个方面。

①几乎不占用物理空间，或可忽略不计。

②可以方便灵活地进行图文声像与数字信息的双向转换。

③可以方便自如地对资料进行修改、编辑、排序、移位、备

份、删除和增补。

④可以高速、便捷地通过网络进行传输。

⑤可以方便、迅速地进行检索、调用[①]。

此外，一次性投入，投入产出比高，便于市场运作，也是文化遗产数字化、网络化的优势所在。通过兴建具有互动性与开放性的大型图、文、声、像遗产数据库，并以互联网的方式实现全球性资源共享，也符合少花钱多办事的经营原则。如果这一设想能够顺利实施，该数据库必将成为我国一项重要的文化基础工程，并在教育、科研以及精神文明与物质文明建设中，在国际文化交流中发挥巨大作用。

同时，专用互联网站的建设也有利于各种调查表格和文件的上传下达，促进各地专家学者以及调查人员之间的学术交流，实现真正的互动。总之，“网络技术在项目实施中的运用，可以成倍地降低运作成本、节省投入资金、简化中间环节、提高工作效率，是确保本项目高效率、高速度、高质量完成的有力工具。同时，网络技术也是数据库完成之后能够实现同时、异地、多用户（终端）资源共享不可或缺的技术环节之一”。[②] 此外，“在本项目搜集到的各种资料中，图、文、声、像将占主要的比例，这些信息皆可以进行数字化处理。其次是实物资料，虽然实物资料本身无法转化为数字形式，只能以博物馆的形式加以收藏和展出，但实物的外观可以用图像来表现，其质量、质地、用途、历史沿革、文化含义等要素，则都是可以用图文加以描述的，这一部分信息则是能够进行数字化处理的。因此，除实物本身的保存外，数字化存储仍然是可行的最佳选择”。[③]

七、确立非物质文化遗产传承人口述史调查制度

以口述史的方式记录非物质文化遗产及其传承人的事迹，将艺人记忆中那些“看不见”“摸不着”的技艺、技能，转化为“看得

① 何明：《高新技术与中国民间文化遗产抢救》，冯骥才等主编《守望民间》，第275页，西苑出版社2002年版。

② 何明：《高新技术与中国民间文化遗产抢救》，冯骥才等主编《守望民间》，第275页，西苑出版社2002年版。

③ 何明：《高新技术与中国民间文化遗产抢救》，冯骥才等主编《守望民间》，第275页，西苑出版社2002年版。

见”“摸得着”的纸媒文字，也是保护非物质文化遗产资料的一种重要方法。

口述史学是指以采访亲历者来记录历史的一种田野调查方式。现代意义上的口述史学（Oral History）虽然只有短短的60多年历史，但这一方法的利用古已有之。我们今天所看到的《史记》《齐民要术》等古籍经典，有很多细节便来自当时的口述史记录。例如，《齐民要术》作者贾思勰在《齐民要术·自序》中就这样写道：“采捃经传，爰及歌谣，询之老成，验之行事。”这说明他在撰写《齐民要术》时，就采取了类似的方法。

用口述史学的方式记录非物质文化遗产传承人的生活史，在国外颇为流行。通过对民间艺人生活史的记录，我们不但可以了解一种文化遗产的传承方式、制作方式，同时还可以通过深入细致的调查，更加深刻地了解作为一个普通百姓的生活实情，他们的喜怒哀乐，他们的人生观、价值观以及他们对文化遗产的看法。

口述史记录是在既定学术架构下进行的一种学术活动，调查者完全可以在不受任何限制的情况下，寻求各种文化解读。换一句话说，你想知道什么，就能问什么。这种主动出击的采集方式，可以使所记录的遗产信息更加全面，更加丰富，更加科学，也更富有人情味。

第二节　非物质文化遗产的保护原则

近年来，我国政府加大了对非物质文化遗产的保护力度，成绩是有目共睹的。但其中也存在着许多诸如将“民俗”变“官俗”，将“活”遗产变成“死”遗产，将文化干事当成非物质文化遗产传承人等咄咄怪事。这些问题的出现从表面上看似乎只是操作层面的失误，但实际上是在理论层面上出了问题。这种现状如不能及时改变，不但会因观念的滞后浪费大量人力、物力，同时还会因为我们的无知而葬送千百年传承下来的民族文化遗产。在非物质文化遗产保护过程中，秉持科学的原则是十分重要的。那么，在非物质文化遗产保护工作中，我们应该秉持怎样的原则呢？

一、以人为本原则

所谓“非物质文化遗产传承人”，是指在遗产传承过程中直接参与制作、表演等活动，并愿意将自己的高超技艺或技能传授给后人的自然人或相关群体。那些在非物质文化遗产保护或传承过程中发挥过重要作用或热心学习传统但本身与传统艺人、匠人并不具有正式师承关系或水平尚无法达到非物质文化遗产传承人标准者，都无法获得非物质文化遗产传承人的光荣称号。

从表现形式上看，非物质文化遗产的最大特点就是“非物质”性。在成品形成之前，它通常只是作为一种知识、技艺或技能存在于非物质文化遗产持有者的头脑中。只有这些匠人、艺人或是普通民众以不同方式将它们复述、表演或是制作出来时，人们才会感受到它们的存在。因此，与物质文化遗产相比，非物质文化遗产保护难度更大。然而，倘若我们换一种思路去把握这一问题，其中的许多难题也许就会迎刃而解——既然非物质文化遗产保护难度很大，我们何不干脆舍弃这“看不见”“摸不着”的非物质文化遗产，而对这些文化遗产的持有人实施特别的保护呢？事实也一次次证明，只要保护好这些文化遗产传承人，非物质文化遗产就不会消失；只要激励这些非物质文化遗产传承人，他们就会不断进取，产品也会越发精益求精；只要鼓励这些非物质文化遗产传承人继续招徒授业，非物质文化遗产就会后继有人，绵延不绝。

强调对非物质文化遗产传承人的保护，还有一个十分重要的原因：非物质文化遗产与物质类文化遗产不同，物质类文化遗产通常都具有不可再生的特点，一旦破坏，万世不复。所以，无论是历史建筑，还是传世古玩，保护重点都只有一个，即保护这些文化遗产自身。非物质文化遗产与此不同。它的存在打破了遗产不可再生的神话。只要这种传统技术或技艺仍存在，其产品不但可以随时复制，而且还可以不断创新。从这个角度来说，只关注非物质文化遗产的既有成品，已经无法满足我们对非物质文化遗产产品的更高需求。因为随着这些传统手工技艺匠人技艺水平的不断提高，新产品、新工艺、新技术便会源源不断地涌现出来。而享受非物质文化遗产给人类带来最新喜悦的最佳方式，便是加强对非物质文化遗产传承人的全方位保护。无数事实已经告诉我们，有了人便有了一切，失去人便失去一切。那种只见“物”不见“人”的做法，至少在非物质文化遗产保护这个问题上是舍本逐末的。

日本非常重视非物质文化遗产保护。它既是非物质文化遗产理论的首倡者，也是非物质文化遗产保护工作的第一实践者。在日本《文化财保护法》颁布的半个多世纪中，日本在非物质文化遗产保护这个问题上已经取得了非常丰富的实践经验，值得我们学习和借鉴。其中一个非常重要的经验，便是通过对非物质文化遗产传承人的保护来保护本国的各种非物质文化遗产。

在日本，非物质文化遗产传承人被赋予“人间国宝”称号。在表演界，“人间国宝”是指那些在艺术表演领域具有突出的表演才能、精湛的表演技艺并愿意将自己的这些技艺传诸后人的杰出的表演艺术家；在工艺制作领域则特指那些身怀绝技并愿意通过带徒方式将自己的技艺传诸后人的著名艺人或匠人。对于这些杰出的非物质文化遗产传承人，国家每年都会给予一定的补贴以鼓励他们再接再厉、精益求精。但实际上更多的人看中的并不是来自政府的津贴，而是“人间国宝”这块金字招牌。因为他们的才艺一旦得到社会和政府的承认，他们的作品便会价值陡增。他们也会从这种良性循环中获得更多的经济回报，并实现自我价值。

在日本，“人间国宝”的认定分为两种形式，一种是个体认定，另一种是团体认定。个体认定是指针对持有某种技能的个人所实施的个人资格认定。例如，某些著名的人形艺人、陶艺艺人、木竹工艺人、金工艺人、染织艺人、髹漆艺人，由于他们自身就可以独立完成某项传统工艺品的制作，所以，他们完全有资格获得来自政府的“个体认定”。但木偶净琉璃戏、宫廷音乐或是民间舞蹈这类需要很多人共同参与才能完成的民间表演艺术，只能通过“团体认定”的方式，来完成对这类非物质文化遗产传承人的最终认定。[①] 截至 2002 年 7 月，在这一制度实施的半个多世纪中，日本已认定“人间国宝”114 名。现在仍健在的“人间国宝”中，艺能表演类“人间国宝”共 55 人，其中又以能乐、文乐、狂言、歌舞伎等所谓高雅艺术者居多，而其余全部是陶艺业、手工织染业、铁工锻造业等方面的

① 日本对“人间国宝”的认定程序是：先由日本文部科学省下属之文化厅在咨询文化财专门调查会成员提名的基础上筛选出认定名单，然后提交文化审议会审议，审议通过后，再由文部科学大臣最终批准并颁发认定书。

著名匠人。"人间国宝"认定制度的出现，有力地增强了民间社会保护非物质文化遗产的意识，成功地解决了日本传统艺术与传统工艺后继乏人的问题，歌舞伎、能乐、文乐、狂言等传统表演技艺以及人形、陶艺、木竹、金工、染织、髹漆等传统工艺也由此重焕生机，有力地促进了日本传统表演技艺和传统手工技艺的传承和发展（图 4–5）。

图 4–5　黎族传统纺染织绣技艺

当然，"人间国宝"的认定也是有条件的。那些虽身怀绝技但却不愿意将技艺或技能传授给别人的人是不能被授予"人间国宝"称号的。同时，由于体力、智力或其他方面的原因无法完成保存、传承非物质文化遗产时，"人间国宝"的资格也将被政府有关部门取消或重新赋予其名誉传承人的光荣称号。这种能上能下、具有动态特点的管理模式值得我们借鉴。

在我国，通过保护艺人进而实现对非物质文化遗产的整体保护已经获得学术界越来越多的共识。但是，由于长期以来我们一直以保护物质类文化遗产的方式来保护非物质文化遗产，所以，要想从根本上转变人们的保护理念并非易事。这需要我们在非物质文化遗产保护上进行一场更为深刻的观念上的革命，将保护非物质文化遗产传承人作为非物质文化遗产保护工作的第一目标、第一要求、第一标准和第一尺度。靳之林先生在谈及这个问题时，曾经说过："非物质文化遗产的抢救保护问题，应首先着眼于人的抢救保护，而不只是让它进入历史典籍和博物馆。物质文化遗产的保护是物质的保护，作为精神文化遗产的保护是人的传承，是活态文化的传承。在这里，'保护'二字的内涵就是传承，不能传承何谈保护？我们希望在亿万群众的社会生活中看到民族精神文化的传承发展。"①

① 靳之林：《关于中国非物质文化遗产的抢救、保护要点与传承、发展》，中国艺术研究院编《人类口头和非物质遗产抢救与保护国际学术研讨会》（内部资料），第 34 页，2002 年 12 月。

二、整体保护原则

整体保护原则，是指在非物质文化遗产保护过程中，应该对非物质文化遗产自身及其生存空间实施全方位保护。

（一）对非物质文化遗产自身的整体保护

任何一项非物质文化遗产，都是由多种技能、技艺或是工序共同构成的。置其他技能、技艺或工序于不顾，而只保护其中的某一项或某几项，都不可能使这项技术实现有效传承。因此，在保护过程中，必须遵循整体保护原则，对非物质文化遗产的所有工艺、工艺流程实施全方位保护。以年画制作为例，制作一幅年画，至少需要掌握描图、刻板、印制、上色、装裱等多道工艺，如果是彩色套版，还需要多次套版印刷，工艺相当繁复。倘若我们置其他工艺于不顾，只求保护其中的某项或某几项重要工艺，即或保护得再好，年画制作技艺也不可能传承下来。从这个角度来说，我们所说的"整体保护"，首先应该理解为对该工艺所有程序与工艺的全面保护。

（二）对非物质文化遗产生存环境的整体保护

对非物质文化遗产实施整体保护的另一层含义，是指对遗产生存环境所实施的整体保护。在非物质文化遗产保护过程中，只保护非物质文化遗产自身还远远不够。因为任何一种遗产，都是特定环境下的特定产物。这种环境有时可理解为自然环境，有时可理解为人文环境。离开这种特定环境，非物质文化遗产就会成为无源之水、无本之木而难以存活。要想有效地保护好这些非物质文化遗产，就必须从保护环境做起，为非物质文化遗产的传承创造一个更为适宜的空间。但是，在现实生活中，只注重非物质文化遗产自身而忽略其生存环境的做法还相当普遍。例如，将炕头故事搬到故事厅的做法，将歌墟搬上舞台的做法，将撒叶儿荷搬到文化广场的做法，都会因传承环境的改变而影响非物质文化遗产的原汁原味传承。为贯彻非物质文化遗产整体保护原则，还要充分考虑非物质文化遗产本身与其周边相关文化事项的密切联系。例如，在保护农业生产经验时，也应充分考虑到农业生产经验与民间文学（如薅草锣鼓、插秧歌等）、表演艺术（祈雨戏、还愿戏等）以及各种宗教仪式（如开秧门、鞭春牛、尝新节等）间的紧密的文化联系，从而实现对非物质文化遗产的整体保护。那种试图将各种非物质文化遗产从其生存环境中完全剥离出去的想法与做法，都不利于对非物质文化遗产的整体保护。

三、活态保护原则

保护非物质文化遗产的手段多种多样。其中既有针对非物质文化遗产成品所实施的固态保护，也有通过保护民间艺人而对非物质文化遗产实施的活态保护。但说到底，非物质文化遗产保护要点还是对非物质文化遗产实施活态保护。这也是在非物质文化遗产保护过程中，为什么我们所强调的并不是简单地建几座博物馆，将那些优秀文物收藏起来，而是反复强调一定要以活态传承的方式，将那些古老的技术与技艺原汁原味地传承下去的一个十分重要的原因。文物的有无尽管对我们认识自己的历史与文化具有重要意义，但它本身并不具有将一个民族或是一个国家优秀文化传统传承下去的功能，判断一个民族或是一个国家传统文化，特别是传统技艺是否流传了下来，不是看它保留有多少文物，而是看它历史上所创造的那些技术与技艺能否以活态的形式完整地传承下来。以埃及为例，金字塔的存在对人们认识埃及的历史与文化、技术与审美，固然具有重要价值，但是，由于古埃及金字塔建筑技术（包括石料采集技术、石料加工技术、石料搬运技术、石料堆砌技术等）并没有以活态传承的方式传承下来，所以，即或今天，我们也仍然无法将一个个巨大的金字塔原汁原味地复制出来。活态传承的重要性由此可见一斑。

俗话说："活鱼还要水中看。"作为非物质文化遗产，无论类型如何，它通常都是以鲜活的状态存活于民间社会中的。依照传统，将这类遗产如实地记录下来，或是将其中的一部分做成标本放进博物馆，用于展示与保存本没有错，但是，如果将这种固态保护方法作为保护非物质文化遗产的法宝，并用于整个非物质文化遗产保护工作，则肯定有部分非物质文化遗产会因为我们的爱心而彻底消亡。譬如，出于爱心，我们将皮影统统搜集上来，肯定会造成中国皮影戏（图 4-6）的消亡；将木偶统统搜集上来，肯定会造成中国木偶戏的消亡。因为皮影、木偶一旦走进博物馆，与之相关的唱腔、音乐、表演都会因为无法"收藏"而彻底消失，"活遗产"也就变成了"死遗产"。所以，在搜集民俗文物、建设博物馆的时候，一定要注意这种保护方式的局限，绝不能因为我们的收藏而断送了非物质文化遗产的活态传承，断送了非物质文化遗产中最为精华的部分——传统表演艺术与传统手工技艺的活态传承。总之，在我国至少不能将固态保护作为本国非物质文化遗产保护的主要模式。

图 4-6　世界非物质文化遗产——皮影戏

在保护方式上，非物质文化遗产与物质文化遗产有着很大不同。物质文化遗产可以实施固态保护，而非物质文化遗产必须实施活态保护。这是非物质文化遗产保护与物质文化遗产保护的本质区别。如果把所有遗产都比作鱼，那么，对物质文化遗产的保护，相当于把鱼做成标本，只要不腐不烂，就算达到目的；而对非物质文化遗产的保护，不但不能将它制成标本，而且还要让它像池中之鱼一样，自由生长，不断繁衍、壮大。两相比较不难看出，前者强调的是防腐，而后者强调的是养生。将非物质文化遗产记录下来或是收藏起来固然重要，但说到底，非物质文化遗产保护的最终目的并不是将其做成标本存入库房、供人研究使用，而是让这些活生生的非物质文化遗产像水中之鱼一样，永远畅游在中国文化的海洋里，生生不息，永无穷尽。我们所强调的活态保护，就是要通过各种方式，为非物质文化遗产传承人营造出一个个更加适合于它们传承的环境。那种指手画脚、随心所欲改变非物质文化遗产传承人生活方式、原生环境的做法，或是让非物质文化遗产传承人远离其原生环境的做法，都会给非物质文化遗产的活态传承带来负面影响。

四、民间事民间办原则

在非物质文化遗产保护工作中，政府、学界、商界和新闻媒体的积极参与是十分重要的，没有上述各界的参与，特别是没有各级政府的积极组织、调动与引导，文化遗产保护工作将很难进行。但必须强调的是，在非物质文化遗产传承过程中，真正的传承主体不是政府、商界、学界和新闻媒体，而是那些深深根植于民间社会的非物质文化遗产传承人。如果我们无视这一点，并以自己的强势地位取代民间文化传承人，非物质文化遗产就很可能会因为外行的介入而变色、走味，“真民俗”就会变成“伪民俗”，“真遗产”就会变成“伪遗产”。这种事例在我国历史上并不少见。这种做法，也许正应了鲁迅对姚克所说的那两句话：“歌、诗、词、曲，我以为原是民间物，文人取为己有，越作越难懂，弄得变成了僵石，他们又去取一样，又来慢慢绞死它。”“士大夫是常要夺取民间东西的，将竹枝词改为文言，将‘小家碧玉’作为姨太太，但一沾他们的手，这东西也就跟着他们灭亡。”[①] 上面所言，似乎只是阐述中国历史上文人士大夫破坏民间文化的一般规律，但实际上这也着实点出了当前非物质文化遗产保护过程中所存在的问题。所不同的是，当下对民间歌舞、民间文学艺术等非物质文化遗产施以改造的，已不再是历史上的官僚阶层，而是今天的政府、商人以及他们所聘请来的导演、画家或是文人。由于专业所限，这些人并不清楚民间艺术的真正价值，但是，他们还是在政府的督促下，将上述“民间物”一样一样地拿来，又一样一样地“绞死”。正是由于政府的错位干预，最终导致了许多地方出现“大保护大破坏，小保护小破坏，不保护

① 鲁迅:《书信集·致姚克》,《鲁迅全集》，第 12 卷，第 339 页，人民文学出版社 1981 年版。

不破坏”这样一种令人十分尴尬的局面。因此，民间事民间办这一充分肯定非物质文化遗产传承主体的做法应该成为全社会的共识。

那么，在现实社会中，我们应该如何借助历史经验，调动民间社会，特别是非物质文化遗产传承人的积极性，确保非物质文化遗产的有效传承呢？在这个问题上，中国历史上神事活动“民间事民间办”的传统值得借鉴与继承。

在中国传统农业社会中，历来存在两套组织系统：一套是以村长、保长为代表的民事管理系统，即传统村落的行政管理系统。这套系统主要负责村落的行政管理，抓壮丁、派劳役、催公粮、缴杂税，主要是由这套系统完成的。另一套是以社长或社首为代表的村落神事管理系统。这套系统主要负责村落神事活动，祭神、娱神、迎神、赛会等，都是由这套系统完成的。通常，这两套管理系统各行其是，虽彼此配合，但从不干预。而就民间神事活动而言，这种行政干预最小化原则的出现，却最大限度地调动了民间社会的积极性，不但节省了政府部门的行政开支，同时也在民间文化传承过程中，最大限度地保护了文化遗产的原有本色。通观中国民间文化发展史可以发现，历史上，无论是陕北秧歌、安塞腰鼓，还是乐亭皮影、凤阳花鼓，基本上都是通过民间的力量自主传承的。政府、学界、商界以及新闻媒体等非物质文化遗产保护主体的工作不是越组代庖，亲自参与到非物质文化遗产传承工作中来，而是利用自己的行政优势、学术优势、经费优势、媒体优势，帮助、鼓励、推动民间社会对非物质文化遗产的自主传承。

五、原真性保护原则

根据文化所呈现出的某些生存形态，可将它们区分为“原生文化”与“次生文化”两个大类。所谓“原生文化”，是指在历史上创造并以活态的形式传承至今的、未经任何刻意干预、修改过的传统文化；所谓“次生文化”，是指那些原生状态已经被破坏，或是在原生文化基础上创造出来的新型文化。非物质文化遗产保护工程所要保护的不是已经失去原生状态或当代艺术家创作出来的“次生文化”，而是那些未经任何干预、改造过的原生文化，特别是其中的佼佼者，这就是我们所说的非物质文化遗产。

从本质上说，“原生文化”与“次生文化”并没有高下之分、优劣之别。非物质文化遗产保护工程之所以强调保护对象的原生性，是因为它保留有大量的历史信息与文化信息，而这些信息在创建新文化、新艺术、新科技的过程中，具有许多次生文化所无法取代的作用。中华文化要想长盛不衰、血脉相传，就必须保护好这些形式古朴、内涵厚重的原生文化，否则，新文化、新艺术、新科技的创造就会成为无源之水、无本之木，国家的文化安全就会因资源的丧失而失去起码的保障。因此，我们应该像保护物种基因一样，保护好那些具有原生性质的非物质文化遗产，为未来新文化、新艺术、新科技的创造，保留更多的种源。

但是，由于对传统文化资源不可再生性认识不足，致使改造之风盛行，从而导致了对非物质文化遗产原真状态的直接破坏。其实，作为文化工作者，将自己的理念融入自己的行政实践，本无可厚非。但作为一名非物质文化遗产保护者，如果抱有同样的想法，就很容易因擅自改动，例如出于净化语言、提升品位的需要，将民间文学或表演艺术中的方言土语改成普通话，将猥亵言词、迷信成分或是某些侮辱、蔑视妇女的字眼大段删去，或是“与时俱进”，将许多当代理念与表现形式融入其中，都会对非物质文化遗产原有基因造成致命伤害。

其实，非物质文化遗产与物质文化遗产在保护理念上具有很多相似之处。正像文物不能随意改动以确保其原有认识价值一样，非物质文化遗产也不能随意改动，随意添加。如果我们在隆重的祭祖大典上，看到的是空空如也的八鼎九簋，在侗族地区听到的是已经加入了美声唱法的侗族大歌，在苗族地区看到的是已经加入了许多时尚因素的苗族舞蹈，这些非物质文化遗产还有什么历史认识价值可言？我们之所以反复强调非物质文化遗产的原生态保护，反对政府、学界、商界以及新闻媒体等外部力量的过多介入，其终极目的便是确保非物质文化遗产的真实。而非物质文化遗产原真性保护原则的提出，也是在提醒人们：非物质文化遗产的所有价值，均建立在非物质文化遗产真实性基础之上，真实性一旦丧失，非物质文化遗产也就不再是非物质文化遗产了。

六、独特性保护原则

所谓“文化”，是指一个民族在长期的社会发展过程中所形成的一整套特定的生活方式与生产方式。由于每个民族历史传统不同、生存空间不同，他们为适应上述环境所创造的各种文化也会呈现出明显的差别，从而形成文化的多样性与地域文化的独特性。与各种动植物保护公约中所规定的动植物原产地保护原则不同，在非物质文化遗产保护过程中，人们在保护原产地文化的同时，也应注意到对因流动与变异而衍生出来的各种亚文化类型，特别是那些已经呈现出明显差异的亚文化类型的保护。

中国是一个多民族国家，民族文化与地域文化的独特性和差异性，为中华民族多元文化的创造奠定了坚实的基础。历史上，有些人一直将多元文化视为政治一元化的障碍。其实这种观点是错误的。正如动植物学家强调保护物种多样性一样，文化的多样性对于人类来说亦是极为重要的。因为多元一体的文化构成，可以为中华民族新文化的创造提供更多的资源。我们要对它百般关爱，而不是将其轻易同化。文化的同化不但有碍民族感情，有违民族政策，同时，对中华民族多元文化亦将有百害而无一利。联合国教科文组织在《世界文化多样性宣言》中曾这样指出：“文化在不同的时空中会有不同的表现形式。这种多样性的表现形式构成了各人类群体所具有的独特性与多样性。文化的多样性是交流、革新和创作的源泉，对人类来说，保护它就像与保护生物多样性进而维持生物平衡一样必不可少。从这个意义上讲，文化多样性是人类的共同遗产，应当从当代人和子孙后代的利益考虑并予以承认和肯定。”

七、就地保护原则

就地保护原则最初出现在物质文化遗产保护领域。近年来，这一理论也被移植到了农业文化遗产保护中来。与物质文化遗产相比，非物质文化遗产显然具有更多的“流动性”。我们虽然不排斥非物质文化遗产按其固有传统正常流动，如匠人出门打工、渔民出海作业等，但更希望非物质文化遗产能够扎根本土，而不要因为外界的利益诱惑而远走他乡。这是因为尽管非物质文化遗产即或流动也不至于消亡，但作为文化，终有其赖以生存的人文环境和自然环境，如果随意迁徙，就很可能会因其原有功能的丧失而失去其应有价值。需要说明的是，这并不意味着非物质文化遗产不能推广至其他地区。恰恰相反，我们保护非物质文化遗产的目的，就是要保护好这些优秀的传统文化基因，让更多的人从中获益。但就非物质文化遗产自身传承规律而言，坚持就地保护，显然更适合非物质文化遗产传承规律（图 4–7）。

图 4–7　世界非物质文化遗产——西安鼓乐

八、濒危遗产优先保护原则

作为非物质文化遗产保护基本原则，择优保护当然是我们的永远追求。非物质文化遗产保护说到底就是在力所能及的情况下，去粗取精，去伪存真，将人类历史上创造并传承至今的一切优秀文化遗产都尽可能全面地保护起来，传承下去。但依据我国现有国力，我们还不可能将所有遗产都一股脑儿地保护起来。这就要求我们在保护过程中必须分清轻重缓急，集中人力、物力，将那些已经处于濒危状态的非物质文化遗产项目及时而有效地抢救下来，为今后人类新文化的创造保留更多的资料。

目前，许多国家都已经意识到保护濒危遗产的重要性，“保护为主，抢救第一”也已经成为许多国家遗产保护者们的共识。为保护好濒危遗产，日本首先在物质遗产保护方面提出了著名的“临时性指定制度”——在1919年颁布的《古迹名胜天然纪念物保护法》中明文规定：在紧急情况下，地方政府在没有获得上级主管部门正式批复的情况下，有权对那些面临破坏威胁的文物古迹实施临时性指定措施（即临时性指定某文物古迹为国家重要文化遗产），使该文物免遭某些突如其来的破坏，并为上级主管部门的进一步甄别提供时间上的保障。据有关资料显示，从1920年开始，直至1950年《文化财保护法》颁布，由日本政府指定的1 580处名胜古迹及天然纪念物中，就有相当部分是通过临时性指定制度被抢救下来的。而在这个过程中，《古迹名胜天然纪念物保护法》中“在紧急情况下，地方长官可对文物进行临时性指定”的法律条文，发挥了十分重要的作用①。

与物质文化遗产一样，许多非物质文化遗产也会因传承人的病危或是周边环境的改变而成为濒危遗产。譬如我们所熟知的《二泉映月》等一系列由著名民间艺人阿炳演奏的民间音乐，就是在艺人阿炳病重的情况下，由我国著名音乐家杨荫浏等学者抢救下来的②。当时，这种抢救还只是出于学者们的学术自觉，尚没有上升到制度层面。如果我们有意识地设立一套切实可行的有关非物质文化遗产的“临时性指定制度”，许多濒危型非物质文化遗产至少会在其濒临消失之前被科学地记录下来，而不会因申报过程的漫长和申报制度的缺失而失去最佳抢救时机（图4-8）。

作为非物质文化遗产保护制度建设的重要一环，濒危型遗产保护必须以制度建设为前提。在非物质文化遗产保护领域，“临时性指定制度”虽无前车之鉴，但确有其制定的可能性与必要性。当然，“临时性指定制度”并不是乱指定，它必须以学者的科学论证为前提。“临

---

① 顾军、苑利：《文化遗产报告——世界文化遗产保护运动的理论与实践》，第100页，社会科学文献出版社2005年版。

② 音乐大师盲人阿炳二胡技艺极高，但并不为人们所知。1950年，著名音乐家杨荫浏先生得知此事后，利用暑假时间到无锡拜访阿炳，并为他录下了《二泉映月》等六首曲子，这时录音带用完了。他们约好寒假再录，但遗憾的是不到寒假，阿炳就病故了，他所能演奏的二百多首曲子也因此失传，成为中华民族的永久遗憾。

时性制定制度”的实施至少应具备以下两个条件。

图 4-8　活字印刷术

1. 因传承人病危而有可能导致非物质文化遗产失传时

传承人是非物质文化遗产的活态载体，而这些群体事实上又多由年事已高的老年群体构成。因此，附着于这些传承人身上的文化遗产本身也就具有了强烈的濒危色彩。由于观念、制度、体制等多方面原因，加之非物质文化遗产保护工程刚刚启动，有些才艺卓著但又深藏不露的老艺人还很难进入有关部门的视野。如果我们按部就班地通过层层申报，使这些耄耋老人成为非物质文化遗产传承人，并对其技能或技艺实施抢救性发掘，许多非物质文化遗产就很可能会随着老艺人的离世而彻底消失。但是，如果遇到这种情况，通过科学论证，我们确认其所传承的遗产确有价值，则完全可以通过临时性指定制度，将其列为濒危遗产，并享受到国家级保护。

2. 因环境改变而有可能导致非物质文化遗产濒临失传时

任何一种非物质文化遗产，都是具体的人文环境与自然环境的共同产物，如果因自然或人文环境发生改变而影响到非物质文化遗产传承时（如因三峡蓄水而导致川江号子失传时），我们同样可以通过“临时性指定制度”的实施，或是制止环境改变，或将那些将要失传的非物质文化遗产项目及时地抢救或记录下来，以避免这些遗产项目随社会转型或自然环境的改变而彻底消失。

“临时性指定制度”的实施，必须以学者的科学论证为前提，否则就会影响到国家级非物质文化遗产评审工作的严肃性。也就是说，不具备上述两大条件者，通常是不能被指定为“临时性国家级非物质文化遗产”的。

第五章
孔孟之乡民间文学

阅读提示：

作为非物质文化遗产中的第一大类，“传统口头文学以及作为其载体的语言”，在非遗项目类别中统称为民间文学。所谓民间文学，是指广大人民群众集体创作、经口头流传，且不断加工修改的一种文学样式。它运用口语的形式传述故事，塑造形象，展示生活和抒发情感。它是广大民众日常生活的组成部分之一，反映了民众的生活和思想情感，集中体现着他们的审美观念和艺术情感，具有鲜明的艺术特色。民间文学涵盖范围广泛，包括神话、史诗、民间传说、民间故事、民间歌谣、民间叙事、民间小戏、说唱文学、谚语、谜语、曲艺等。

灵秀的齐鲁大地，多元的山东文化，孕育出极为丰富的民间传说故事。在 62 项省级民间文学类非遗项目中，民间传说 57 项，民间故事 3 项，神话 1 项，成语典故 1 项。其中人物传说最为丰富，涵盖了齐鲁大地不同阶层的知名人士，具有鲜明的地域特色。本章重点介绍了梁祝传说、鲁班传说、孟母教子传说、泰山传说及闵子骞传说等五项传说。

第一节　梁祝传说

摘要

济宁市梁祝传说是首批国家级非物质文化遗产项目。

梁祝传说是指在孔孟故里山东济宁及周边地区民间广为流传的梁山伯和祝英台的爱情传说故事。梁祝传说产生于尊儒重孝社会风气浓厚的汉代孔孟之乡。2006 年 2 月，梁祝传说被公布为第一批国家级非物质文化遗产，济宁市作为梁祝传说的遗存地被公布。尽管此次公布的梁祝传说遗存地包括四省六地，但是孔孟之乡梁祝传说具有独特的条件和优势，孔孟之乡山东济宁是梁祝传说的真正发源地，是梁祝文化的传播中心。

寻根问底

梁祝传说产生于尊儒重孝社会风气浓厚的汉代孔孟之乡，并在民间广泛流传，后来被编为戏文、元曲，明清时期，又有多种版本的传奇问世，这样产生于孔孟之乡山东济宁的梁祝传说，经过民间广泛的口头传播，沿古老的泗河、运河及相关水系传播到全国各地。中华人民共和国成立后，梁祝传说又经文人改编成吕剧《梁祝下山》等戏剧进行传播，特别是越剧电影《梁山伯与祝英台》的播放，进一步扩大了梁祝传说的宣传面。一部《梁祝》小提琴协奏曲的产生，更使梁山伯祝英台的故事传遍了世界。历史文献记载了梁祝传说在孔孟之乡的历史史料。《邹县志》《峄山志》都有关于梁祝传说的记载，明代学者张岱有关于孔庙梁山伯祝英台读书处的记载。梁祝传说在孔孟之乡的历史古迹依然存在。在微山马坡有梁祝墓、祠，在邹城市峄山有梁祝读书洞遗址（图 5–1）。至今梁祝故居村庄尚在，家族后裔仍在济宁居住。特别是 2003 年 10 月 27 日，明正德十一年（1516 年），皇帝钦差大臣、南京工部右侍郎、前都察院右副都御史崔文奎重修的梁山伯祝英台墓记碑，在微山县马坡乡梁祝墓地的重新出土，引起了新闻媒体和专家学者的极大关注。此碑是全国梁祝遗存地中立碑时间最早、立碑人官位最高、内容最为翔实的一块碑，具有历史的权威性和真实性。此碑的出土进一步证明了梁祝传说源自孔孟故里。

图 5–1　邹城市峄山梁祝读书洞

根据当地老人传说，在昔日的济宁九曲村，有一户姓祝的人家，因家中很富有，乡人称他为祝员外。祝家虽富，但并没有社会地位，不受人尊重，而社会上有男孩的家庭，孩子通过读书求得官位后，会受到世人的尊重。祝员外因自己家中没有男孩读书，整日唉声叹气。他家中有一个女儿，叫祝英台，很聪明，她看到父亲因没有男孩读书而发愁，为了解除父亲的忧愁，她女扮男装到邹县（今邹城市）峄山读书。在去峄山的路上，她遇到也去峄山读书的邹县西居村的梁山伯，两人相见后情投意合，一同到峄山读书。在峄山读书期间，二人同吃、同住，祝英台三年不解衣。学业完成后，梁山伯应祝英台之邀，到祝英台家拜访时，方知祝英台为女子。他向祝英台求婚，祝英台虽内心深爱梁山伯，但因此时祝英台父母已将她许于邹县西庄的马家，祝英台已无法答应梁山伯的请求。梁山伯回家后不到一年，就因思恋祝英台而死。

马家迎娶祝英台的那天，祝英台也因思恋梁山伯而死在家中，马家迎亲的队伍空车而返。梁山伯和祝英台因相互思恋而死的事，在当地很快传开，一些开明人士被梁祝二人真心相爱的故事打动，经多方商议，决计把祝英台葬于梁山伯墓中，使他们生前虽不能结合，死后能永远相伴。他们认为这样做，无论是从天理还是从人情的角度讲，都是应该的。

后人为了纪念他们，在唐朝武德年间，就在梁祝墓地兴建祠堂，到了明正德十一年（1516 年），钦差大臣、南京工部右侍郎、前都察院右副都御史崔文奎又对墓、祠进行重修，并立碑纪念。这就是孔孟故里山东济宁的梁祝传说。

发现价值

1. 文化价值

非物质文化遗产是鲜活的文化。梁祝传说扎根于民间，传说中所呈现的植物、农作物、所用语言都富有山东济宁的地方特色，充分体现了孔孟之乡的文化特点。

2. 思想教育价值

一是有利于倡导中华民族尊老爱幼的传统美德；二是有利于倡导追求知识，敢为人先的良好社会风气；三是有利于倡导男女平等，树立正确的爱情观；四是有利于倡导和谐社会的建设；五是有利于倡导尊重人权；六是有利于正确理解儒家思想对梁祝传说的正面影响。

拓展阅读

微山发现梁祝墓碑

2003 年 10 月 27 日中午，一块立于明朝正德年间的梁祝墓碑在山东省济宁市微山县马坡乡出土，为这一问题的讨论提供了新的资料。

该墓碑长 180 厘米、宽 24 厘米。出土的墓碑碑额刻有“梁山伯祝英台墓记”8 个篆字，碑文 831 字。根据碑文记载，明朝正德十一年（1516 年），作为朝廷钦差大臣的南京工部右侍郎、前都察院右副都御史崔文奎视察河道时，途经微山马坡，发现已破败不堪的梁祝墓，决定重修梁祝墓。碑文还记载了祝英台女扮男装，与梁山伯同在邹县（现邹城市）峄山读书学习三载，后二人因相互思恋而死，合葬在泗河西马坡的事情。李万鹏先生说，这是中国十处梁祝墓中唯一有文字记载梁祝故事，且内容比较详细的碑，也是刻立时间较早的一块碑。而原来在浙江宁波发现的明嘉靖丁未（1547 年）腊月的墓碑，比马坡墓碑晚了近 60 年，而且碑文只有“晋奉，义妇冢”几个字。

据济宁市文物局樊存常先生介绍，这块墓碑历史上一直存在，只是没有引起人们的重视。20 世纪 50 年代初，为配合新婚姻法的颁布，著名考古学家、中国科学院院长郭沫若先生，根据清代焦循所著《剧说》中“嘉祥县有祝英台墓碣文，为明人刻石”之记载，专门派人到济宁市嘉祥县寻找此碑，未果。1976 年，大造农田平整河道时，梁祝墓碑连同诸坟被平掉。墓志碑被深埋地下，又一次被历史无情地尘封。20 世纪 90 年代中后期，济宁文物局根据史料记载，对梁祝墓碑进行勘探，找到了具体位置。由于当时的保护措施有限，将其再次埋藏地下，直到 2003 年墓碑才重见天日。

第二节　鲁班传说

摘要

鲁班传说是第二批国家级非物质文化遗产项目。

鲁班是春秋末期鲁国的一个工匠，名叫公输盘（图 5-2）。春秋战国是中国从奴隶制向封建制过渡的社会大变动的时代。这一时期，手工工匠获得了一定程度的自由，生产力的提高和生产工具的变革为工艺技术的提高创造了条件。公输盘在工艺制造方面作出了杰出的贡献。由于他技艺超群，又是鲁国人，后来人们就称他为“鲁班（般）”。最早记载鲁班事迹的是《墨子》，在《礼记·檀弓》《风俗通义》《水经注》《述异记》《酉阳杂俎》以及一些笔记和方志中对鲁班事迹也有著录。

图 5-2 鲁班

鲁班是我国古代一位出色的发明家，两千多年以来，他的名字和有关他的故事，一直在广大人民群众中流传。我国的土木工匠们都尊称他为祖师。

寻根问底

鲁班生于春秋末年，是继孔子之后鲁国出现的又一个伟大的历史人物。

鲁班传说的基本内容包括以下几个方面。

（1）关于木工工具发明的传说，有代表性的是《墨斗与班母》《锯的来历》《是（柿）木不开》等。

“锯的来历”的故事是这样的：传说鲁国国君要建一座豪华的宫殿，并把这个任务交给了鲁班。鲁班把徒弟分成了两班，一班准备石料，一班准备木料。准备石料的工作进展很快，一批一批石料运下山来。可是准备木料的工作进展很慢，那时候还没有锯，木匠只能用斧子砍树，徒弟们一斧子一斧子地砍倒一棵大树需要很长时间。鲁班心里着急，因为建宫殿需要很多木料，这样干活，费力不说，还不见成效，恐怕要耽误工期了。

一天，鲁班一边招呼徒弟快点儿干活，一边自己也抡起斧子砍树，由于心急，一脚踩空，便顺着山坡滑了下去。鲁班用双手不断抓山坡上的野草，两只脚蹬住一棵树，才站了起来。

鲁班发现自己的双手都被划破了，他觉得很奇怪，就仔细观察那些野草，发现野草的叶片上布满了细密的刺，像一排牙齿。正是草叶上像牙齿的这些小刺划破了他的手掌。鲁班小心地拔起一棵草，仔细端详起来。他想，要是在更硬的东西上造出这样的小齿，不就能用来伐木吗？于是，他在铁片上打上一排小齿，一试验，伐木的速度大大地提高了。这就是锯的来历。后来人们就叫这种草为锯齿草。

木工工具的传说故事还有规和矩，规即是圆规，矩则是曲尺，后世又称之为“鲁班尺”。另外，钻、水准的发明传说也广为流传。

（2）生活用具的发明，有代表性的是《杵臼成磨》的传说。

一天，鲁班干活回来，看见邻居家的主妇蹲在院子里，双手抱着一块石头，在臼里又挤又磨，很是费劲。他好奇地问：“大嫂，你怎么不用石杵舂呀？那样还省劲些。”主妇说：“石臼已经破了，用杵一舂，粮食都跑到外头来了。”

鲁班仔细一看，主妇手中的石头很粗糙，在它的挤磨下，臼里的麦子变成了面。鲁班灵机一动，脑子里突然冒出一个想法：要是两块石头摞在一起，中间放上麦子，两块石头一挤，麦子不就变成面了吗？他家也不回了，找了两块石头，打成圆形磨盘，在磨盘的表面上凿出一道道齿槽，上边的磨盘凿一个孔用来往里放粮食，又在下边的磨盘中间留了一个凸起的石橛子，上边的磨盘凿了一个孔，把石橛子插在孔中，这样就把上边的磨盘固定住了。后来人们把这个石橛子称作磨脐。

就这样，第一盘石磨就发明出来了。

（3）建筑方面的传说，有代表性的有《土堆亭和鱼抬梁》《鲁班兄妹比赛建赵州桥》《鲁班爷显灵》等。

（4）其他方面的传说。鲁班传说中有很大一部分涉及的行业广泛，如《鲁班造“橹”斗龙王》《鲁班造飞鸟》以及军事方面的传说。

发现价值

1. 思想教育价值

鲁班精神的本质是科学精神，其核心内容包括尊重科学的态度、敢于创新的勇气、自我反省的魄力和乐于奉献的胸怀。学习鲁班精神有助于提高整个中华民族的科学精神，形成尊重科学、勇于创新、乐于奉献的社会风气，通过增强科技实力提高我国的综合竞争力，最终实现中华民族文化的伟大复兴。

2. 社会价值

鲁班传说是匠人们在一代代传授技艺的过程中，把鲁班的发明创造、精湛工艺、扶危济困的道德情操和他的生平事迹糅合在一起，编织成的一个个传说故事。它既表现了鲁班祖师的巨大创造力，又对一代代匠人传递着行业规范的具体信息，同时也进行着道德教化。

3. 科学价值

鲁班在各个领域里匠心独运，进行发明创造，取得了累累硕果，把中国古代科技发明推上了前所未有的高度，成为在木工、建筑、雕刻、机械、车辆制造、航天试验、军事科学等领域创造发明的鼻祖，为生产力的发展做出了贡献。

拓展阅读

鲁班精神

规矩勤奋传承，工具巧妙创新。

建筑实用精美，服务高效诚信。

“班门弄斧”的来历

现代成语“班门弄斧”是与鲁班有关的一个成语。它的意思是：在鲁班门前舞弄斧子。比喻在行家面前卖弄本领，不自量力。这个成语有时也用作自谦之词，表示自己不敢在行家面前卖弄自己的小本领。

鲁班奖

鲁班奖的全称为“建筑工程鲁班奖”，该奖是于1987年由原中国建筑业联合会设立的一项优质工程奖。该奖是行业性荣誉奖，属于民间性质。当时该奖每年设立的数额为20个，有严格的评选办法和申报、评审程序，并有严格的评审纪律。评审工作由评审委员会进行。评审委员会由21人组成，评审委员必须是具有高级技术职称、熟悉工程专业技术，并担任过一定专业技术职务的专家。1993年，该奖随中国建筑业联合会的撤销转入中国建筑业协会。1996年根据建设部关于“两奖合一”的决定，将国家优质工程奖和建筑工程鲁班奖合并，奖名定为中国建筑工程鲁班奖（国家优质工程），每年评选一次，奖励数额为45个。2000年5月15日，中国建筑业协会发布了新的中国建筑工程鲁班奖（国家优质工程）评选办法，每年评选出鲁班奖工程 80 个。该奖是中国建筑行业工程质量方面的最高荣誉奖，由住房和城乡建设部、中国建筑业协会颁发。

住房和城乡建设部和中国建筑业协会每年召开颁奖大会，向荣获鲁班奖的主要承建单位授予鲁班金像、奖牌和获奖证书，向荣获鲁班奖的主要参建单位颁发奖牌、获奖证书，并对获奖企业通报表彰。主要承建单位可在获奖工程上镶嵌统一荣誉标志。有关地区、部门和获奖企业可根据实际情况，对获奖企业和有关人员给予奖励。中国建筑业协会负责组织编辑出版《中国建筑工程鲁班奖（国家优质工程）获奖工程专辑》，将获奖工程和获奖企业载入中国建筑业发展史册。

第三节　孟母教子传说

摘要

孟母教子传说是第四批国家级非物质文化遗产项目。

孟母教子传说是古老的汉族民间故事，主要讲述了孟母施教的种种做法，这些做法对于孟子的成长及其思想的发展影响极大。良好的环境使孟子很早就受到礼仪风习的熏陶，并养成了诚实不欺的品德和坚忍刻苦的求学精神，为他以后致力于儒家思想的研究和发展打下了坚实的基础。

“孟母教子”（图 5-3）包含“孟母三迁”“买肉啖子”“断机教子”三个小故事。孟母教子的故事最早见于西汉刘向的《列女传》、韩婴的《韩诗外传》；其后《三迁志》有记载；清续修的《孟子世家谱》简略载有孟母教子的事迹。五四时期及中华人民共和国成立以来，散见于各民间文学作品；1987 年搜集整理编入《曲阜民间文学》；2006 年编入《孟子研究》。

孟母教子传说

图 5-3　山东梆子《孟母》片段

寻根问底

山东曲阜凫村是孟子的故乡，因孟母洗衣于白马河畔，见凫鸟落于水中，视为吉祥之兆，故取村名为“凫村”。村中孟子故宅西有池约 3 亩[①]，池之西北有孟母井，相传为村民生息取水处。这里至今依然是孟子后裔聚居的村落，孟母教子的故事就在此地广为流传。西汉前期，韩婴的《韩诗外传》中引用了“断机教子”“杀豚不欺子”来解释《诗经》。西汉后期刘向将“孟母三迁择邻”的故事编入《列女传》，至此“孟母教子传说”有了文献记载。到南宋末年，王应麟编《三字经》引证的第一个典故即是“昔孟母，择邻处，子不学，断机杼”。

据有关文献记载，孟轲三岁失去父亲，靠母亲仉氏抚育成人。据说，孟母原宅靠墓地。孟轲少年时，经常学做埋死人的游戏。孟母认为长居此地，不但会影响孟轲读书，而且会败坏他的品德，于是毅然迁居。新居地处南北通衢，行商客贾，过往迎来，热闹非常。终日置身于熙熙攘攘的闹市之中，孟轲又和邻居的孩子们“嬉戏为贾炫事”，孟母认为这里也不利于孟轲的成长，于是又一次迁居，到学宫之旁。孟子被书院传出的琅琅读书声吸引，时常到书院里学习诗书，演习周代礼仪，“嬉戏乃设俎豆，揖让进退”。孟母大

① 1 亩＝ 666.67 平方米。

悦，“此真可以居子矣”，就在此定居下来，并把孟轲送入学宫，留下了“三迁择邻”的美谈。

孟轲入学宫后，初学诗书、礼仪、驾车、射箭，开始时很有兴趣，但时间一长就渐渐感到厌烦了。一天，不到放学时间孟轲就跑回家来。孟母正在织布，经询问知其逃学，很是生气，当即把孟轲唤到跟前，当着他的面拿过刀就把织布机上的经线全部割断了。被孟母这一举动惊呆了的孟轲，喃喃地问母亲为什么要这样。孟母语重心长地教导孟子：布是一丝一线织起来的，现在把线割断，布就无法织成了。读书求知也和织布一样，要靠持之以恒的努力，才能获得渊博的学问。现在你逃学如同我断机，线断了则织不成布。常逃学，则学无所成。孟母这番深入浅出的道理，使孟轲少年的心灵受到启发和震动，从此，“旦夕勤学不息”，终成儒学大师。

孟轲八岁时，东邻屠户杀猪，孟轲听到猪的号叫声，问母亲：“东家杀猪干什么？”孟母信口回答：“给你吃。”说完又后悔不迭，“今适有知而欺之，是教子不信也”，因而虽家境拮据仍买来猪肉，炖了给孟轲吃，“明不欺也”。

更能反映孟母教子智慧的则是“孟子出妻”的故事。一个夏日的中午，天气异常炎热，孟子的妻子田氏独自在屋里织布，因酷热难忍，解开了上衣。这时，孟子推门而入，见妻子衣衫不整，认为妻子有失礼仪，便要休妻。孟母知道后呵斥孟子说：“礼制规定，进门时，要先问谁在屋里；上堂时，要发出声音；进到屋里，目光要向下，这样是为了尊重别人的隐私。你要求别人守礼，首先要对别人尊重，而你自己没有按照礼制的规定去做，是你失礼在先，怎么反而责怪别人呢？”孟母的一番话使孟子深感惭愧，打消了休妻的念头，并向妻子赔礼道歉。孟母的这番道理使孟子形成了严于律己的品质。

至今，“孟母出妻”的故事仍是父母教育子女的有益蓝本。

发现价值

1. 思想教育价值

孟母教子传说中，孟母坚持从客观实际出发，注重环境对孩子的影响。在孩子的成长过程中，坚持言传身教，从点滴做起。从现代角度看，孟母教子的方式体现了现代教育理念，具有一定的思想教育价值。

2. 文化价值

孟母教子传说源远流长，反映了孟母的睿智和母爱的伟大，被列入了普及于宋、明、清的启蒙读物《三字经》，影响了一代又一代人。孟母教子传说体现了中国儒家思想的真谛，有着详尽的文化内涵，是一笔丰富的文化资源，代表了当今传承的传统文化的主流。

拓展阅读

孟母劝子远行

孟母对于家庭一生操劳，尽管孟子已经长大成人，但对孟子的教育和督促从来没有放松过。在齐国，孟子多次向齐宣王阐述自己的政治主张，齐宣王虽然以年禄十万钟酬谢孟子，但是却不肯积极推行他的政治主张。他非常想去愿意采纳他政治主张的宋国，可是又担心母亲年事已高无人照料。

孟母知道了儿子的心事，对儿子说："故年少则从乎父母，出嫁则从乎夫，夫死则从乎子，礼也。今子成人也，而我老矣！子行乎子义，吾行乎吾礼。"孟母的一席话把孟子的担忧和犹豫一扫而空，孟子遂离家周游列国，受到了各国的空前欢迎，他的政治主张在许多诸侯国得到顺利推行。

就在这个时候，为儿子倾尽毕生心血的孟母，在亲眼看着儿子成功的时刻，满怀一个母亲成功的欢欣，一病不起。在孟母归葬故乡的途中，沿途经过的地方，无论是民众还是官员，无不争相在路旁祭奠，表达对这位伟大母亲的尊敬和哀思。

孟子能够成为中兴儒学的"亚圣"，成为中国封建社会正统思想体系中地位仅次于孔子的人，多得益于这样一位母亲的教育。

当代孟母牛喜云

牛喜云是中国第一位女航天员——刘洋的母亲。随着"神九"成功飞天，刘洋成了家喻户晓的名人。而走访刘洋家中的父母，发现刘洋今天的成功与父母从小的培养是分不开的。刘洋的母亲牛喜云把刘洋从小学到大学获得的奖状证书都保存得完好，整理有序，我们发现刘洋每年的学习成绩都没有低于 90 分的，在操行评语一栏中，几乎每个年级的班主任都写下类似的内容：学习努力、成绩优良、自觉性强、课堂上积极发言、待人和气、关心集体、尊敬老师、爱好文艺。在这些证书的背后，牛喜云“严母”的形象也逐渐清晰。她认为，“好的习惯就要从小养成”。

读小学时，爸爸妈妈都要上班，没法照看刘洋。牛喜云于是要求刘洋必须“定位”，就是无论什么时候，必须给妈妈一个精确方位，以便妈妈在找她时能一下就找到。读中学时，每天早晨爸爸都会“温柔”地喊几遍，催刘洋起床吃饭上学；而轮到妈妈，刘洋就享受不到这种“待遇”了，妈妈每回最多只叫三次，她就必须起床。刘洋的爸爸说：“妞她妈只要说不行的事，妞求 3 天也不行。”

牛喜云从小就教育孩子要尊重长辈，吃东西要先给长辈们。这种习惯刘洋一直保持到现在，她爱吃凉皮，但每次都先让爸爸妈妈吃。牛喜云透露，她一直严格要求刘洋保护好眼睛，早上按时吃饭，“不吃饭不让她上学。好习惯要从小养成，这也为她的将来奠定了基础”。

刘洋的父母都是普通工人，朴实、勤劳，他们的品质从小影响着孩子。牛喜云说：“我就是刘洋的备用自行车。那时候刘洋上高二，已经通过所有的飞行员考试，就差高考的成绩了，我也很关心她的学习，但是我不会像其他家长那样嘘寒问暖，我觉得那样会给她带来压力。我永远在她身后，一旦遇到困难，我会第一个冲向她。”

第四节　泰山传说

摘要

泰山传说是第三批国家级非物质文化遗产项目。

泰山（图 5-4）历史悠久，源远流长，是一座与中华民族发展史密不可分的历史名山。考古资料表明，泰山周围一带是中国古老文化的重要源头之一。泰山周围在远古时代就是中华民族的先民们繁衍生息的地方。泰山南麓的大汶口文化及北麓的龙山文化，更是以其特有的丰富内涵成为中国史前文化的典型代表，而且先进于同一时期其他地域的文化类型。

泰山传说的主要内容有盘古开天东岳为首、泰山奶奶碧霞元君、泰山石敢当。本部分主要介绍前两个内容。泰山传说是泰山文化的集中体现，是神文化、道教文化、佛教文化、儒家文化的融会贯通，是多元文化包容开放、融合和谐的体现。

图 5-4 泰山风光

寻根问底

泰山，地处华北平原东侧，位于山东省中部，泰安市和济南市境内。南距孔子故乡曲阜 70 千米，北距济南市区 60 千米。

相关传说内容有：

（一）盘古开天东岳为首

天下名山无数，历代帝王和芸芸众生何以独尊东岳泰山呢？这还要从开天辟地的盘古说起。

传说，在很久很久以前，世界初成，天地刚分，有一个叫盘古的人生长在天地之间，天空每日升高一丈，大地每日增厚一丈，盘古也每日长高一丈。如此日复一日，年复一年，他就这样顶天立地生活着。经过了漫长的一万八千年，天极高，地极厚，盘古也长得极高，他呼吸的气化作了风，他发出的声音化作了雷鸣，他的眼睛一眨一眨的，闪出道道蓝光，这就是闪电。他高兴时天空就变得艳阳晴和，他生气时天空就变得阴雨连绵。后来盘古慢慢地衰老了，最终溘然长逝。刹那间，巨人倒地，他的头变成了东岳，腹变成了中岳，左臂变成了南岳，右臂变成了北岳，两脚变成了西岳，眼睛变成了日月，毛发变成了草木，脂膏变成了江河。

因为盘古开天辟地，造就了世界，后人尊其为人类的祖先，而他的头部变成了泰山，所以，泰山就被称为至高无上的“天下第一山”，成了五岳之首。

（二）泰山奶奶碧霞元君

传说姜子牙辅佐周武王建立了周王朝后，天下统一，武王认为大臣们开国有功，应该重重有赏。可是，想来想去，却找不出合适的礼物。最后，武王终于想出了个绝顶的好主意，就是把全国的领地都分给大臣们。这样一来，既显示了他的慷慨，又能说明他对大臣们的信任；同时还能考验大臣们是否真的忠君报国；再者，武王这样也就可以轻松自在，清闲地做他的“天子”就行了。主意一定，武王便把大权交给了军师姜子牙，让他分封诸侯。

却说姜子牙分封诸侯，封来封去把全国其他的名山大川、风水宝地都封尽了，就留下了一座东岳泰山。姜子牙早就知道泰山气势雄伟，风景秀丽，是个供人游玩的好地方，他原准备把泰山留给自己，可谁知半路里又杀出个程咬金，武王的护驾大将黄飞虎找上门来，非要把泰山封给他不可。两人正在商议，不知谁又走漏了风声，黄飞虎的妹妹黄妃也来找姜子牙要地盘，说是武王答应她，要她来找姜子牙。这下可好了，三人都看准了泰山这块宝地，可总不能都去坐呀！这到底如何是好呢？事到如今，只黄氏兄妹就够姜子牙缠的了，姜子牙便不得不打消了坐泰山的念头。不过放弃了也怪可惜，他见黄氏兄妹两人争得面红耳赤，就赌气地对他们说：“好了，二位，谁也别争，谁也别抢，凭自己的本事，谁先登上泰山，泰山就是谁的。”黄飞虎一听，不禁拍手叫绝。他想：凭我一身力气，泰山还能有黄妃的份儿？可是，身单力孤的黄妃，也没有一点惧色，一口应允了。黄飞虎是个四肢发达、头脑简单的武夫，比赛日期一到，便骑上他的麒麟，日夜兼程，从京都直奔泰山。黄妃为比赛绞尽了脑汁，终于想出了一条妙计。比赛一开始，她先将自己的鞋子脱下一只，使了个神法，将鞋子扔到玉皇顶上，然后才不慌不忙地向泰山赶来。等到黄妃爬上泰山，兄长早在南天门上等得不耐烦了。

他见黄妃姗姗来迟，便对她说：“不行就是不行，别逞能。这回你该服气了吧？”

“真是岂有此理！是我先已到此，我以为你在路上出了什么事，前去接你，不想你已绕道赶来。”黄妃一本正经地说。

“你别胡搅蛮缠，你说先到，有何证据？”黄飞虎还真有点着急。

“证据吗？当然有，你来看吧。”

黄飞虎跟着妹妹来到玉皇顶，只见黄妃的一只绣花鞋端端正正地放在石坪上。尽管有证有据，黄飞虎却从心里不服气，不禁斥责妹妹:“你耍滑头。”黄妃不紧不慢地说:“凭本事嘛，怎么是耍滑头？”黄妃自知纸里包不住火，光是兄长一人还好对付，等姜子牙他们来了就麻烦了。她做出无可奈何的样子对兄长说：“咱们兄妹二人，本该是你敬我让，不分你我才是。这样吧，我住山上，你住山下，咱们共管泰山总可以了吧？”这样一来，先来的黄飞虎倒做了不晓世理的孬种，后到的黄妃倒成了慷慨大度的好人，把个黄飞虎气得直翻白眼。可也没有办法，谁让她是自己一母同胞的妹妹呢，只好答应了。

等姜子牙赶来，一看便知道黄飞虎上了妹妹的当。可是他见黄氏兄妹都协商妥了，也不好再把事情说破，只好将计就计，把黄飞虎封为泰山神，把黄妃封为碧霞元君，一个在山下天贶殿，一个在山顶碧霞祠。

发现价值

1. 思想教育价值

泰山传说故事起源于中国原始宗教的自然崇拜，具有鲜明的泰山风味，充分反映了劳动人民渴望战胜自然和现实困难的惩恶助弱主题。

2. 社会价值

泰山民间传说故事经历代口耳相传，流传范围大，内容不断丰富，充分显示了泰山传说故事具有无限的生命力。在上千年的传承中，泰山石敢当承载着人们追求平安、向往健康幸福的美好理想，在今天的社会生活中，仍然不能忽视传说的积极意义。

拓展阅读

走进泰山

泰山又名岱山、岱宗、岱岳、东岳、泰岳，位于山东省中部，隶属于泰安市，绵亘于泰安、济南、淄博三市之间，总面积 24 200 公顷。主峰玉皇顶海拔 1 545 米，气势雄伟磅礴，有“五岳之首”“五岳之长”“天下第一山”之称。泰山是世界自然与文化遗产、世界地质公园、国家 AAAAA 级旅游景区、国家级风景名胜区、全国重点文物保护单位、全国文明风景旅游区。

泰山被古人视为“直通帝座”的天堂，成为百姓崇拜、帝王告祭的神山，有“泰山安，四海皆安”的说法。自秦始皇开始到清代，先后有13代帝王亲登泰山封禅或祭祀，另外有24代帝王遣官祭祀72次。泰山宏大的山体上留下了20余处古建筑群，2 200余处碑碣石刻。道教、佛教视泰山为“仙山佛国”，神化泰山，在泰山建造了大量宫观寺庙。

泰山风景旅游区包括幽区、旷区、奥区、妙区、秀区、丽区六大风景区。

游泰山的最佳时间为每年的5月到11月。游泰山可以看四个奇观：泰山日出、云海玉盘、晚霞夕照、黄河金带。

古籍记载的泰山

《舜典》：岁二月，东巡狩，至于岱宗。

《诗经》：泰山岩岩，鲁邦所瞻。

《管子》：古者封泰山禅梁父者七十二家。

《孟子》：孔子登泰山而小天下。

《战国策》：齐南有泰山，东有琅邪。

《史记·五帝本纪》：（黄帝）东至于海，登丸山，及岱宗。

《史记·齐世家》：齐自泰山属之琅邪，北被于海，膏壤二千里。

《史记·货殖传》：泰山，其阳则鲁，其阴则齐。山之东北址，旧有明堂，为成周时朝会诸侯之处。秦汉以下言封禅者，必于泰山。

第五节　闵子骞传说

摘要

闵子骞传说是山东省首批非物质文化遗产项目。

闵子（公元前536—前487），名损，字子骞，春秋时期鲁国人。他是孔子的弟子，和颜回、冉伯牛、仲弓被列为孔门德行科的优秀生。孔子曾说：“任用德行，（在弟子中可仕之人）则有颜渊、闵子骞、冉伯牛、仲弓。”《论语》中还收入了孔子这样一句感叹：“孝哉闵子骞！人不间于其父母昆弟之言。”意思是说，闵子骞真是孝顺呀！人们对于他的父母兄弟赞美他的话，没有什么可挑剔的啊。

元朝人编撰的《二十四孝图》，将闵子骞孝亲的故事排在第三，使之家喻户晓，成为中华民族文化史上著名的先贤之一。

图 5-5　山东省鱼台县闵子祠

闵子骞传说流传甚广，其孝德故事已成为全国人民效仿的典范。目前在山东省鱼台县建有闵子祠（图 5-5）。

寻根问底

闵子骞的纯真至孝突出表现在他对继母的宽容大度上。闵马父（闵子骞父亲）娶继母乐氏（一传说姚氏），先后生下两个孩子，受偏私亲生心理支配，继母经常虐待闵子骞。在闵子骞十岁时继母给他衣絮芦花（鱼台地处湖区，芦花为当年生水生植物，在芦苇成熟时长出芦花，开后酷似棉絮，但不大保暖），岁尾，闵子骞和弟弟随父坐车去赶集，父亲叫闵子骞学赶车，他冻得浑身颤抖，拿不住鞭子。父亲不知情，认为闵子骞装冷偷懒没志气，看到他穿的棉衣比弟弟的还要厚实，弟弟却无事，于是对着闵子骞猛打一鞭，芦花从衣中飞出，父亲方知闵子骞受到继母虐待。盛怒之下，父勒马倒车，欲回家找妻算账，闵子骞以十岁左右儿童少有的睿智，哭着为继母掩盖，说芦花是自己让母亲做的，这事不怪娘，并跪在地上，述说了继母对自己的“襁褓”之恩和哺育之情，恳求父亲不要休掉继母。在闵子骞长到十三岁时，继母为把他挤出闵门，趁丈夫外出让闵子骞入赘当地一员外家。在劝婚、督婚不奏效的情况下，勃然大怒，让闵子骞脱下外衣，将其赶出家门。闵子骞在天寒地冻的季节里举步艰难，以泪洗面。外出归来的父亲听弟弟诉过真情，目睹此状携子回到家中，追述长子孝行，怒斥继母歹行，举笔要写休书休掉继母。在家庭破裂之际，闵子骞双膝跪地向父亲进言：“母亲在只是我一人受委屈，如果休掉母亲，我们弟兄三人都要受饥寒，只有留下母亲，全家才能团团圆圆。”

后继母终被感动，开始善待闵子骞。

闵子骞传说作为在民间广为流传的孝德故事，是影响极大的千古孝德典范，是中华民族之灿烂瑰宝。

发现价值

1. 思想教育价值

闵子骞以纯真至孝处理与继母、父亲的关系，是中华传统伦理、孔子孝道文化的生动体现，对于后人敬老孝亲具有一定的启发教育作用；闵子骞注重“仁”的道德修养，其淡漠仕途利禄，崇尚节俭，刚正不阿的品格千百年来伴随其孝德故事已深深扎根于广大人民群众中，为后人留下了宝贵的精神财富。

2. 社会价值

闵子骞传说对于教育青少年尊老敬贤、促进家庭和睦、提高公民道德水平、构建和谐社会以及建设文化名市和对外交流等方面都将起到积极的促进作用。

拓展阅读

二十四孝（节选）

孝感动天　舜，传说中的远古帝王，五帝之一，姓姚，名重华，号有虞氏，史称虞舜。相传他的父亲瞽叟及继母、异母弟象多次想害死他：让舜修补谷仓仓顶时，从谷仓下纵火，舜手持两个斗笠跳下逃脱；让舜掘井时，瞽叟与象却下土填井，舜掘地道逃脱。事后舜毫不嫉恨，仍对父亲恭顺，对弟弟慈爱。他的孝行感动了天帝。舜在厉山耕种，大象替他耕地，鸟代他锄草。帝尧听说舜非常孝顺，有处理政事的才干，把两个女儿嫁给他；经过多年观察和考验，选定舜做他的继承人。舜登天子位后，去看望父亲，仍然恭恭敬敬，并封象为诸侯。

亲尝汤药　汉文帝刘恒，汉高祖第三子，前 180 年即帝位。他以仁孝之名，闻于天下，侍奉母亲从不懈怠。母亲卧病三年，他常目不交睫，衣不解带；母亲所服的汤药，他亲口尝过后才放心让母亲服用。他在位 24 年，重德治，兴礼仪，注意发展农业，使西汉社会稳定，人丁兴旺，经济得到恢复和发展，他与汉景帝的统治时期被誉为文景之治。

百里负米　仲由，字子路、季路，春秋时期鲁国人，孔子的得意弟子，性格直率勇敢，十分孝顺。早年家中贫穷，自己常常采野菜做饭食，却从百里之外负米回家侍奉双亲。父母死后，他做了大官，奉命到楚国去，随从的车马有百乘之众，所积的粮食有万钟之多。坐在垒叠的锦褥上，吃着丰盛的筵席，他常常怀念双亲，慨叹说："即使我想吃野菜，为父母亲去负米，哪里能够再得呢？"孔子赞扬说："你侍奉父母，可以说是生时尽力，死后思念哪！"

戏彩娱亲　老莱子，春秋时期楚国隐士，自耕于蒙山南麓。他孝顺父母，尽拣美味供奉双亲，70 岁尚不言老，常穿着五色彩衣，手持拨浪鼓如小孩子般戏耍，以博父母开怀。一次为双亲送水，进屋时跌了一跤，他怕父母伤心，索性躺在地上学小孩子哭，二老大笑。

怀橘遗亲　陆绩，三国时期吴国吴县华亭（今上海市松江）人，科学家。六岁时，随父亲陆康到九江谒见袁术，袁术拿出橘子招待，陆绩往怀里藏了两个橘子。临行时，橘子滚落地上，袁术嘲笑道："陆郎来我家做客，走的时候还要怀藏主人的橘子吗？"陆绩回答说："母亲喜欢吃橘子，我想拿回去送给母亲尝尝。"袁术见他小小年纪就懂得孝顺母亲，十分惊奇。陆绩成年后，博学多识，通晓天文、历算，曾注《易经》，撰写《太玄经注》。

非遗传承活动

"我的梁祝故事"主题活动

活动一　材料搜集

搜集有关《梁祝》的诗词或歌曲并组织小型展示活动。

活动二　剧本创作

编写以"我的梁祝故事"为主题故事的剧本，排演一场与众不同的舞台剧。

第六章
孔孟之乡传统手工技艺

阅读提示：

手工技艺是我国传统文化的一个重要组成部分。长期以来，学术界对传统手工技艺分类的界定十分模糊。2003 年，原文化部启动非物质文化遗产保护工程，传统手工技艺被列为五个保护要项之一。为适应实际工作的需要，中国传统工艺研究会组织专家对传统手工技艺的分类与体系架构进行了认真的研究梳理，最后，厘定出 14 大类传统手工技艺项目。

孔孟之乡的传统手工技艺为中华文明、齐鲁文化的组成部分，从原始社会延续至今，在丰富齐鲁文化的同时，也形成了其产品丰富多彩、技巧朴实、自然天成的主要特征。山东省传统技艺类非遗项目数目众多，共 127 项。本章重点介绍了鲁西南民间织锦技艺、潍坊风筝制作技艺、玉堂酱菜制作技艺、琉璃烧制技艺四项传统技艺。

第一节　鲁西南民间织锦技艺

摘要

鲁西南民间织锦技艺是第二批国家级非物质文化遗产项目。

鲁西南民间织锦技艺是山东济宁汉族传统手工技艺之一，鲁西南民间织锦是鲁西南一带的纯棉手工纺织品，俗称“土布”“粗布”等，因图案绚丽似锦，1985 年被山东省工艺美术所定为此名，简称“鲁锦”（图 6-1）。鲁西南民间织锦技艺以嘉祥为盛。

图 6-1　济宁职业技术学院非物质文化遗产体验馆鲁锦展区

早在春秋时期，嘉祥一带就是桑蚕之地，纺织业十分兴盛。被誉为世界艺术瑰宝的嘉祥武氏祠汉画像中，《曾母投杼图》所画斜织机就是当今立式织机的先祖。元明之际，棉花在山东大面积种植，鲁西南人民将传统的丝织工艺糅于棉纺，形成了民间织锦。直到今天，民间织锦在鲁西南依然随处可见。嘉祥县的织锦产品，出口二十多个国家和地区，已经成为名扬中外的“中国鲁锦之乡”。

鲁锦的历史渊源

寻根问底

鲁西南民间织锦技艺主要分布在山东省济宁、菏泽两市及周边地区，其中尤以济宁市的嘉祥县为典型代表。

关于嘉祥纺织工艺的最早记录见于《战国策·秦策·秦武阳谓甘茂章》，其中有曾子的母亲织布的记载。

织锦的织造从采棉纺线到上机织布先后要经过大大小小 72 道工序，主要有纺线、染线、扽线、经线、闯杼、刷线、掏缯、吊机子、织布 9 道主工序。每道工序全部采用纯手工工艺。随着鲁西南劳动妇女对纺织技术的不断革新，民间织锦由最初一把梭、两把梭，发展到 13 把梭，最多可达 20 把梭。

在纺织科技飞速发展的今天，机器织布只能织四匹缯以内的；而手工织布则可以织到六匹缯、八匹缯。缯数越多，对技艺的精确性要求越高，必须头脑清晰、记忆力强，否则稍有疏忽出错，布面的花纹就会错乱。

鲁西南民间织锦，作为一种带有图案的布料，是将有色线按设计好的经纬织成图案。鲁西南的农家妇女能以 22 种基本色线变幻出 1 990 多种几何图案。

鲁西南民间织锦图案的意境，不拘泥于具体的事物形象。例如，水纹包鱼眼纹样，点线结合象征鱼眼和水的高度概括性；在寓意方面，鱼眼图案与黎族的蛙纹有着类似的多子祈福的含义。“八个盘子八个碗，满天的星星乱挤眼”图案，由合斗花纹组成盘、碗，蓝白二色交织出星辰，天上星星与人间共欢，既体现了婚宴的热闹，也记录了民间以八为上菜单位的习俗。再如，“外廓城、里廓城，当中坐着老朝廷”的传统纹样，图案中黄格象征宫外，蓝格象征宫内，宫外明亮舒坦，宫内安详平静，表达了人们对善理国政的尧帝的怀念和对太平盛世的向往。

织锦的织造和应用完全是民间化、生活化的，除了最基本的服饰方面的作用，鲁西南民间织锦还具有其他民俗功用。

鲁西南民间织锦作为一种物质资料，是以实用为先导的生活必需品。它的应用见于日常起居、旅游、装饰等各方面，实用性显而易见。织锦是一种有益于人体健康的织品。采用纯棉材料、植物色染、手工织造的织锦，具有诸多优点，如质地柔软，肤感舒适，冬暖夏凉，抗静电，不刺激皮肤，透气性好，容易吸汗等。在鲁西南农村，织锦传统至今依然保留。

发现价值

1. 艺术价值

鲁西南属于黄河文化带，在当地土生土长的织锦技艺，是一种富有黄河特色的民间工艺。织布质地厚实挺括，图案抽象朴实，色泽艳丽明快，于浑厚中见艳丽，于粗犷中见精细，表现手法朴实率真，形成了古朴豪放的艺术风格，体现着人们朴素的审美直觉和约定俗成的价值判断，具有浓郁的乡土气息。

2. 社会价值

织锦有着千年历史，它不仅仅是一种生产，更是充满个性和智慧的艺术创造。在鲁西南农村，新娘的嫁妆中必有织锦，人们以织锦的花色、数量来品评新娘是否贤惠灵巧。织锦中必须有一床紫花被，取“紫”与“子”同音，以求子嗣旺盛。每位女性都是带着憧憬和祝愿在精心织造着具有深刻民俗内涵的纹样，这些织锦伴随她们走过平凡而又多彩的人生。

3. 实用价值

鲁西南民间织锦采用天然原料，纯手工织造，具有抗静电、不变形、透气吸汗、冬暖夏凉等优点。嘉祥县开发了服装、家纺、箱包、饰品等多种精美的织锦产品，迎合了各类人群的需要，使人们在绿色消费中体验舒适健康，感受古朴典雅。

拓展阅读

鲁西南民间织锦技艺代表性传承人——赵芳云

赵芳云，女，1944 年出生，嘉祥县仲山乡人，鲁西南民间织锦技艺代表性传承人。

鲁西南民间织锦源远流长，元明之际已逐步形成，清代达到了炉火纯青的境界。20 世纪 70 年代，民间织锦在鲁西南的农村依然流行，其中尤以济宁市的嘉祥县为典型代表，当地妇女几乎人人擅长纺线织布。据档案资料记载，嘉祥民间手工织机曾经达到 1.4 万多台，纺棉车十万多架，平均每三四户就有一台织布机，每户就有两三架纺棉车，很多单家独户就能进行纺、浆、经、涮、织等全套工序。

赵芳云自幼随母亲赵杜氏学习鲁锦织造的整套工艺，年幼时她已能织两匹缯的简单图案，随着年龄的增长，心灵手巧的她很快就掌握了四匹缯、六匹缯、八匹缯的织造技巧，几乎会织当地流传的所有图案。她的织造技艺在色彩搭配上也不断提高，并有独创之处。进入中年以后，赵芳云又尝试在鲁锦上织汉字，织汉字的工艺要达到十匹缯以上，对技艺的精确性要求非常高。要能够在鲁锦上织出笔画顺畅的汉字，必须头脑清晰、记忆力强，稍有疏忽出错布画的花纹就会错乱。起初她织的汉字笔画不够流畅，经过长期的摸索、改进，最终成功地在鲁锦上织出了笔画顺畅的汉字。赵芳云在每床鲁锦上都会织一首唐诗，使鲁锦制品具有浓厚的文化韵味，从色彩、图案、内涵等方面给人以审美愉悦。赵芳云织造的作品纯朴厚重、色彩绚丽，极具乡土气息。在多年的织锦生涯中，她创造了近百种图案，在当地织锦艺人中享有盛誉。2006 年，她参加山东（国际）文化产业博览会，现场展示鲁锦织造技艺，受到省、市领导和观众的交口称赞。

2009 年，赵芳云被原文化部公布为第三批国家级非物质文化遗产项目代表性传承人。

第二节　潍坊风筝制作技艺

摘要

潍坊风筝制作技艺是第一批国家级非物质文化遗产项目。

潍坊是世界风筝的发源地，潍坊又称潍都、鸢都，制作风筝历史悠久，工艺精湛（图 6–2）。潍坊风筝是山东潍坊传统手工艺珍品。现在世界上 70% 以上的风筝都是出自潍坊。2006 年 5 月，潍坊风筝被列入第一批国家级非物质文化遗产名录。

图 6–2　济宁职业技术学院教师讲授风筝制作

国际风筝联合会的会议总部目前已经设在了潍坊。现在潍坊已经成为世界风筝文化交流的中心，被世界各国人民称为风筝的故乡。潍坊风筝同中国许多民间艺术形式一样，产生于人们的娱乐活动，是寄托着人们的理想和愿望，与人们的生活有密切联系的娱乐品。

寻根问底

风筝，古称“鸢”，潍坊又称鸢都，即由此得名，可见潍坊制作风筝历史的悠久。潍县，今山东省潍坊市市区旧称。潍县自古为北海名城，文风昌盛，科甲蝉联，经济繁荣，乾隆年间曾有“南苏州，北潍县”的说法。潍坊风筝的源头可以追溯到鲁国大思想家墨翟制作的第一只“木鸢”，至今已有两千多年的历史，但真正开始兴盛、走向民间却是在明代。到清朝中叶，潍坊开始出现专门从事风筝制作的民间艺人。在潍县白浪河沿岸有很多风筝艺人扎制风筝，风筝新颖好看，起飞高稳，远近闻名。每年有民间或官办的风筝赛会，连许多外地的风筝商贩和风筝艺人也慕名而来。这便是潍坊风筝起源于潍坊市区白浪河大集的雏形。

潍坊风筝用竹子扎制骨架，高档丝绢蒙面，手工绘画。工艺与美术的结合，体现了风筝的玩赏价值。潍坊风筝经过历史演变和横向传播，逐渐形成了选材讲究、造型优美、扎糊精巧、形象生动、绘画艳丽、起飞灵活的传统风格与艺术特色。

潍坊风筝的独特个性是通过“扎、绘、糊、放”四艺来具体表现的。

（1）扎。潍坊风筝的骨架一般用竹材扎成，扎骨架的工序有选竹材、破竹材、削竹条、修竹条、弯竹条、扎结竹条等。风筝架子多种多样，扎法各有千秋，一般来说掌握了硬翅风筝、软翅风筝和拍子风筝架子的基本扎法后，就可以自由变化，扎制各种风筝了。

（2）绘。风筝的绘画构图与设色最能体现地方特色。潍坊风筝的画，一部分是专业画家画的，一部分是民间艺人画的。专业画家一般绘人物和历史故事，其特点是构图严谨，线条流畅，画面清新，色调雅致。民间艺人画家主要吸收潍坊寒亭区杨家埠木版年画的特点，构图饱满，线条粗犷，以红、黄、蓝三色为基础色，重笔浓抹，色调明快、浑朴。

（3）糊。糊风筝用纸、矾绢、薄绸等，可依风筝形式确定。糊风筝时，先比着架子剪纸，纸比架子大些，边缘部分剪开一些口子，在边缘涂糨糊后，依次把剪开的边缘糊在纸条上。风筝可以先糊后绘，也可以先绘后糊。因为风筝的彩绘图案多是对称的，为了使图案对称一致，艺人们一般是先绘后糊。各种风筝的具体糊法也各有不同，例如，沙燕风筝先糊两膀，再糊两腿，最后糊头、腹；米字风筝也是先糊两膀；拍子风筝用平贴法糊纸等。

（4）放。放风筝的工具有线、绕线工具和供游戏用的各种附加物。放风筝的线有“缝衣线”（适合放小风筝）、“小线”（三股棉线，民间最常用的风筝线）、“衣线”（真丝线，细的叫“丝线”，粗的叫“丝绳”）、“麻线”（从前民间用此线放大风筝）等。绕线工具最普遍的是“线桄子”，这是一种穿在轴柄上的六角形线轴，可以自由地旋转着放线。收线时，一手拉线，一手打轮，十分方便，样子也玲珑可爱，本身就是一件惹人喜爱的玩具。还有一种“简易桄子”，轴柄上穿着一种扁框，用起来也很方便。如果放大风筝，则要用“线拐子”；放更大的要用“绞车”。

发现价值

1. 艺术价值

潍坊风筝有硬翅风筝、软翅风筝、串式风筝、板式风筝、立体风筝、动态风筝等，用竹子扎制骨架，高档丝绢蒙面，手工绘画，工艺与美术的结合，体现了风筝的艺术价值，使其成为一种重要的艺术品。

2. 社会价值

潍坊风筝不仅被广泛用于放飞、比赛、娱乐，而且已经成为美化人们生活的时尚装饰品。风筝是潍坊的象征，每年的风筝节是潍坊以风筝拉动经济发展的一个活动，随着国际风筝交流的逐渐频繁，风筝这一古老的民间艺术，在新形势下正在蓬勃发展。

拓展阅读

风筝的来历

风筝，在中国北方称之为“纸鸢”，南方称“鹞子”。“风筝”这个名字，大约始于五代（907—960年）。据明代郎瑛《询刍录》记载，五代时有位叫李邺的，在宫中做纸鸢，引线乘风为戏，在纸鸢头上系竹哨，放飞时，风入竹哨，发出像“筝”一样的声音，故名之为“风筝”。

风筝是怎样发明的呢？有人说是我们的祖先受到风吹斗笠、树叶的启发，有人说是受帆或帐篷的启发，也有人说是受了飞鸟的启发，众说纷纭，莫衷一是。但最早的风筝出现在中国，却是国际风筝界一致的公论。中国古代著名的思想家墨翟居鲁山（今山东潍坊青州西南部一带）时曾“斫木为鹞，三年而成，飞一日而败”。这就是世界上最早的风筝。后来，墨翟把制造木鹞的方法传给他的学生公输盘（又称鲁班），公输盘又加以改进，用竹为材料制成“竹鹊”，其能在空中飞三日之久。公输盘还曾“制木鸢以窥宋城”，把风筝用于军事。

风筝作为一种娱乐工具，大约从唐代开始。英国著名学者李约瑟在《中国科学技术史》中，把风筝列为中华民族向欧洲传播的重大科学发明之一。到了宋代，风筝的流传更为广泛。在当时，风筝已成为儿童们的普通玩具。小儿竞放风筝已成为春天郊外的一景。而到了明清时期，风筝的发展达到了鼎盛。明清时期的风筝无论在大小、样式、扎制技术、装饰、放飞技艺上都比从前有了很大的进步。风筝和各种民间工艺开始有机地结合起来。

近二十多年来，我国的风筝事业得到了长足的发展，越来越多的人开始加入到这项活动中来。

第三节　玉堂酱菜制作技艺

摘要

玉堂酱菜制作技艺是山东省第二批非物质文化遗产项目。

玉堂酱菜是济宁有名的酱菜。清代姑苏人戴玉堂，用南方技术生产北方风味酱菜，一时被誉为“京省驰名”“誉压江南”。清末民初，济美酱园与北京的“六必居”、保定的“大慈阁”、济宁的“玉堂”齐名，被誉为江北四大酱园（图 6–3）。

图 6–3　济宁职业技术学院非物质文化遗产体验馆玉堂酱园展区

玉堂酱菜沿着运河销遍四方，作为“贡品”，连慈禧太后也认为名不虚传。它所生产的酱油、酱菜、万国春酒等获得巴拿马万国博览会金奖。

玉堂酱菜是山东全省闻名遐迩的汉族小吃之一，济宁玉堂酱园有限责任公司（原名玉堂酱园），始建于 1714 年，至今已有三百多年历史，是鲁西南地区唯一的“中华老字号”企业。玉堂酱菜作为济宁的特产礼品，有着悠久的历史。中华人民共和国成立以后，多次受到党和国家领导人的赞扬，一些党和国家领导人及文艺界知名人士先后到玉堂酱园参观品尝，并留下题词和签名。

寻根问底

玉堂酱园位于京杭运河之都的济宁市区，地处自然环境优越、南临鱼米之乡的微山湖，这里东、西、北三面为平原，一年四季分明，气候适宜，有非常丰富的粮食及蔬菜，为玉堂酱菜制作提供了丰富的资源。

玉堂酱园始创于1714年。当年有位姓戴的苏州商人顺运河北上，来到济宁州南门口，发现这里经济繁荣，商业旺盛，且水陆交通便利，是个经商的风水宝地，于是在此盖起几间门面，开了个酱菜铺，取名“姑苏戴玉堂”。戴氏经营的酱菜，南北风味兼蓄，且经营有方，深受百姓喜爱，成为济宁州的第一大字号。

1816年，济宁商人冷家与孙家联手买下玉堂，聘请梁圣铭为总经理，实行“规矩牌”制度，扩大经营门面，增加作坊，重视产品开发，产品扩大到腐乳、酱油、醋、酒类，使玉堂产品风靡市场，成为百姓生活中不可缺少的佳品。嘉庆年间，著名文学家李汝珍将玉堂金波酒收入所著的《镜花缘》一书，称之为“天下美酒”。1875年，孙家为扩大玉堂影响，聘请清朝著名书法家项文彦书写了“姑苏玉堂老店，自造秋油伏酱，五香茶干，远年干酱、甜酱，独流老醋，佳制金波药酒，各种名酒，真沛干酒，干榨黄酒，绍酒零沽，糟鱼醉蟹，佳制冬菜，酱糟腐乳，八珍豆豉，关东虾酱、虾油，太仓糟油，南北各种小菜，本糟香豆油坊，敬神素烛，一应俱全”的百字广告，以书法艺术的手法，盛赞玉堂的产品。

1886年，时任朝廷军机大臣的孙毓汶将玉堂酱菜送进京城，慈禧太后品尝后，大加赞赏，御赐“京省驰名，味压江南”八个大字，予以奖励，并下旨玉堂酱菜为进京贡品，从此玉堂酱菜成为京城上流社会礼尚往来的馈赠佳品。

1906年，玉堂酱园由孙家独营，对内实行“七行”“八作”的改革，对外发行钱票，扩大经营。为扩大影响，其参加了国内外一系列展会并获奖。

玉堂酱菜是用新鲜蔬菜酿制而成的食品，生产工艺包括原辅材料经预处理、腌渍、改型、脱盐脱水、酱渍等流程。酱菜的主料是新鲜蔬菜、玉堂特制甜面酱，天然酱渍各种蔬菜，腌渍8个月后使用，这样去掉了菜的异味、颜色。玉堂酱菜的特点是光泽鲜艳、甜而不腻、咸而不浊、脆硬适口，形成了独特的酿制风味。

发现价值

1. 文化价值

玉堂酱菜是南北饮食文化交融的产物，它吸收江南甜、北方咸的特点，是南北风味兼蓄的特色产品。玉堂酱菜为玉堂酱园的拳头产品，一直畅销不断，作为地方特产，自清朝开始成为进京贡品，形成独特的玉堂酱菜礼品文化，是人们走亲访友和商务往来的馈赠佳品。

2. 思想教育价值

玉堂酱园是济宁儒商文化的代表，始终做到童叟不欺、宾至如归，无论大人小孩，只要拿一个铜钱，就能到玉堂酱园买两块酱菜，滴上几滴香油，店员还要送出门外。

3. 科学价值

作为中华民族宝贵的文化遗产，玉堂酱菜传统技艺一直延续至今，得到了很好的保护和继承发扬，在中国酱菜制作中占据着极为重要的地位。

拓展阅读

江北四大酱园

北京六必居酱园、保定大慈阁酱园、济宁玉堂酱园、临清济美酱园并称为“江北四大酱园”。

六必居酱园

以生产北派酱腌菜知名的北京六必居，据说始创于明嘉靖九年（1530年）。六必居原是山西临汾西杜村人赵存仁、赵存义、赵存礼兄弟开办的小店铺，专卖柴米油盐。俗话说：“开门七件事：柴、米、油、盐、酱、醋、茶。”这七件是人们日常生活必不可少的。赵氏兄弟的小店铺，因为不卖茶，就起名“六必居”。

大慈阁酱园

大慈阁以“市阁凌霄”之美誉成为古城保定的象征，清乾隆三十年（1765年），乾隆皇帝途经保定，因机缘际会，乾隆食得大慈阁酱菜后对其甜、咸、嫩、脆、酱香浓郁的口味大加赞赏，遂钦点大慈阁酱菜为御用膳食。数百年来大慈阁酱园既保持了自己北方风味的优良传统，又逐步吸收南方酱园特长，形成了自己独有的生产工艺和产品系列，花色繁多、货真价实，很受人们喜爱。

玉堂酱园

济宁玉堂酱园始建于清康熙五十三年（1714年）。1783年，济宁富商冷长连联合官吏孙玉庭将玉堂买了下来，定名“姑苏玉堂”，又名玉堂酱园。1886年，军机大臣孙毓汶将孙家“小菜”送进宫中。慈禧太后品尝后，连连称赞：“真是京省驰名、味压江南！”并命玉堂把酱菜当贡品，每年送进皇宫。从此，玉堂酱园在京城及大江南北名声大震。

济美酱园

临清济美酱园，创建于清乾隆五十七年（1792年）。济美酱园的形成得益于运河。现在，临清段的古老运河早就断航，济美酱园却流传至今，成为一家有着二百多年历史的传统老字号。

第四节　琉璃瓦制作技艺

摘要

曲阜琉璃烧制技艺是第四批国家级非物质文化遗产项目。

曲阜大庄琉璃瓦制作是采用当地黏土塑形、挂釉进而烧制的用于宫廷及庙堂装饰的多彩琉璃瓦当制造工艺。该厂由明武宗为朱氏窑户特赐的“裕盛公窑场”演变而来，迄今已有600多年历史，其系列品种主要有宝顶、大吻、屋兽人物、方脊、沟头滴水、连砖等，集宫廷建筑和庙堂建筑的富丽堂皇、庄重威严为一体，成为宫廷建筑和庙堂建筑的标志性特征。

寻根问底

曲阜大庄的传统琉璃瓦自明朝洪武年间（1368年）设窑烧瓦，在明清时期主要用于修建修复孔庙、孟庙、孔府、孔林等儒家的各式古建筑（图6–4）。

图6–4 曲阜大庄琉璃瓦

据记载，公元1008年，宋大中祥符年间，朝廷下令把山西朱氏窑户的长支迁至曲阜城西，设窑场烧制黄色琉璃瓦，以满足曲阜孔庙扩建之需，琉璃瓦制作技艺开始在曲阜传播。1512年，明正德七年，明武宗特赐朱氏窑户为“裕盛公窑场”，朱氏制作技艺得以世代相传。1949年，原“裕盛公窑场”改为“曲阜琉璃瓦厂”。朱氏第十二代孙朱玉良、朱玉海为琉璃瓦制作技艺的传承做出了积极贡献。

琉璃瓦的制造工艺，首先是选土制泥。制泥过程中最艰苦的一道工序是揉和搅拌，一般采取人工用双脚反复践踏的方法，达到泥不粘脚、摔之不裂为止。比较简单的塑形工艺，根据《营造法式》卷十五《窑作制度》塑造。

其次是将制好的泥按照所需的形状塑形。塑形工艺较为复杂，因为往往要和雕塑技术联系在一起。塑形主要有三种方法：其一是轮瓦法。轮瓦法是一种借助圆形轮具制造瓦件坯胎的方法，其优点是操作简便，瓦件尺寸差小，成批生产时能保证速度快，且瓦件规格统一。其二为模具法。模具法是按照脊吻兽件要求的二至九样尺寸，首先造型，然后翻模，将泥捶入模具内，等其微干后出模并进行修整的方法。其三，有很多品种不但外形复杂，花纹花饰也十分多变，遇到此种情况，往往要采用模具和雕塑相结合的方法。雕塑需要技术高超的人员，既能按照要求雕塑龙、凤、花纹、花饰，又能思维开阔，灵活多变，制造出神采各异的产品。

在琉璃工艺中，配制琉璃釉料是最主要和最复杂的工艺。康熙年间，孙廷铨著的《颜山杂记》中写道："琉璃者以石为质，硝以合之，礁以锻之，铜、铁、丹铅经变之。非石不成，非硝不行，非铜、铁、丹铅则不精，三合然后生白如霜。廉削而四方，马牙石也，紫如英，扎扎星星，紫石也，棱而多角，其形似璞，凌子石也。白者以为干也，紫者以为软也，凌子者以为莹也。"

琉璃瓦的坯胎制造完毕之后，首先要晾干，然后再晒干，准备入窑素烧。

大庄琉璃瓦的主要产品系列划分为建筑艺术品、琉璃工艺品、园林建筑品。建筑艺术品可分为宝顶、大吻、屋兽人物、方脊、沟头滴水、连砖。琉璃工艺品有文具、螭龙、望君归等。园林建筑品有菊花、荷花、水草、松、竹等。

琉璃瓦原先只有金黄、碧绿两种釉色，后来瓦厂的技术人员在继承传统工艺的基础上，采用现代科学技术，开发出黑、蓝等色的瓦件，成为"赤、橙、黄、绿、青、蓝、紫"色彩俱全的大庄琉璃瓦生产厂家，使琉璃瓦显得更加金碧辉煌，绚丽多姿。

发现价值

1. 艺术价值

琉璃瓦制作技艺比较完整地保持了传统的手工烧制工艺，产品色彩艳丽，做工精巧，为社会提供了大量原汁原味的琉璃瓦产品。

2. 社会价值

琉璃瓦制作工艺对于古代建筑装饰材料的研究、利用具有较强的参考价值，为文物保护提供了可以借鉴的技术参数，具有较高的社会文化价值。

拓展阅读

故宫琉璃瓦

“朱墙金瓦，朱门金钉”，可以说是故宫建筑的最大特色。宫殿屋顶发出的金子般的亮光就来自琉璃瓦（图 6–5）。

图 6–5　故宫

图 6-5 故宫（续）

非遗传承活动

活动一 走进鲁锦博物馆

组织参观鲁锦博物馆，深入了解鲁锦、感悟鲁锦，谈一谈鲁锦上的纹样都有什么吉祥寓意或讲述了什么故事。

活动二 手工艺分享大会

组织一场手工艺分享大会，挑选感兴趣的传统手工艺，如陶瓷、景泰蓝、木雕、玉雕、刺绣、剪纸、髹漆、琉璃、竹编等，把自己感兴趣的手工艺以 PPT 或手工制品的形式展示给大家，感受中国传统文化的独特魅力。

第七章
孔孟之乡传统美术

阅读提示：

中国非物质文化遗产丰富多彩，表现形式多样，非物质文化遗产名录中将传统的剪纸、版画、年画、雕塑（竹、木、石雕等）等归为非物质文化遗产传统美术的范畴。这些传统美术是在以农耕、畜牧业为主的社会时期，适应当时的社会生产和人们生活的需求而自然衍生的传统艺术形式，是当时社会生产生活方式和人们精神需求的一种文化载体，反映的是人和自然和谐相处，热爱生活、表现生活、创造生活的一种现象，体现的是中国的东方美学精神和民族文化形态。

本章重点介绍孔孟之乡的曲阜楷木雕刻、嘉祥石雕、济宁面塑、济宁葫芦雕四个项目，孔孟之乡传统美术项目众多，具有很高的文化价值和艺术价值，成为反映齐鲁民间社会生活的百科全书，是不可再生的珍贵文化资源。

第一节 曲阜楷木雕刻

摘要

曲阜楷木雕刻是第一批国家级非物质文化遗产项目。

曲阜楷木雕刻是山东省古老的汉族传统雕刻艺术之一（图 7–1），迄今已有 2 400 余年的历史，其原材料源于曲阜孔林独有的珍稀植物楷树。

图 7–1 褚德胜楷木雕刻作品

史载，孔子门人子贡为楷雕创始人，他用楷木雕刻的其师孔子、师母亓官氏的两尊圆雕坐像，已成千古传世之宝，现存于孔子博物院内。孔林中的“子贡手植楷”就是其珍贵的历史遗迹。相传孔子辞世后，他的弟子子贡，为恩师守墓六年，并从外地移来奇木植于墓旁，以寄托哀思，后人视子贡为尊敬师长的楷模。楷树属稀有树种，树龄达千年以上，此木坚硬，木质细，呈金黄色，故有“软黄金”和“南檀北楷”之美誉。

寻根问底

楷木雕刻是曲阜独特的传统手工艺术，距今已有 2 400 余年的历史，其原材料是曲阜孔林特有的珍稀植物楷树。

据《阙里志》记载，孔子去世后，其弟子端木赐（子贡）为兹守墓六年，并带“乡土异种楷苗”植于墓旁，日久天长，便长成参天大树。这也就是现在的“子贡手植楷”遗迹。后来，子贡为报老师教诲之恩，便用楷木雕刻了其师孔子、师母亓官氏两尊圆雕坐像。刀法古朴浑厚，造型端庄肃穆，木质虽经年久腐蚀，但刀痕微存。他所雕两尊楷雕坐像现存于孔子博物院。

曲阜楷雕是曲阜楷雕艺人在长期的生产和生活实践中创造的，具有鲜明的民族特色和独特的艺术魅力。

在曲阜楷雕 2 400 多年的历史演进中，经历代艺人们的辛劳创造及融会贯通，楷雕艺术逐渐形成了自己独特的艺术风格：古朴简约，浑厚精细，取法正宗，形神兼备。

楷雕的制作工艺过程大体分为选料、下料、布局（设计）、切、削、净地、铧梗、开相、修细、磨光、上蜡等工序。楷雕技法分为圆雕、浮雕、透雕和镂空雕四类。

楷雕的承传方式是家庭相传，邻里相授。世世代代、祖祖辈辈如此传承。

楷雕的主要创作技法不仅吸取了孔庙仅存的汉画汉石和大成殿龙柱等姊妹艺术的丰富营养，还涉猎了西方雕刻艺术，取其所长，为我所用，融会贯通，自成一家。如刻人物，讲究“行七蹲五盘腿三”；衣服折纹要“稀三稠五”。刻龙要“九隐九现”“九摸九尾”，意即龙在云里要九处隐藏，九处现出；“九摸”即一条龙周身九道弯，“九尾”即龙尾上要有九个叉。

总之，楷雕艺术从诞生到发展壮大，一直受到儒家思想的滋养。楷雕因蕴含儒家文化的神韵而受到世人的珍爱。儒家文化也通过楷雕这一民间艺术载体而得到进一步传播。

发现价值

1. 艺术价值

曲阜楷木雕刻取法正宗，形神兼备，刀法古朴简约，浑厚精细，技法分圆雕、浮雕、透雕和镂空雕，制作工艺计有十几道之多。作品富有神韵，行乎自然，高贵典雅，具有很高的艺术价值。

2. 文化价值

历史上，楷雕历来是孔府象征吉祥如意的装饰品，其上乘之作是孔府向历代皇帝进贡的贡品和馈赠达官贵人的礼品。中华人民共和国成立后，楷雕佳品多次参加全国及世界工艺美术大展，均获大奖。1984 年，楷雕“八仙如意”被国家外事部门选定为国家主要领导人出访礼品，为国争光。

3. 思想教育价值

曲阜楷雕已成为一种尊贵、高雅、吉祥、和谐的象征。曲阜楷雕这株东方艺苑中的奇葩，以其悠久的历史、丰富的思想内涵、鲜明的民族特色和独特的艺术魅力，显示了顽强的艺术生命力，展示了中华传统文化的独特风采。

拓展阅读

曲阜楷木雕刻传承人——颜景新

颜景新，男，字摹蘧，号楷饕， 1936 年 6 月出生，曲阜市人，颜氏楷雕第五代传人，第三批国家级非物质文化遗产项目代表性传承人。

颜景新出身楷雕世家，自幼酷爱雕刻艺术，是曲阜颜氏楷雕承传者。幼时随祖父颜振轩学习楷木雕刻，后拜杨玉田为师，兼习篆刻艺术。1957 年，被调到山东省工艺美术研究室工作，专攻木雕造型设计艺术。他在艺术创作上躬行实践、博采众长，在长期实践中形成了自己古朴典雅、造型生动、刀工细腻、意新韵秀的艺术风格。他的楷木圆雕作品《至圣先师——孔子》，根据树根的原始形态，运用圆雕技法，布局合理，删繁就简，使孔子形象浑然一体，被称为艺术珍品。他还研制了形象各异、风格独特的楷木雕人物，如“寿星”“仕女”“根雕人物”等，大大开拓了楷雕艺术的天地。

半个多世纪来，颜景新创作了三百余件楷雕作品，其作品多次获得创作奖并在艺术界享有很高声誉。1983 年，国家修复孔庙大成殿孔子像时，他承担了“像龛”“匾额”“供案”的设计和雕刻任务。2003 年，他被授予“山东省工艺美术大师”荣誉称号，2007 年 1 月 11 日，在国务院召开的第五届中国工艺美术大师评审表彰大会上，被授予“全国优秀工艺美术创作人员”称号。

第二节　嘉祥石雕

摘要

嘉祥石雕是第二批国家级非物质文化遗产项目。

石雕艺术是中国历史文化的一笔灿烂遗产，嘉祥石雕便是其中之一。嘉祥石雕是汉族雕刻艺术之一，因山东省嘉祥县产的石雕造型好、质量高而形成了一个集群，名曰“嘉祥石雕”（图 7–2）。

图 7–2　嘉祥石雕

自古嘉祥“家家闻锤响，户户操钎忙”。千年以来嘉祥凭借其独特的地理优势和嘉祥人民的智慧与勤劳，得以一直屹立在中国石雕文化的巅峰。每年有数以万计的各类石雕艺术品从这里输向全国乃至世界的每一个角落。在中国，每年产出的石雕艺术品中，有 80% 以上来自嘉祥。

1996 年嘉祥被国家命名为“中国石雕之乡”。

寻根问底

嘉祥石雕艺术历史悠久，源远流长。出土的新石器时期的石斧、石铲、石耨铧、石镞、研磨器，是嘉祥最早的石雕作品。两汉时期，石雕艺术得到了空前的发展，在艺术上有了极高的造诣，体现了当时的雄厚气魄。这一时期，嘉祥石雕艺术在不断发展中渐趋成熟，石雕艺人能够运用高超的艺术手法，雕刻出人物、动物、石阙、石碑、墓茔及各种生产生活用品。嘉祥武氏家族于桓帝、灵帝时期建造的武氏祠，其中的画像石是中国最大、保存最完整的汉碑、汉画像石群，现存石阙、石狮各一对，石碑两块，祠堂石刻构件四组44石。武梁碑碑文记载："选择名石，南山之阳，擢取妙好，色无斑黄。前设坛墠，后建祠堂。良匠卫改，雕文刻画，罗列成行，摅骋技巧，委蛇有章。"石阙铭文记载："石工孟季及季弟卯造石阙，孙宗造石狮。"这对石狮是中国目前最早的石狮，是按照狮子的原型塑造的一对立狮，风格粗犷质朴，线条简洁流畅，极具当时的艺术风格，是不可多得的艺术珍品。

隋唐时期，嘉祥石雕依然以建筑和陵墓用品为主。石狮造型与汉代相比有了较大变化，多为坐狮，头部鬃毛开始雕刻成盘花的形式。嘉祥县出土的大隋开皇三年隋碑，顶端利用半浮雕形式刻着二龙盘柱，背面雕刻着近似圆雕的石佛、飞天、石兽等，形象逼真、技艺非凡。

明清时期，嘉祥石雕以石狮、麒麟及建筑为主，雕刻了大量的石牌坊。清光绪《嘉祥县志》记录了嘉祥明清时期的30余座牌坊，包括"登云坊""冲霄坊""月桂秋香坊"等。嘉祥现存的明代牌坊有宗圣曾子庙前的三座牌坊、青山脚下的"泰山行宫坊"及薛仁贵墓牌坊等，风格简洁洗练、质朴凝重，门楼较为简易或不使用门楼，花纹装饰较少。明代建造的宗圣曾子庙，其大殿四周22根立柱上雕刻着繁丽的图案，诸如凤凰、牡丹、荷花、榴开百子及盘口菊花、二龙戏珠等纹样，工艺细致，构图饱满，玲珑剔透，错落有致，是明代不可多得的石刻艺术珍品。乾隆御碑、青山寺石雕龙头、疃里镇后贾村的九成宫碑、皇甫碑及兰亭序碑都是这一时期的重要作品。

嘉祥石雕以天青石为主要雕刻原料，辅以大理石、花岗石、汉白玉等石料，作品分为人物塑像类、动物类、建筑类、园林类、装饰类、工艺品类、生活类等类别，以传统作品为主，以现代作品为辅。大型雕塑作品主要包括人物塑像、麒麟、石狮、石塔、石亭、龙柱、牌坊等。

嘉祥石雕的雕刻技法主要有圆雕、浮雕、透雕、线雕、平雕、影雕等。嘉祥石雕具有典型的中国北派石雕艺术风格，崇高威严、古朴浑厚，线条刚直简洁，人物造型凝重、端庄，石狮表现出一种雄健的气魄，麒麟体现出安详端庄的仁兽特色，石牌坊巍峨宏伟、精致秀丽。

发现价值

1. 历史价值

武氏墓群石刻及历朝历代的一些石雕艺术作品记录了当时的政治、经济、文化、军事和社会伦理道德等方面的内容，为研究了解当时的社会提供了宝贵的史料，具有较高的历史价值。

2. 艺术价值

嘉祥石雕雕艺精湛，风格奇异，是历代官府向朝廷进献之贡品。嘉祥石雕精品众多，雕刻技法独特，是中国石狮和漫画石刻的发祥地。既有古老艺术的魅力，又有典雅明快的现代艺术风格，在海内外享有“巧夺天工”“石破天惊”之盛誉。

拓展阅读

嘉祥石雕传承人——梁秉公

梁秉公，男，1945 年出生，济宁嘉祥县人，嘉祥石雕梁氏世家第十九代传人。

梁氏世家是嘉祥著名的石雕世家，世居武氏祠旁紫云山脚下的梁山村，世代从事石雕艺术，擅长牌坊、碑刻及浮雕，其作品具有较高的艺术价值，为嘉祥石雕艺术的传承发展做出了重要贡献。

受祖辈熏陶，梁秉公从小就跟随父亲梁兴安学习雕刻技术。几十年来，他以超常的毅力学习研究古人的雕刻艺术表现形式和雕刻技法，并力求古为今用，大胆创新。他利用武氏祠汉画像雕刻形式和技法制作的曲阜孔庙“孔子圣迹图”和孔子像，利用武氏祠石狮雕刻形式创作的狮子造型系列，还有利用麒麟文化创作的大型群雕“西狩获麟”等，获得了社会各界人士的极高评价。梁秉公擅长人物塑像，制作了毛泽东、邓小平、孔子、墨子、曾子、老子等众多肖像雕塑。

他的作品构思精妙、寓意丰富，艺术风格崇高威严、古朴浑厚，人物造型凝重、端庄，刀法娴熟精湛，线条简洁洗练，具有较高的艺术价值。其作品畅销全国及美、日、韩等国家。1993 年，他在安徽“皖南事变新四军突围群雕”设计中获二等奖。1998 年，他设计雕刻的释迦牟尼像在山东省首届石雕作品展评中获三等奖。

第三节　济宁面塑

摘要

济宁面塑是山东省第三批非物质文化遗产项目。

济宁面塑艺术历史悠久，孔府面塑以其细致、精美著称，其面塑师告老还乡，技艺得以在坊间传承，而被选进孔府的面师，又将民间面塑特点带入孔府，民间与孔府反复交融，促进了济宁面塑的长足发展。再者，运河衙门面塑以古朴、概括、粗犷、豪放见长，其面师与民间的交替，共同形成了影响较大的山东特色。济宁面塑既有古朴、概括、粗犷、豪放的造型特点，又有长江流域面塑的细致与精美，兼具鲁西北、鲁中和鲁东之特点，作品既线条圆润流畅、删繁就简、高度概括，追求神似，又注重内部结构的掌握，面部表情、身体结构的细微转折，惟妙惟肖，色彩艳丽，以大量的纯色为主，除了大面积的红、黄、蓝、绿以外，还配以少量的白色、钴蓝作点缀，最后用黑色线条勾勒，视觉冲击力强，沉稳而神秘（图 7–3）。

图 7–3　济宁面塑

寻根问底

济宁面塑源远流长，鼎盛于孔府和运河衙门祭祀。孔府当年进贡慈禧太后的饽饽，代表了济宁面塑的国宴级水准。历代封建王朝在运河之都——济宁设置的官僚机构有72衙门之称。官员到任、更替以及重大节日，都要拜祭龙王和水神，反季节供品均以面塑代替，其规模和档次在当时都居全国首位。这些奠定了济宁面塑融南汇北、集全国大成的霸主地位。

济宁面塑艺术源于百姓对美好饮食生活的向往。民间流传着这样一句歌谣："做春燕，捏龙凤，描花画叶欢吉庆。"面塑多用于如春节、元宵、清明、中秋等节日，后来延伸至婚丧嫁娶、祭祀和串亲访友的礼品。

面塑实际上就是"馍"，是用糯米粉和面加彩后，用手指和小刀、小篦子、竹针等通过压、按、点等手法塑造出点、线、面等造型元素而形成的各种小型动物、植物、人物等形象的工艺品，制作步骤有四，分别为"一印、二捏、三镶、四滚"，缺一不可。例如，人物面塑是否灵动，情感怎样，传神与否，关键在于用好"镶"的技法，刻画人物的眼睛，正如鲁迅所倡导的"画眼法"。尤其是人物喜、怒、哀、乐的刻画，关键在于眼白与瞳仁的比例。面塑讲究的是"文的胸、武的肚、老人的背脊、美女的腰"，这也是制作过程中最难把握的地方，如"武"的塑造，不仅要把握好"肚"，又要突出做好"三角肌"的捏制，因为宽阔、有力、浑圆发达的双肩是健美的重要标志。面塑的题材非常丰富，一般会因场合不同而不同。比如，春节来临前，捏制鱼、葡萄、石榴等，以象征万事如意、多福多寿；婴儿满月时，由姥姥家捏制的在椭圆面圈上放置精美十二属相的面塑，即为"囫囵"，寓意孩子健康成长；老人寿辰时捏制寿桃，寓意老人长寿等。除了以上题材外，面塑艺人还根据历史故事创造出《嫦娥奔月》《天女散花》《三打白骨精》《大闹天宫》《霸王别姬》等古装人物作品。面塑作品按用途一般分为两类：一类为可食用的面塑，一类为专供收藏用的面塑。收藏用的面塑通常以历史故事为题材，有久放数年不干裂、不变形、不被虫蚀之特点。近代受文人艺术的影响，面塑的内容和形式不断出新，表现手段和表现技巧日臻成熟完善。经过几千年的传承与经营，面塑早已成为中国民间艺术的一部分。

济宁民间面塑艺术丰富多彩，区域分布从东到西，从南到北，各地都有；面塑的品种则有花糕、枣馍、面鱼等。只要逢年过节，以及有新人婚礼、房屋上梁等喜庆大事，面塑的身影都会出现。老辈人家家户户都做面塑，随着生活节奏的加快，面塑的制作手艺却在消失，但可喜的是，目前专业的面塑加工户和小作坊正在形成，遇上年节，面塑产品城区街道有售，可供食用或馈赠亲友。

发现价值

1. 艺术价值

面塑作品色彩鲜明、色调明快、晶莹剔透、精微细致、情景交融、趣味盎然、生动传神、栩栩如生，具有中国传统绘画的风采和神韵，体现了中国传统美学的旨趣和技艺特色，又不失民间艺术的纯朴气息，其中包含了绘画、雕塑、刻印、装饰等诸多因素，造型略有夸张，手法简练多变，气质淳朴敦厚，具有较高的艺术价值。

2. 思想教育价值

面塑艺术以其生动丰富的形象传达着一个个动人的故事，蕴含着丰厚的文化内涵，在潜移默化之中启迪孩子的智慧，越来越彰显其巨大的教育价值。特别是对于中小学生来说，其是一项不可多得的开发智力、提升情趣、增强技能的有益活动。

3. 社会价值

济宁面塑散落于乡里坊间，目前将其集聚起来并进行科学开发，形成了独具济宁特色的文化产业，随着旅游业的不断发展，面塑这“小玩意儿”越来越显示出强劲的文化魅力与经济价值。

拓展阅读

面塑传承人李刚自传

本人李刚，1968 年出生于济宁市中区济安台外街，喝运河水长到 7 岁便被父亲从糕点厂撵到本村小学接受启蒙教育，1980 年考入济宁市农技中学深造，三年后在济宁三中攻读高中，1986 年毕业后源于对面塑艺术的执着酷爱，放弃高考进街道办的新新糕点厂工作。随着对面塑艺术的追求之心愈来愈强烈，两年后到济宁第一印刷厂工作，又两年便供职于济宁市政协。政协人才济济，联系面广，文化底蕴丰富、氛围浓厚，学之不尽用之不竭，在这里，我终于找到了工作学习与艺术创作的最佳结合，至今仍“手”耕不辍。

说起我与面塑结缘，真有点歪打正着，从我记事起父亲便是街道糕点厂的负责人，为督促贪玩好动的我接受传统文化的熏陶，我经常被父亲带到厂里完成硬性任务，由于父亲事务繁忙，我常常把“人不学，不知义”背不上几句便溜到车间里去。这样一来二去便结识了“花白胡子爷爷”、后来做了我师傅的面塑权威——高满囤。我师傅很了不起，高家历代为孔府制作面点，师傅的师傅高福堂，进“万成公”做到首席糕点师，“万成公”可是三百多年的老字号，当年的衍圣公府就是“万成公”的老主顾。尤其是清乾隆以后，“万成公”长期为衍圣公府制作精品朝贡糕点，誉满宫廷。孔府档案中现存清光绪二十年祝贺慈禧太后六十寿诞时进贡的蒿面菜单中主食占了 12 品，其中饽饽占 4 品——寿字油糕、寿字木樨糕、百寿桃和如意卷——据我师傅讲就出自他师傅的师傅高寿田之手。

我师傅是位了不起的教育家。起初，他用面做一些小动物逗我——师傅的手真是神奇，随便揪一块面团，放在手里三搓两揉便捏出逼真的花朵、活泼的娃娃、可爱的动物。待我对此产生浓厚兴趣并也学着捏出几分模样后，师傅便捏出五条腿的小狗拿给我看，启发我学会细心观察；又捏出三条腿的小马让我了解什么是艺术的简约。在与高师傅断断续续接触并接受指导的十几年里，我很快掌握了传统面塑技法，并在传统基础上融进我的所思所想，在老师的夸奖声中不断取得新的进步。1988 年高老师谢世，我便离开糕点厂进了济宁市第一印刷厂。

如果说高满囤是我面塑的入门老师，工作中的领导和同志则是帮我在面塑创作海洋里遨游的教练。难忘在济宁第一印刷厂工作的日日夜夜，师傅们手把手教我调色，循循善诱地讲解颜色搭配……尤其是调入市政协工作后，我日渐发现自己知识贫瘠得可怜并发奋学习，利用业余时间学习了中国画与书法，随身携带了《水浒传》《三国演义》《红楼梦》等大部头著作。在随领导赴县市区和市直部门视察指导工作的同时，我的境界得到了提升，我备感我市文化积淀的丰厚——“东文西武、南水北佛”。梁祝文化与水浒文化异曲同工，才子文化与匠圣文化相得益彰，上层文化与下层文化丰富多彩，“武”文化与“文”文化并驾齐驱，山文化与水文化各领风骚，儒、释、道文化相互辉映，历史文化遗珍数不胜数。“民族的才是世界的”，如此丰富的创作题材，亟待抢救的文史资料与传统技艺，更觉责任重大，时不我待。在数十年的学习实践中，我总结创立了面塑揉、捏、揪、挑、压、搓、滚、碾、剁、拨、按、切“李氏十二法”，采取在面粉中加入适量盐水、蜂蜜等办法，使作品数十年不干裂、不变形、不被虫蚀。巧用铜丝、钢丝和蜂腊，解决了细腻、动感等方面的难题。创作了以反映民风民俗见长的水浒108 人物谱、鲁南风俗系列，为研究民俗、雕塑、美学储备了不可或缺的实物资料。我的作品多次参加山东省文博会面塑展，得到各界一致好评。为使面塑后继有人，我克服重重困难自己办班传授面塑技艺，培训近百人。济宁电视台、市中区电视台、任城电视台、《济宁日报》《齐鲁晚报》《联合日报》等都对面塑技艺的传承发展作了专题报道（图 7–4）。

图 7–4　面塑传承人李刚老师在授课

第四节　葫芦雕刻

摘要

葫芦雕刻是济宁市第四批非物质文化遗产项目。

葫芦雕刻是一种传统而古老的工艺美术品（图 7–5）。葫芦，在中国传统文化中一直是象征美好的吉祥之物。相传人类的始祖伏羲、女娲兄妹就是从昆仑（葫芦）山中诞生，人类出自葫芦瓜。对于葫芦，人们有着数不清的传说和藏不住的喜爱。葫芦与“福禄”谐音，且素有“宝葫芦”的美誉。葫芦的枝茎称为蔓带，谐音“万代”，百姓称之为“福禄万代”。葫芦枝叶繁茂且多籽，寓意“子孙万代，繁茂吉祥”。葫芦成了招财、送子、避邪的神物，甚至在中国台湾地区的乡间，流传着一句谚语“厝内一粒瓠，家风才会富”，意思是说，在家里摆放一个葫芦，能够发财、富有。

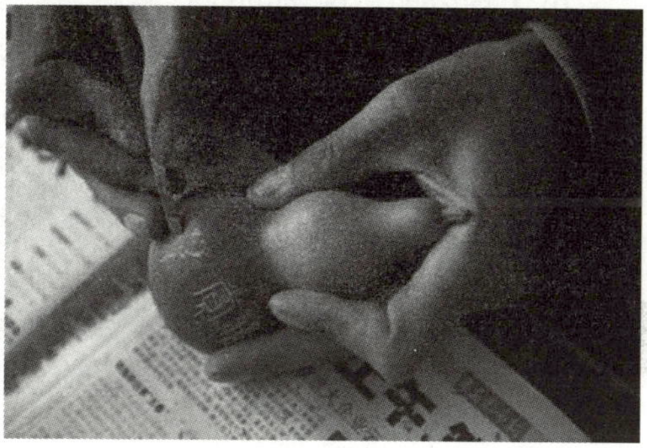

图 7–5　山东省非物质文化遗产项目——葫芦雕刻

寻根问底

葫芦雕刻指在葫芦上刻字、雕画，使其成为供人欣赏的葫芦艺术品。魏晋时期，葫芦雕刻技艺兴起。这种艺术形式在明清时期最为盛行，一直流传至今。其间出现了大量专攻葫芦雕刻艺术

葫芦雕传承人李永贤

的大师；按照雕刻风格在各地也出现了许多艺术流派；在继承前人雕刻技法的基础上，还创造了一些新的雕刻技法。

在众多的葫芦雕刻流派中，山东的葫芦雕刻以雕刻风格细腻、雕刻技艺精湛、雕刻题材广泛而著称。山东的聊城、龙口、菏泽、济宁都属于葫芦种植、雕刻的重要地区。其中，济宁地区的葫芦雕刻从古至今在全国占有重要地位。

济宁市任城区古称任城，是孔孟之乡、文化之都。古老的运河在此经过，造就了济宁市繁荣的经济发展和便利的运输条件。济宁区位优越、交通便利等优势，大大促进了葫芦技艺的交流与传播。早在明清时期，葫芦雕刻就在此生根发芽。再加上济宁地区气候四季分明，光照充足、水质优良，很好地保障了葫芦的生长，有利于葫芦雕成品保存。所以葫芦雕刻技艺在此传播、发展。现如今的济宁高速公路、铁路、航运四通八达，有优越的地理位置和便利的交通条件，这大大促进了葫芦雕刻技艺的交流与传播。

济宁地区葫芦雕刻的纹样题材主要有传统吉祥纹样题材、中国画题材、文字题材、印章题材等。一般来讲，雕刻葫芦都是采用以线为主的阴刻法，即将图案部分刻去，留下线条凸起的部分作为层次。制作一件葫芦雕刻作品大致经过设计—选葫芦—定型—细雕—磨光—上蜡几道工序才能完成。人们在寓意吉祥的葫芦实体上，又加入自己的艺术加工，使这天地间的精华也拥有了灵气和魂魄。

一瓢藏造化，天地一壶中，葫芦涵容天地与人生。葫芦雕刻历经千年的传承与演变，却也依然保持着它独有的艺术风格。

发现价值

1. 民俗价值

葫芦雕刻艺术广为流传，在葫芦上雕刻出各地的风土人情、吉祥故事等题材，使得葫芦变成了承载我国多民族、多地区民俗文化的雕刻艺术品。

2. 艺术价值

葫芦雕刻工艺复杂、技巧灵活、题材丰富，这提高了葫芦雕刻的观赏价值。具有艺术题材又有严谨雕刻技法的葫芦雕是人们竞相收藏的上等艺术品。

3. 思想教育价值

葫芦雕刻的图案有积极向上、吉祥美好的寓意，葫芦雕刻精致的图案纹理往往能够勾起人们热爱生活、回归自然的意识情怀。

拓展阅读

葫芦雕传承人——李永贤

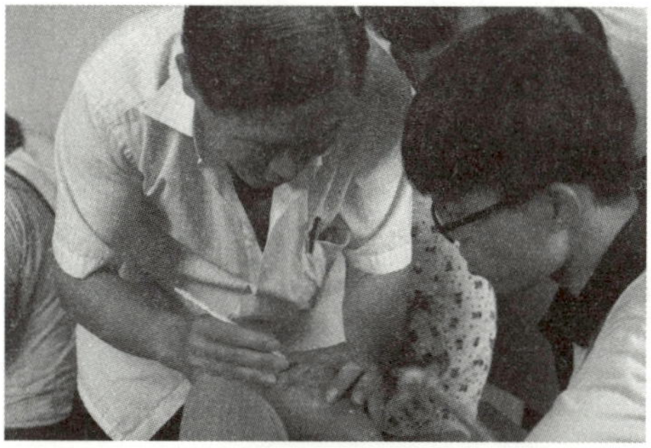

图 7-6　李永贤老师在教授学生葫芦雕刻

李永贤（图 7-6），男，山东金乡人，1971 年 10 月 13 日生，1995 年 7 月大学毕业参加工作，2000 年调入梁济运河管理处工作。因自小爱好手工制作，接触过许多手工艺人，后拜葫芦雕刻艺人付尚星为师，学习葫芦雕刻技术。经过多年的艺术创作，李永贤在继承了老师技艺的基础上，经过反复的思考、印证，开发出一系列异型的摆件。

传统手工的细致和难度是旁人无法想象的，尤其是刀工，要求胆大、心细、一丝不苟、平心静气，不能出现错刀、断线、开裂，否则前功尽弃。雕刻的深、浅、平、直、圆润、留白与连接点，都要求很高的技法。李永贤在继承了老师技艺的基础上，又经过反复思考、印证，开发出一系列异型摆件。

葫芦雕刻的传承具有面窄、依赖性强、易学、难精、费工夫、难见利等局限，不被学校教育重视。个别葫芦艺人被请入学校也只是暂时性的。葫芦雕刻艺术世代相传走到现在，都没有专门的教育机构或教育家。都市文明强大的诱惑力使地方民俗文化日益消逝，现实的观念加快了葫芦雕刻技艺的丢失。付尚星老师许多年来只有李永贤一个徒弟在坚守这份心中一直不舍的“手艺”，其他人只是看，没人干。老人现年纪已大，心劲已失，此项技艺能发展多久，很难估测。李永贤从艺二十年来，也没有一个真正意义上的徒弟。雕刻葫芦技艺，一旦失传，后继很难。

非遗传承活动

活动一　学习了解雕刻技艺

分析楷雕、石雕等传统美术的不同特点，通过亲自动手实践感悟深藏在雕刻中的传统文化和艺术特点，并写出雕刻过程中的体会。

活动二　思考探究

中国传统的美术工艺品怎样才能更好地与时俱进、符合时代发展？请谈谈你的看法。

第八章
孔孟之乡民俗

阅读提示：

过年为什么要吃饺子、放鞭炮、贴春联？为什么绝大部分人都以右手执筷？为什么中国人跟人打招呼时喜欢问："您吃了吗？"这些都是生活场景中最常见的状态，寻根问底，会发现其中有许多学问，这种学问就是民俗。各种各样的民俗悄然支配着人们的生活，指导、规范着人们的衣食住行、礼仪礼貌、待人接物。那么，究竟什么是民俗，民俗又包括哪些内容呢？相信通过本章的学习，你会找到答案。

入选国家级非物质文化遗产名录的民俗项目共有219项，山东省非物质文化遗产名录中民俗项目共有31项，本章重点介绍祭孔大典、泰山石敢当习俗、春节、农历二十四节气等四个项目。

第一节 祭孔大典

摘要

祭孔大典是第一批国家级非物质文化遗产项目。

祭孔，是中华民族为了尊崇与怀念至圣先师孔子，而主要在孔（文）庙举行的隆重祀典，是世界祭祀史、人类文化节史上的一个奇迹。

祭孔大典是山东曲阜专门祭祀孔子的大型庙堂乐舞活动，也称"丁祭乐舞"或"大成乐舞"，是集乐、歌、舞、礼为一体的综合性艺术表演形式，于每年农历八月二十七日孔子诞辰时举行。祭孔大典一般从每年9月26日持续到10月10日（图8-1）。

图8-1 青年学子参加祭孔大典

自2004年曲阜公祭孔子以来，至2015年是第11次祭祀孔子。2011年11月，李文广被评为祭孔大典省级非物质文化遗产项目代表性传承人。

寻根问底

在中华民族尊天敬祖的祭祀活动中，祭孔亦是一项隆重的祀典。祭孔活动最早始于公元前 478 年，即孔子卒后的第二年，鲁哀公将孔子故宅辟为寿堂，开始了对孔子的祭祀。真正意义上的祭孔大典则始于公元前 195 年，迄今已有 2 200 余年的历史了。时汉高祖刘邦过鲁，首次以“太牢”（古代帝王祭祀社稷时，牛、羊、豕三牲全备为太牢）祭祀孔子，开孔子祭祀活动升为祭孔大典即国之大典的先河。后随历代皇帝对孔子的褒赠加封，祭典亦日益隆重，祭祀礼乐也多由皇帝钦定颁行或亲临主祭。

公元 72 年（东汉永平十五年），明帝祭孔时，将孔子与其七十二弟子一并祭祀。

公元 85 年（东汉元和二年），章帝时作“六代之乐”。

公元550年（北齐天保元年），文宣帝遣使钦祭时，还规定了“三献之礼”。

公元 739 年（唐开元二十七年），玄宗则钦定“乐用轩悬，舞用六佾”。

公元 1496 年（明弘治九年），孝宗又将“六佾”改为“八佾”，即天子用乐。

清康熙年间，祭孔的乐、歌、舞、礼均由皇帝钦定，编纂了《律吕正义》，乾隆帝则又续编了《律吕正义后编》，还制作了乐器。每年祭孔的次数上也在不断增加，由每年秋季一次，增为春秋二次，后增为“四大丁”“四仲丁”“八小祭”等。

总体上看，清代祭孔大典仍袭用了“六佾之舞”。

民国时期，政府明令全国祭孔，但规定有了一些改变。例如：由半夜起祭，改为早七点；献爵献胙改为献花圈；不着古式祭服，改穿长袍马褂；由跪拜改为鞠躬礼等。乐舞仍袭用了“六佾之舞”。

1986 年至今，历届中国曲阜国际孔子文化节所演“祭孔大典”亦沿用了“轩悬之乐、六佾之舞”。2004 年祭孔大典改为公祭，即由曲阜市政府祭孔。

祭孔大典是在特定的时间、特定的地点、特定的环境下，由特定的人群举行的，具有唯一性和独特性，形成了如下一些基本特征：

（1）特定的时间。祭孔自孔子卒后二年开始形成，至今已有2 000多年的历史。经过两千多年的发展，逐渐规范。在时间上，祭孔定为每年的春秋举行，并沿袭下来。

（2）特定的地点及环境。祭孔大典是在曲阜孔庙大成殿举行的，随着时间的推移，逐步推广至世界各地的孔庙、文庙、孔子学堂，成为世界性的宝贵精神财富和文化遗产。

（3）特定的人群。祭孔是历代皇帝参加的，唯一在曲阜孔庙大成殿举行的国家祭典，主要再现了"太牢"祭祀。汉高祖刘邦开以"太牢"祭孔之先河，后来历代帝王相继效仿。清乾隆皇帝八次到曲阜祭孔，钦定"祭孔大典"。

（4）"祭孔"是儒家文化中"礼"的经典表现，体现了孔孟之乡、礼仪之邦尊师重礼的独特民俗风情，宣扬了孔子的儒家思想及其伟大成就，具有思想内涵的独特性。

（5）祭孔大典在艺术表现形式上，是集乐、歌、舞、礼为一体的大型庙堂祭祀乐舞。乐舞的独特性，主要表现在舞蹈庄严、肃穆、凝重、典雅，具有"汉雕之美"；曲目的独特性，表现在歌词内容主要是颂扬孔子及宣扬儒家文化。

发现价值

1. 艺术价值

祭孔大典是集乐、歌、舞、礼于一体的大型庙堂祭祀乐舞，被专家誉为"继大型歌舞《丝路花雨》之后的又一古典乐舞"，是中华民族优秀传统文化发展过程中产生的瑰宝，具有巨大的艺术价值。

2. 思想教育价值

新时期的祭孔大典，体现了艺术形式与政治内容的高度统一，形象地阐释了孔子学说中"礼"的含义，表达了"仁者爱人""以礼立人"的思想，具有较强的思想亲和力、精神凝聚力和艺术感染力，对于弘扬优秀传统文化、营造和乐氛围、构建和谐社会、凝聚民族精神具有不可替代的社会作用。

拓展阅读

祭孔大典祭文欣赏

其一

维公元 2004 年 9 月 28 日，岁在甲申，节届中秋，先师孔子诞辰 2555 年，曲阜各界代表、海内外宾朋、孔子后裔，肃立大成殿前，谨以鲜花雅乐，恭祭先师孔子。文曰：

2014 年祭孔大典精简

文圣吾祖，恩泽海宇。千古巨人，万世先师。
欣逢盛世，物阜民熙。高岸秀木，惟恐失序。
居安思危，重振纲纪。以德治国，德法兼济。
幸赖圣儒，万代垂仪。道贯古今，德侔天地。
杏坛春晖，泮池桃李。三坟五典，六经古籍。
薪火传承，百代不熄。而今吾辈，见贤思齐。
任重道远，弘扬承继。依仁志道，据德游艺。
仁为己任，见利思义。中和至德，过犹不及。
和协万邦，摒弃暴戾。刚健有为，自强不息。
与时偕进，创新活力。清风遍拂，神州万里。
群情振奋，勃发骐骥。文化名城，通衢如砥。
碧树花团，芬苾争奇。百业兴隆，日新月异。
近悦远来，治平修齐。老养壮用，兆民甘饴。
儒风犹在，先圣故里。慎终追远，奋吾国膂。
继往开来，同德凝聚。东方巨龙，吼啸腾起。
四海擎天，有吾一臂。长鲸吞吐，丹凤鼓翼。
揽月追日，神舟环宇。告慰先祖，盛世在即。
大同世界，四海兄弟。世界和平，假年可期！
伏惟尚飨，为祷为祈！

杨佐仁

2004 年

其二

岁在戊子，节届国庆，时逢中华文化先祖孔子诞辰 2559 年，海内外宾朋，港澳台同胞，世界各地华人华侨，谨备鲜花礼乐，肃立于山东曲阜孔庙大成殿前，恭祭夫子诞辰，文曰：

清风送爽，海晏河清。国泰民安，举世欢腾。
北京奥运，万邦风从。五洲四海，睹我雄风。
世界同运，人类一梦。中华崛起，国和人定。
为政以德，气正风清，有教无类，修齐治平。
国之将兴，听命于民，博我以文，删正六经。
述而不作，信而好古，为之不厌，不倦诲人。
今我立国，秉承遗教：忠孝首善，礼法持恒，
中道不倚，和恕宽容，以和为贵，华夏一统，
万邦和谐，世界和平。盛世再现，小康初成。
见利思义，仁为己任，中和至德，自强不息。
生态环保，天人一行。夫子圣教，百代维新。
孜孜不懈，永秉传承。
伏惟尚飨！

金庸
2008 年

第二节　泰山石敢当习俗

摘要

泰山石敢当习俗是第一批国家级非物质文化遗产项目。

石敢当是中国旧时宅院外或街衢巷口建筑的小石碑。因碑上刻有“石敢当”字样，故名之。石敢当立于街巷之中，特别是丁字路口等路冲处被称为凶位的墙上，从内涵上体现的是人们“保佑家宅平安，祛除妖邪”的心理认知，因此它得到了广泛的传播（图 8–2）。

如今石敢当的习俗已遍布全国，远播海外，在传播过程中逐渐形成了丰富多彩

图 8–2　泰山石敢当

的“泰山石敢当”故事群，在中国民间广为流传，具有见证中华民族文化传统生命力的独特价值。石敢当的“平安”文化内涵，与现实构建和谐社会有着许多相似之处，是一笔巨大的精神财富，具有世界意义。

寻根问底

石敢当习俗起源于上古时期的灵石崇拜，山石被神话为人格，是中国流传较久远、影响地域广大的典型传统民俗文化，属于中国的镇物文化。石敢当习俗分布地区十分广泛，以山东泰山地区为中心，逐渐扩散至日本、韩国及东南亚和世界各地的华侨居住区。

史书中最早记载石敢当的是西汉年间的《急就章》：“师猛虎，石敢当，所不侵，龙未央。”宋代在福建莆田曾发掘出一块唐代大历五年（公元770年）的石刻，上刻有“石敢当，镇百鬼，压灾殃，官吏福，百姓康，风教盛，礼乐昌”。《茶香室丛钞》记载：“国朝王渔洋山人（王世祯）《夫于亭杂录》云：齐鲁之俗，多于村落巷口立石，刻有泰山石敢当五字。”

石敢当先后经历了萌芽、变异和兴盛三个阶段。始兴盛于唐朝，明代以后，石敢当信仰与东岳泰山崇拜紧密结合，由“石敢当”发展到“泰山石敢当”，其功能也经历了从最早的“镇宅”到“化煞”再到“治病”“门神”“辟邪”“防风”等转变。自古以来就有“泰山安则天下安”之说。泰山具有镇乾坤之威力，因此取泰山上的一块小石来镇宅安宅，当然会使鬼邪俱逃。石敢当与泰山联系在一起，盖因如此。

泰山石敢当习俗的主要表现形式是以小石碑（或小石人）立于桥道要冲或砌于房屋墙壁上，上刻（或书）“石敢当”或“泰山石敢当”等字样，以禁压不祥。此俗在民间甚为流行，其象征意义是：以有形的器物表达无形的观念，帮助人们承受各种实际的灾祸危险以及虚妄的神怪鬼祟带来的心理压力，克服各种莫名的困惑与恐惧。镇物民俗文化具有神秘的信俗气息。

“泰山石敢当”因被掺入了“风水止煞”的内核，往往被统治者视为“淫祀”之异端。近代，受西方文明的浸染，石敢当更被视为封建迷信。中华人民共和国成立后，石敢当更是在全社会提倡科学、破除迷信的浪潮中险遭破除。近些年来，随着人们对传统文化的重新评估，国人在批判“泰山石敢当”信俗的负面与糟粕时，也开始关注其所承载的优秀传统文化这一层面，泰山石敢当习俗所承载的精神内涵，又重新得到大力弘扬和保护。

发现价值

1. 文化价值

泰山石敢当作为一种中国民间习俗，所包含的“石敢当，镇百鬼，压灾殃，官吏福，百姓康，风教盛，礼乐昌”的“平安文化”，反映了人们普遍渴求平安祥和的心理认知。现代人仍然有泰山石敢当信仰的民俗存在，说明广大民众从古至今渴求平安吉祥的美好愿望是一致的，因此可以说，泰山石敢当这种民俗现象体现了中华民族的人文精神，具有表现中华民族文化创造力的杰出价值。

2. 思想教育价值

泰山石敢当崇拜源于先民对劳动工具和生产经验的崇拜，它深深植根于民间，与泰山封禅文化交相辉映。平民信仰与帝王崇拜共同组成了国泰民安的泰山文化内涵。泰山石敢当遍布于全球的华人建筑，其避邪厌殃、祈福平安的精神内涵，成了凝聚全球华人情感的又一条纽带。

拓展阅读

泰山石敢当的神话传说——石敢当降妖

传说“石敢当”是住在泰山上的一位壮士，曾从师习武，英勇过人，靠狩猎、打柴为生。

泰安城南的汶口镇有户人家，一对老夫妻只有一个女儿。不知从什么时候开始，每到太阳下山以后，就从东南方向刮来一股妖风直钻姑娘的屋里。天长日久，这个姑娘变得面黄肌瘦，非常虚弱，找了许多医生也治不好她的病。

这时有人说：“看来是妖气缠身，光吃药是治不好的。听说泰山上有个石敢当很勇敢，何不找他来想想办法？”姑娘的父母就备好车马，到泰山去找石敢当。石敢当一请就来了。石敢当说：“这事好办，找来十二对童男童女，一人一面锣，再准备一盆香油，把棉花搓成粗灯芯，还要一口锅、一把椅子，只要这些东西都备齐了，我一定能把妖怪拿住。”他把灯芯放在香油盆里，点燃了油灯。他用锅把盆子扣住，坐在旁边，用脚挑着锅沿，这样，虽然点着灯，但是远处看不到灯光。天黑了，随着一阵呼呼的响声，从东南方向窜出一股妖风。石敢当一脚踏翻锅，油灯立刻放出了耀眼的光芒。十二对童男童女同时敲响了锣。妖怪一进屋，看见了灯光，听到了响声，赶快闪了出去，朝南方逃跑。这股妖风后来到了福建，继续作威作福。福建的一些农户也被妖风缠身，患了重病。人们打听来打听去，听说泰山有个石敢当能驱除妖怪，就把石敢当请到了福建。石敢当用老办法把妖怪赶走了……这妖风又逃到了东北，东北有些姑娘也得了重病，人们又把石敢当请到了东北。

石敢当想：“我赶它一回，它就逃到别处，全国这么大，我怎么跑得过来呢？对，泰山有很多石头，我请石匠在石头上刻上我的家乡和名字——泰山石敢当，谁家闹妖风，就把这石头放在谁家的门外，妖怪就不敢进去了。”

后来，泰山石敢当降妖的事越传越远，为了避邪，人们在盖房子的时候，总是把刻有“泰山石敢当”的石头砌在墙上或放在门口用来避邪。

第三节　春节

摘要

春节是第一批国家级非物质文化遗产项目。

春节，即农历新年，俗称过年。春节起源于殷商时期年头岁尾的祭神祭祖活动，其时间延续长、地域跨度广，节日活动丰富，是我国最重要、最隆重，也是历史最悠久、最热闹的传统节日（图 8-3）。传统意义上的春节一般从腊月二十三的祭灶到正月十五，也有的从腊月初八开始，一直过到正月底，其中以除夕和大年初一为高潮。中国人民过春节已有 4 000 多年的历史。在春节期间，汉族和一些少数民族都要举行各种活动以示庆祝。这些活动均以祭祀祖神、祭奠祖先、除旧布新、迎禧接福、祈求丰年为主要内容。春节的活动丰富多彩，具有浓郁的民族特色。

图 8–3 喜庆春节

时至今日，春节依然是我国最为隆重的佳节。每至除夕，阖家团圆，吃罢“团年饭”，长辈给孩子们分发“压岁钱”，一家人团坐“守岁”。春节的习俗除祀神祭祖等活动有所变淡以外，都完好地得以传承与发展。

寻根问底

中国农历年的岁首称为春节，是中华民族最隆重的传统节日，也象征着团圆、兴旺，对未来寄托新的希望。现代民间习惯上又把春节叫作过年。那么，“年”究竟是怎样来的呢？

关于年的由来，民间主要有两种说法：一种说法是，古时候，有一种叫作“年”的凶猛怪兽，每到腊月三十，便挨村挨户，觅食人肉，残害生灵。有一个腊月三十的晚上，“年”到了一个村庄，适逢两个牧童在比赛牛鞭子。“年”忽闻半空中响起了啪啪的鞭声，吓得逃跑了。它窜到另一个村庄，又迎头望到了一家门口晒着件大红衣裳，它不知其为何物，吓得赶紧掉头逃跑。后来它又来到了一个村庄，朝一户人家门里一瞧，只见里面灯火辉煌，刺得它头昏眼花，只好又夹着尾巴溜了。人们由此摸准了“年”有怕响、怕红、怕光的弱点，便想到许多抵御它的方法，如放鞭炮。于是，逐渐演化成今天过年的风俗。另一种说法是，我国古代的字书把“年”字放禾部，以示风调雨顺，五谷丰登。由于谷禾一般都是一年一熟，所以“年”便被引申为岁名了。

春节在我国由来已久，为庆贺新年，在千百年的历史发展中，各地都形成了一些相传至今较为固定的风俗习惯。

1. 扫尘

据《吕氏春秋》记载，我国在尧舜时代就有春节扫尘的风俗。按民间的说法，因“尘”与“陈”谐音，新春扫尘有“除陈布新”的含义，其用意是要把一切穷运、晦气统统扫出门。这一习俗寄托着人们破旧立新的愿望和辞旧迎新的祈求。每逢春节来临，家家户户都要打扫环境，清洗各种器具，拆洗被褥窗帘，洒扫六闾庭院，掸拂尘垢蛛网，疏浚明渠暗沟，到处洋溢着欢欢喜喜搞卫生、干干净净迎新春的欢乐气氛。

2. 守岁

除夕守岁是最重要的年俗活动之一。守岁之俗由来已久，最早记载见于西晋周处的《风土志》：除夕之夜，各相与赠送，称为“馈岁”；酒食相邀，称为“别岁”；长幼聚饮，祝颂完备，称为“分岁”；大家终夜不眠，以待天明，称曰“守岁”。自汉代以来，新旧年交替的时刻一般为夜半时分。

3. 拜年

春节拜年时，晚辈要先给长辈拜年，祝长辈长寿安康，长辈可将事先准备好的压岁钱分给晚辈，据说压岁钱可以压住邪祟，因为“岁”与“祟”谐音，晚辈得到压岁钱就可以平平安安度过一岁。压岁钱有两种，一种是以彩绳穿线编作龙形，置于床脚，此记载见于《燕京岁时记》；另一种是最常见的，即由家长用红纸包裹分给孩子的钱。压岁钱可在晚辈拜年后当众赏给，亦可在除夕夜孩子睡着时，由家长偷偷地放在孩子的枕头底下。现在长辈为晚辈分送压岁钱的习俗仍然盛行。

4. 贴春联

春联也叫门对、春贴、对联、对子、桃符等，它以工整、对偶、简洁、精巧的文字描绘时代背景，抒发美好愿望，是我国特有的文学形式。每逢春节，无论城市还是农村，家家户户都要精选一副大红春联贴于门上，为节日增加喜庆气氛。这一习俗起于宋代，在明代开始盛行，到了清代，春联的思想性和艺术性都有了很大的提高，梁章钜编写的春联专著《楹联丛话》对楹联的起源及各类作品的特色都作了论述。

春联的种类比较多，依其使用场所，可分为“门心”“框对”“横批”“春条”“斗斤”等。“门心”贴于门板上端中心部位；“框对”贴于左右两个门框上；“横批”贴于门楣的横木上；“春条”根据不同的内容，贴于相应的地方；“斗斤”也叫“门叶”，为正方菱形，多贴在家具、影壁中。

5. 年画

春节挂贴年画在城乡也很普遍，浓墨重彩的年画给千家万户平添了许多兴旺欢乐的喜庆气氛。年画是我国一种古老的民间艺术，反映了人们朴素的风俗和信仰，寄托着他们对未来的希望。年画也和春联一样，起源于“门神”。随着木板印刷术的兴起，年画的内容已不再限于门神之类单调的主题，变得丰富多彩，在一些年画作坊中产生了《福禄寿三星图》《天官赐福》《五谷丰登》《六畜兴旺》《迎春接福》等经典的彩色年画，以满足人们喜庆祈年的美好愿望。我国出现了三个年画重要产地：苏州桃花坞、天津杨柳青和山东潍坊。这三个产地形成了中国年画的三大流派，其年画各具特色。

6. 爆竹

中国民间有“开门爆竹”一说，即在新的一年到来之际，家家户户开门的第一件事就是燃放爆竹，以噼里啪啦的爆竹声除旧迎新。爆竹是中国特产，亦称“爆仗”“炮仗”“鞭炮”。其起源很早，至今已有两千多年的历史。放爆竹可以创造出喜庆热闹的气氛，是节日的一种娱乐活动，可以给人们带来欢愉和吉利。

7. 饮食

北方年夜饭有吃饺子的传统。有的地方除夕之夜吃饺子，有的地方初一吃饺子，北方一些山区还有初一到初五每天早上吃饺子的习俗。按照我国古代记时法，晚上 11 时到第二天凌晨 1 时为子时。“交子”即新年与旧年相交的时刻。饺子就意味着更岁交子，过春节吃饺子被认为是大吉大利。另外，饺子形状像元宝，包饺子意味着包住福运，吃饺子象征生活富裕。

与北方不同，南方的年夜饭通常有火锅和鱼。火锅沸煮，热气腾腾，温馨撩人，红红火火；“鱼”和“余”谐音，象征“吉庆有余”，也喻示着生活幸福，“年年有余”。南方还有一些地方过春节讲究吃年糕，寓意年年高（糕），象征收成一年比一年高，境界一年比一年高。

发现价值

1. 文化价值

春节是一种特殊的文化现象，它在几千年的传承中形成了一个巨大的历史文化传统，是一个包含了音乐、美术、传说故事、传统风俗在内的庞大的文化体系。春节是中华传统文化厚重历史的积淀，也是亿万中国人感情的聚合。

2. 社会价值

春节是中华民族最隆重的传统佳节，同时也是中国人情感得以释放、心理诉求得以满足的重要载体，是中华民族一年一度的狂欢节和永远的精神支柱，是中华民族强大的凝聚力。如今春节期间，人、金融、物资、信息、艺术的大规模流动，带动了文化、商业、交通、旅游、电信、金融、餐饮各行各业全面繁荣，形成了独特的“春节经济”，成为拉动市场经济动力的“快门”。

拓展阅读

传说故事——贴春联和门神

据说贴春联的习俗，大约始于一千多年前的后蜀时期。此外，根据《玉烛宝典》《燕京岁时记》等著作记载，春联的原始形式就是人们所说的“桃符”。

在中国古代神话中，相传有一个鬼域，当中有座山，山上有一棵覆盖三千里的大桃树，树梢上有一只金鸡。每当清晨金鸡长鸣的时候，夜晚出去游荡的鬼魂必赶回鬼域。鬼域的大门坐落在桃树的东北，门边站着两个神人，名叫神荼、郁垒。如果鬼魂在夜间干了伤天害理的事情，神荼、郁垒就会立即发现并将它捉住，用芒苇做的绳子把它捆起来，送去喂虎。因而，天下的鬼都畏惧神荼、郁垒。于是民间就用桃木刻成他们的模样，放在自家门口，以避邪防害。后来，人们干脆在桃木板上刻上神荼、郁垒的名字，认为这样做同样可以镇邪去恶。这种桃木板后来就被叫作“桃符”。

到了宋代，人们便开始在桃木板上写对联，一则不失桃木镇邪的意义，二则表达自己的美好心愿，三则装饰门户，以求美观。又在象征喜气吉祥的红纸上写对联，新春之际贴在门窗两边，用以表达人们祈求来年福运的美好心愿。

为了祈求一家的福寿康宁，一些地方的人们还保留着贴门神的习惯。据说，大门上贴上两位门神，一切妖魔鬼怪都会望而生畏。在民间，门神是正气和武力的象征，古人认为，相貌出奇的人往往具有神奇的禀性和不凡的本领。所以，民间的门神永远都怒目圆睁，相貌狰狞，手里拿着各种传统的武器，随时准备同敢于上门来的鬼魅战斗。由于民居的大门通常都是两扇对开，所以门神总是成双成对。

第四节　农历二十四节气

摘要

农历二十四节气是第一批国家级非物质文化遗产项目。

节气是指二十四时节和气候，是中国古代订立的一种反映太阳运行情况，用来指导农事的补充历法，是汉族劳动人民长期积累经验的成果和智慧的结晶。

中国正统的二十四节气以河南为本，二十四节气按照时间顺序分别为：立春、雨水、惊蛰、春分、清明、谷雨、立夏、小满、芒种、夏至、小暑、大暑、立秋、处暑、白露、秋分、寒露、霜降、立冬、小雪、大雪、冬至、小寒、大寒。

二十四节气是中国古代农业社会劳动人民通过观察太阳周年视运动，认知一年中时令、气候、物候等方面变化规律所形成的知识体系和社会实践，对中国人民的劳动生产生活具有十分重要的现实意义（图 8-4）。

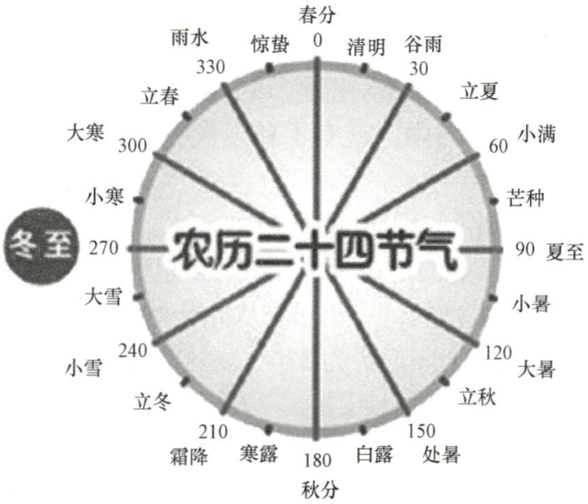

图 8-4　农历二十四节气

寻根问底

二十四节气是我国劳动人民独创的文化遗产，它能反映季节的变化，指导农事活动，影响着千家万户的衣食住行。由于 2 000 年来，我国的主要政治活动中心多集中在黄河流域，二十四节气也就是以这一带的气候、物候为依据建立起来的。由于我国幅员辽阔，地形多变，故二十四节气对于很多地区来讲只是一种参考。

二十四节气是根据太阳在黄道（即地球绕太阳公转的轨道）上的位置来划分的。视太阳从春分点（黄经零度，此刻太阳垂直照射赤道）出发，每前进 15° 为一个节气；运行一周又回到春分点，为一回归年，合 360° ，因此分为 24 个节气。节气的日期在阳历中是相对固定的，如立春总是在阳历的 2 月 3 日至 5 日之间。但在农历中，节气的日期却不大好确定。再以立春为例，它最早可在上一年的农历十二月十五日，最晚可在正月十五日。

早在春秋战国时代，我国人民就有了日南至、日北至的概念。随后人们根据月初、月中的日月运行位置和天气及动植物生长等自然现象之间的关系，把一年平分为二十四等份，并且给每等份取了个专有名称，这就是二十四节气。到战国后期成书的《吕氏春秋》“十二月纪”中，就有了立春、春分、立夏、夏至、立秋、秋分、立冬、冬至等八个节气名称。这八个节气，是二十四个节气中最重要的节气。这八个节气标示出季节的转换，清楚地划分出一年的四季。《淮南子》一书中，就有了和现代完全一样的二十四节气的名称。

立春：斗指东北。太阳黄经为315°。立春是二十四个节气的第一个节气。其含义是开始进入春天，“阳和起蛰，品物皆春”，过了立春，万物复苏生机勃勃，一年四季从此开始了。

雨水：斗指壬。太阳黄经为330°。这时春风遍吹，冰雪融化，空气湿润，雨水增多，所以叫雨水。人们常说：“立春天渐暖，雨水送肥忙。”

惊蛰：斗指丁。太阳黄经为345°。这个节气表示“立春”以后天气转暖，春雷开始震响，蛰伏在泥土里的各种冬眠动物将苏醒过来开始活动，所以叫惊蛰。这个时期过冬的虫排卵也要开始孵化。我国部分地区进入了春耕季节。谚语云：“惊蛰过，暖和和，蛤蟆老角唱山歌。”“惊蛰一犁土，春分地气通。”“惊蛰没到雷先鸣，大雨似蛟龙。”

春分：斗指壬。太阳黄经为0°。春分日太阳在赤道上方。这是春季90天的中分点，这一天南北两半球昼夜时长相等，所以叫春分。这天以后太阳直射位置便向北移，北半球昼长夜短。春分是北半球春季开始。我国大部分地区越冬作物进入春季生长阶段。各地农谚有：“春分在前，斗米斗钱”（广东）；“春分甲子雨绵绵，夏分甲子火烧天”（四川）；“春分有雨家家忙，先种瓜豆后插秧”（湖北）；“春分种菜，大暑摘瓜”（湖南）；“春分种麻种豆，秋分种麦种蒜”（安徽）。

清明：斗指丁。太阳黄经为15°。此时气候清爽温暖，草木始发新枝芽，万物开始生长，农民忙于春耕春种。从前，在清明节这一天，有些人家都在门口插上杨柳条，还到郊外踏青，祭扫坟墓，这是古老的习俗。

谷雨：斗指癸。太阳黄经为30°。谷雨就是雨水生五谷的意思，由于雨水滋润大地五谷得以生长，所以，谷雨就是“雨生百谷”。谚云“谷雨前后，种瓜种豆”。

立夏：斗指东南。太阳黄经为 45° 。立夏是夏季的开始，从此进入夏天，万物生长旺盛。习惯上把立夏当作气温显著升高，炎暑将临，雷雨增多，农作物进入旺季生长的一个重要节气。

小满：斗指甲。太阳黄经为 60° 。从小满开始，大麦、冬小麦等夏收作物，已经结果、籽粒饱满，但尚未成熟，所以叫小满。

芒种：斗指已。太阳黄经为 75° 。这时最适合播种有芒的谷类作物，如晚谷、黍、稷等。过了这个时候再种有芒的作物就不好成熟了。同时，“芒”指有芒作物，如小麦、大麦等，“种”指种子。芒种即表明小麦等有芒作物成熟。芒种前后，我国中部的长江中、下游地区，雨量增多，气温升高，进入连绵阴雨的梅雨季节，空气非常潮湿，天气异常闷热，各种器具和衣物容易发霉，所以在我国长江中、下游地区叫“黄梅天”。

夏至：斗指乙。太阳黄经为 90° 。太阳在黄经 90° “夏至点”时，阳光几乎直射北回归线上空，中午太阳最高。这一天是北半球白昼最长、黑夜最短的一天，从这一天起，进入炎热季节，万物在此时生长最旺盛，所以古时候又把这一天叫作日北至，意思是太阳运行到最北的一日。过了夏至，太阳逐渐向南移动，北半球白昼一天比一天缩短，黑夜一天比一天加长。

小暑：斗指辛。太阳黄经为 105° 。天气已经很热，但不到最热的时候，所以叫小暑。此时已是初伏前后。

大暑：斗指丙。太阳黄经为 120° 。大暑是一年中最热的节气，正值二伏前后，长江流域的许多地方，经常出现 40℃高温天气。这个节气雨水多，有“小暑、大暑，淹死老鼠”的谚语，要注意防汛防涝。

立秋：斗指西南。太阳黄经为 135° 。春华秋实，是植物快成熟的意思。从这一天起秋天开始，秋高气爽，月明风清。此后，气温由最热逐渐下降。

处暑：斗指戊。太阳黄经为 150° 。这时夏季火热已经到头了，暑气就要散了。它是温度下降的一个转折点，是气候变凉的象征，表示暑天终止。

白露：斗指癸。太阳黄经为 165° 。天气转凉，地面水汽结露最多。

秋分：斗指已。太阳黄经为 180° 。秋分这一天同春分一样，阳光几乎直射赤道，昼夜几乎相等。从这一天起，阳光直射位置继续由赤道向南半球推移，北半球开始昼短夜长。依我国旧历的秋季论，这一天刚好是秋季 90 天的一半，因而称秋分。但天文学上规定，北半球的秋天是从秋分开始的。

寒露：斗指甲。太阳黄经为 195° 。白露后，天气转凉，开始出现露水，到了寒露，则露水日多，且气温更低了。所以，有人说，寒是露之气，先白而后寒，是气候将逐渐转冷的意思。而水汽则凝成白色露珠。

霜降：太阳黄经为 210° 。天气已冷，开始有霜冻了，所以叫霜降。

立冬：太阳黄经为 225° 。习惯上，我国人民把这一天当作冬季的开始。冬，作为终了之意，是指一年的田间操作结束了，作物收割之后要收藏起来。

小雪：太阳黄经为 240° 。气温下降，开始降雪，但还不到大雪纷飞的时节，所以叫小雪。小雪前后黄河流域开始降雪（南方降雪还要晚两个节气），而北方已进入封冻季节。

大雪：太阳黄经为 255° 。大雪前后，黄河流域一带渐有积雪；而北方，已是“千里冰封，万里雪飘”的严冬了。

冬至：太阳黄经为 270° 。冬至这一天，阳光几乎直射南回归线，北半球白昼最短，黑夜最长，开始进入数九寒天。天文学上规定这一天是北半球冬季的开始。而冬至以后，阳光直射位置逐渐向北移动，北半球的白天就逐渐长了，谚云：“吃了冬至面，一天长一线。”

小寒：太阳黄经为 285° 。小寒以后，开始进入寒冷季节。冷气积久而寒，小寒是天气寒冷但还没有到极点的意思。

大寒：太阳黄经为 300° 。大寒就是天气寒冷到了极点的意思。大寒前后是一年中最冷的季节。大寒正值三九，谚云：“冷在三九。”

大寒以后，立春接着到来，天气渐暖。至此地球绕太阳公转一周，完成了一个循环。

发现价值

1. 文化价值

农历二十四节气这一非物质文化遗产十分丰富，其中既包括相关的谚语、歌谣、传说等，又有传统生产工具、生活器具、工艺品、书画等艺术作品，还包括与节令关系密切的中国节日文化、生产仪式和民间风俗。二十四节气是古代中国农业文明的具体体现，具有很高的农业历史文化研究价值。

2. 社会价值

二十四节气的制定，综合了天文学和气象学以及农作物生长特点等多方面的知识，它比较准确地反映了一年中的自然力特征，所以至今仍然在农业生产中发挥着作用，具有重要的现实指导意义。

拓展阅读

二十四节气歌

春雨惊春清谷天，夏满芒夏暑相连。
秋处露秋寒双降，冬雪雪冬小大寒。
每月两节不变更，最多相差一两天。
上半年六、廿一，下半年八、廿三。
每节分为三物候，每一物候为五天。
一季三月孟仲季，每季六节亦不变。
太阳黄经定气温，七十二候跨全年。
各候名称很形象，草木鱼虫生态变。

注释：二十四节气是中国古代（黄河中下游地区）用来指导农事活动的物候历。以5日为候，3候为气，6气为时，4时为年，一年分二十四节气，共72候，每候有一种相应的物候现象，即候应。

非遗传承活动

活动一　传统节日民俗体验

随着社会的发展变化，春节的许多习俗已经被人们淡化了，很多人觉得现在过春节没有了原来的热闹和期待，少了一些仪式感。通过组织本次活动，指导学生在春节中体验舞狮、剪窗花、包饺子、贴对联、放鞭炮等春节民俗，感受传统春节的节日氛围。

活动二　互动交流

请同学们谈谈家乡有哪些特色的民俗，通过互动交流看看不同地区在民俗方面有哪些异同。

第九章
孔孟之乡民间音乐、舞蹈与曲艺

阅读提示：

几千年来，我国各族人民在长期的劳动中创造出了丰富多彩的表演艺术形式。早在原始社会时期，中国就有了表演艺术的雏形，原始人类在狩猎中为召集同伴发明了口哨，这就是中国最早的表演艺术——杂技的萌芽。从《诗经》中记载的三百余首诗篇中可以看出，中国人早在西周以前就懂得用歌来表达自己的情感。民间音乐与民间舞蹈成为中华非遗文化闪亮的明珠。

表演艺术是通过人的演唱、演奏或人体动作、表情来塑造形象、传达情绪和情感从而表现生活的艺术。中国戏曲、木偶戏、皮影戏、杂技表演、中国民乐、中国曲艺以及少数民族的舞蹈和戏剧等都是中国传统表演艺术中的精品，每种艺术形式又有很多不同的流派和风格，千姿百态，色彩迥异。其中，传统音乐、传统舞蹈、传统戏剧和曲艺是中国非物质文化遗产中的重要类别，可以归入联合国教科文组织《保护非物质文化遗产公约》中的非物质文化遗产第二类"传统表演艺术"。本章重点介绍鲁西南鼓吹乐、山东秧歌、阴阳板、山东梆子、山东大鼓等五个项目。

第一节　鲁西南鼓吹乐

摘要

鲁西南鼓吹乐是第一批国家级非物质文化遗产项目。

鼓吹是由民间吹奏乐器与打击乐器配合演奏的一种民间器乐种类。山东的鼓吹乐主要有鲁西南鼓吹、鲁中南鼓吹、鲁北鼓吹和鲁东鼓吹 4 个流派。鲁西南鼓吹乐（图 9-1）是一种以唢呐为主奏的山东省汉族民间器乐，它以嘉祥鼓吹乐为典型代表，主要分布在山东省济宁、枣庄、菏泽三市及周边地区。

鲁西南鼓吹乐主要依赖节日庆典、婚丧嫁娶等民俗活动而存在，是山东鼓吹乐中最重要最具有代表性的一部分，鲁西南在我国享有"唢呐之乡"的盛誉。

图 9-1　鲁西南鼓吹乐

寻根问底

鲁西南鼓吹乐是山东鼓吹乐的重要流派，是一种以唢呐为主要演奏乐器的民间艺术形式。

关于鲁西南鼓吹乐最早的史料记录，是建造于东汉末年武氏祠内的画像刻石，武氏祠有六块石刻碑淋漓尽致地体现了当时鼓吹乐舞曲的场面，其中左石室第三石有幅完整的鼓吹乐舞场面，五老洼第 16 石中的鼓吹乐演奏中已经出现了排箫、竽（笙）、笛、角鼓等鼓吹乐中的基本乐器。据嘉祥县志记载，1582 年（明万历十年），以吹奏唢呐誉满京城的宫廷乐师赵庭音随户部员外郎张纶来嘉祥大张楼于庙定居，赵庭音办学亲授，促进了鲁西南鼓乐曲的发展。中华人民共和国成立后，嘉祥涌现出一批著名唢呐演奏家，任同祥、曹瑞启、曹体景等多次出访国外传授技艺，曾多次为党和国家领导人做专场演出，受到赞扬并合影留念，奠定了鲁西南鼓吹乐在我国音乐艺术界的历史地位。

鲁西南鼓吹乐种类繁多，按演奏功能分为一般乐队（吹奏乐队）、祭祀乐和拜鼓乐三种形式。一般乐队（吹奏乐队）以一枝木杆唢呐为主要乐器，配以笙、笛伴奏，用于一般红白事，主要曲目有《五字开门》《六字开门》。祭祀乐演奏形式有两支中音唢呐（俗称对大笛），两架扁鼓、大鼓、点子、云锣，并配以铜鼓，主要用于旧时大户人家祭祀，气势宏大，曲目以套曲为主。拜鼓乐用一支铜唢呐，配以闷子、磬、铛铛、扁鼓等，这种鼓吹乐古朴典雅，庄严肃穆，用于丧事祭奠“二十四拜礼”。鲁西南鼓吹乐曲目丰富，初步挖掘整理出传统曲目200余首，已收入《中国民乐集成·山东卷》31首，沿用至今常用的有50余首。

鲁西南鼓吹乐具有广泛的群众性，分布区内，几乎每个乡镇都有3～5个鼓吹乐班，村村都有鼓吹乐演练人员。演奏队伍多至数十人，少则三五人皆可。人员多为农民，以农为主，适时从艺。

鲁西南鼓吹乐曲目雅者可为专业音乐会曲目，俗者可作街头、庭院即时演奏。大型演奏队伍打击乐比例偏多，古朴庄重，以演奏祭祀套曲为主；小型队伍行动灵活，以吹为主，风格细腻，多演奏小曲儿，自由加花，即兴演奏，以技巧见长。

鲁西南鼓吹乐是我国古代鼓吹乐的延续与发展。就乐器而言，经数代人逐渐改造而日趋完善，有的乐器已成为我国民族乐队中不可缺少的乐器；就曲目而言，经多代人演奏，逐渐完善，有的已成为我国民族音乐中不朽的曲目。

经多代民间艺术家的口传心授，鲁西南鼓吹乐的演奏技法有了逐步提高，其更具科学性，更加规范化。

发现价值

1. 艺术价值

鲁西南鼓吹乐风格独特，质朴豪放，高亢激昂，具有较高的艺术价值，得到专家和广大群众的喜爱。

2. 社会价值

鲁西南鼓吹乐这种普及面较广的民间艺术已经由婚丧嫁娶活动中的演奏，逐步扩展到大型节日联欢、开业庆典、参军升学、丰收喜庆等场合的演奏，为丰富城乡文化生活、满足群众文化需求起到了一定的作用。

拓展阅读

伊双来：吹出来的“旗帜”人物

嘉祥素有“唢呐之乡”的美誉，民间亦有“走进嘉祥县，唢呐声不断”的顺口溜。从1582年宫廷乐师赵庭音定居嘉祥县大张楼于庙算起，鼓吹乐在这里已有400多年的历史。据介绍，嘉祥鼓吹乐的艺术风格大体分为五大流派：以杨兴云为代表的“杨家班”，以曹瑞启为代表的“曹家班”，以任同祥为代表的“任家班”，以赵兴玉为代表的“赵家班”，以贾传秀为代表的“贾家班”。说起鲁西南鼓吹乐在民间的代表人物，嘉祥县文化馆馆长刘奉涛说，老一辈的鼓吹乐艺人流传一句话——“坐着吹不过袁志文，站着吹不过伊正银”，而伊正银的儿子，就是目前鲁西南鼓吹乐的代表人物伊双来。

伊双来8岁开始学习吹唢呐，15岁开始领班独奏，17岁开始随嘉祥县演出队伍演出，19岁参加济宁地区庆祝十一大汇报演出。当时，他卖了干粮当路费，不断参加县里组织的各类文艺演出。全县的敬老院、马村镇的大小会议和庆典都留下了伊双来忙碌的身影。参加演出的时候，他给自己定下一条硬规矩——凡是公事一律不收费。伊双来说：“我幼年丧父，是吃百家饭长大的。”他是怀着一颗“报恩”的心来为社会奉献点力量。

伊双来开始学习吹唢呐时曾遭到叔叔的反对。9岁时，他随父亲的朋友魏先生到邻村看戏。台上有一位负责敲梆子的演员，几番努力后仍然找不到音准。按捺不住寂寞，他登台夺下梆子，并且还跟上了其他演出人员的节奏。他的举动得到魏先生的肯定，也改变了叔叔对他学吹唢呐的看法。随着年龄的增长，他的吹奏技艺日臻成熟，但是他仍然坚持到邻村、邻乡找戏听。15岁那年，他经常跑上18里路到梁宝寺镇观看骑马娶亲。为了看演出，他有时顾不上吃饭，丢下劳动工具就往外跑。当时为了听上一场“两家弦”，他花两个小时的时间独自跑到菏泽地区，并且当晚返回。伊双来说：“那时自己满脑子里都是曲子，有时候连做梦都在琢磨如何吹曲子。”

1983年，为了照顾家人，他回到养育他的家乡。返乡劳作的他并没有放弃唢呐艺术，而是不断摸索创新，并逐渐练就“火烧葡萄架”“二龙吐须”等四个绝活。其中“二龙吐须”堪称鲁西南一绝。1990年，伊双来参加济宁市春节唢呐调演，凭借一曲《万马奔腾迎新春》获得最佳演奏奖。1992年，参加山东省首届农民文化艺术节，他演奏的《开门了》获得民族器乐比赛金奖。随后，伊双来又参加了1995年国际孔子文化节和山东省1996年齐鲁广场艺术展演活动。其间，他的唢呐艺术受到一位巴基斯坦友人的赞誉。2000年2月，他参加《拜鼓曲》的集体演奏，并获得第九届"群星奖"。2007年3月，作为表演嘉宾，伊双来参加了在嘉祥县举办的山东省首届农村文化艺术节吹打乐决赛。

鲁西南鼓吹乐于2006年入选第一批国家级非物质文化遗产，唢呐艺术这门传统艺术再次受到重视。培养继承人已成为他面临的难题，伊双来表示，为了传承祖辈留下的民间艺术，自己一直打算物色一个有艺术潜力的青年作为他的继承人，然而到目前为止仍没找到合适的人选。

第二节　山东秧歌

摘要

秧歌是第一批国家级非物质文化遗产项目。

秧歌是中国（主要在北方地区）广泛流传的一种极具群众性和代表性的民间舞蹈的类称，不同地区有不同的风格样式（图9-2）。现在所说的秧歌一般指"地秧歌"和"高跷秧歌"。山东的民间舞蹈形式纷繁多彩，其中鼓子秧歌、海阳秧歌、胶州秧歌并称为山东三大秧歌。鼓子秧歌大气磅礴，是一种在广场上表演的大型群众性民间舞蹈；海阳秧歌古朴粗犷，是一种综合性民间舞蹈形式；胶州秧歌"三弯九动十八态"，是一种舞、戏结合的秧歌小戏。山东三大秧歌在历史的长河里历经几百年的传承与演变，透射出山东人民鲜明而独具特色的生活习俗与精神风貌，浓缩了千百年来齐鲁大地的习俗风尚，承载着齐鲁儿女淳厚而丰富的人文历史内涵。

图9-2　秧歌表演

寻根问底

山东民间舞蹈纷繁多彩，在众多舞蹈艺术形式中，鼓子秧歌、海阳秧歌、胶州秧歌脱颖而出，这是因为它们各具特色，代表了山东地区民间舞蹈的不同风格与发展阶段。鼓子秧歌形式完整、组织严密、技术性强；海阳秧歌带有综合性质，古朴、粗犷；胶州秧歌已具地方民间小戏的雏形。它们都表现人重信义、性格刚直、坚忍、豁达的齐鲁古风。

1. 古风遗韵、大气磅礴——鼓子秧歌

鼓子秧歌是在广场上表演的大型群众性民间舞蹈，流传于商河、惠民、临邑、禹城、乐陵等县农村，以商河、惠民两地最为盛行。

鼓子秧歌最初发源于济南商河县，有 2 000 多年的历史，据记载，汉鸿嘉四年（公元前 17 年）河堤都尉许商开凿商河，祝河竣工民众自发鼓伞齐舞以示庆贺。鼓子秧歌是当地民间为庆丰收而载歌载舞的一种民间艺术形式。每年的元宵节是鼓子秧歌演出活动的高潮日。秧歌队伍庞大，人数众多，角色各异，锣鼓齐鸣，热闹非常。

按当地旧俗，正月十五夜晚，秧歌队先到村头的土地庙前表演，去的路上有专人向道路两旁抛撒香包、小米、纸钱，然后点燃，一路灯火，人们称之为“祭香包”或“点路灯”。秧歌队先在庙前设案摆供，叩头祭祀，并表演鼓子敬献神灵、先祖后，才回村开始正式表演。这种风俗是古代延续下来的请神祭神活动，包含着人们驱邪照明、祈求丰年的美好心愿。

鼓子秧歌的演出中，人员分为表演和乐队两部分。演出队扮演的角色，根据其所用道具与扮演形象的不同而有伞、鼓、棒、花以及其他角色，角色都是双数，并有一定比例，以适应场面图形的变化。其中，伞有头伞与花伞之分，头伞是指挥变化各种场面队形时的领头人。花伞是带领“花”（女角）走不同队形路线的人。鼓，亦称鼓子，演员持鼓击打起舞，如戏曲中勇士的形象，英俊潇洒。棒，亦称棒槌。演员持双棒击打、绕耍、挥舞，如戏曲中的武生形象。花，妇女形象，两手持折扇、绸巾等道具表演，旧时往往是男性身着女亲属的头饰、服装进行表演。乐队人数不等，主要以大鼓、大锣、铙钹、镲、旋子等打击乐器。大鼓为一面，起到指挥的作用，其他的可多可少。

鼓子秧歌的表演形式分为行进表演与广场上表演两种，前者俗称“街筒子”，后者称为“跑场”或“场子”。每次演出大概分为探马进庄、鞭炮相迎、辟场献艺、拨花显能、煞鼓尺兴五个程序。

鼓子秧歌的舞蹈风格呈现出雄浑、磅礴的气势。三四斤重的鼓子套在手腕上，托、抡、撩、劈；跑、转、跳、蹲地不停舞动，没有健壮的体魄与耐力是无法完成的，因此鼓子秧歌展现出了当地群众强壮的体魄、刚毅的性格，与所使用的道具融会成磅礴的气势，形成英武、矫健的形象和特有的风格韵律，充分展示出山东好汉的英雄气概，表现出山东人民勇于革命的精神。

2. 古朴粗犷、气势恢宏——海阳秧歌

海阳秧歌，是综合性的民间舞蹈形式，在海阳地区农村中普遍流传。海阳地处胶东半岛，位于烟台、青岛、威海三市的中心地带，绵延230余千米的海岸线，孕育了古朴豪放的渔家人，更创造了独具地域特色的渔家文化。海阳沿海的渔民每年以秧歌祭海的形式庆贺新年，祈福纳祥。

海阳秧歌的历史，据现有资料可追溯到明初。凤城镇建设村赵炳书家藏《赵氏谱书》记载：“二世祖赵（通）世袭（大嵩卫）指挥镇舞诰封武略将军。明洪熙一年，欣逢五世同堂，上赐‘七叶行祥’金额，悬匾谷旦，诸位指挥偕缙绅光临赐贺，乐舞生闻韶率其创练之秧歌，舞唱于庭，其乐融融。”洪熙一年为公元1425年，可见当时已有秧歌活动于今海阳凤城。据上所述，海阳秧歌源于汉，创于明，兴于大嵩卫（今凤城）。海阳秧歌的兴盛时期大致在清朝中期，即雍正十三年（公元1735年）裁大嵩卫设海阳县以后。

海阳秧歌是包括道具舞蹈、扮演人物、民间小戏等表演形式在内的综合形式。其表演形式分为行进与广场两种。行进表演以两路纵队为主，各组成部分对舞前进，节奏先慢后快，变换不多。广场表演别具一格，大型的场面变化虽然不多，但各组成部分可以自成画面，灵活机动。

海阳秧歌的人物角色主要有大夫、花鼓、货郎、翠花。大夫，亦称药大夫，是全队表演与队形变化的指挥者，一般为两名，反穿皮袄或穿长衫戴礼帽，持雨伞、拂尘在秧歌队的最前面起舞。花鼓，勇士打扮，肩上斜挎一鼓，可灵活舞动，表演时将鼓托起，甩、摆、击打，气势雄伟，一般为4~12人。货郎，穿大褂，戴礼帽，左手持长杆制成的扇形货架，下端插于腰间，右手持折扇与翠花对舞，一般为 2~4 人。翠花，亦称腊花，着花袄裤，村姑打扮，持折扇表演，人数与货郎相呼应。整个表演过程由土炮鸣礼、三进三退、群艺争辉、小戏尽兴等部分组成。

古朴、粗犷的风格，灵活自如的表演形式，是海阳秧歌的主要特点。其在舞蹈动势上强调欲动先提和“流动性”，如大海般奔放洒脱。其在节奏上，表现出“一惊一乍”，变化多且快的特点。海阳秧歌是在自给自足的小农经济基础上产生并形成的，其形式中既有古风，又吸收了外省的表演形式。海阳秧歌虽是群众娱乐的艺术形式，但强调仪礼，人人自觉遵循，处处体现出团结融洽的气氛，这是其他秧歌形式中不多见的。

3. 舞戏相融、兼容包并——胶州秧歌

胶州秧歌又称“地秧歌”“跑秧歌”，民间称之为“扭断腰”“三道弯”，是流传于胶州湾一带农村的秧歌小戏，以胶县城附近的东小屯、南旺、后屯等村最为盛行。它是在演唱秧歌的基础上吸收了外来形式而形成舞、戏结合的表演形式。

胶州秧歌有 230 多年的历史，清代胶州包烟屯赵姓、马姓两家于 1764 年逃荒关东，沿途乞讨卖唱，逐渐形成一种边舞边唱的形式。返回故乡后，经多年相传，不断改进，到 1863 年胶州秧歌便基本成型，舞蹈、唱腔、伴奏均有一定程式。

胶州秧歌的表演形式分为大场与小戏两部分，跑大场与一般秧歌相同，小戏则专门演小戏，两者除服饰相同外，没有内在的联系。胶州秧歌中所扮演的主要人物有鼓子、棒槌、翠花、扇女、小嫚、膏药客。其中，鼓子原是挎鼓表演，后改为水袖，扮成 40 多岁的中年人，有如戏曲中的老生。棒槌，为持双棒表演的年轻人，扮如戏曲中的小生、武生。翠花，持折扇，舞动时并不打开，扮如青衣。扇女，持折扇，舞时将折扇打开，表现年轻妇女形象，扮如花旦，舞姿优美。小嫚，为小姑娘持团扇表演，活泼伶俐。膏药客，穿大褂、戴礼帽，持伞与虎撑，说些插科打诨的话，引人发笑，如戏曲里的丑角。

胶州秧歌的伴奏乐器除唢呐、锣鼓外，还加入了演出戏曲用的板鼓、拍、板、堂鼓等乐器。其演出场地可在广场，也可以搭台表演，因地而宜。其表演内容可分为“跑场引人”“膏药客打诨”“乡土小戏”等。演出前先打几通锣鼓招徕观众，然后开始跑大场，场面是一般秧歌队常用的摆队、十字梅、四门斗、绳子头等。跑大场后膏药客上场，调节气氛，并让演员休息，以便后面的小戏演出。小戏中，“闯关东”已无人能演出，目前常演的传统剧目有“拉磨”“顶灯”“双拐”“打灶王”等。

胶州秧歌示范

当地老艺人用“抬重、落轻、走飘，活动起来扭断腰”来形容胶州秧歌的动律与风韵。舞蹈家们将胶州秧歌的动律归纳为“脚拧、扭腰、小臂绕 8 字、手推、翻腕的有机配合”，这些动律特征的形成，与过去演员脚下踩着“跷板”表演不无关系。值得一提的是，胶州秧歌在体态上最为重要的一个特点为“三道弯”，即演员舞动时，头部、胯部、膝部呈现三道弯折，犹如“S”形，充分展现了山东女性含蓄内敛的气质和优美的体态。

发现价值

1. 艺术价值

山东三大秧歌是中国民间舞蹈艺术的重要组成部分，它们发源于乡间，是山东各地市民间舞蹈艺术的典型代表。它们曾活跃在广大农村和乡镇的田间地头，极大地丰富了人们的精神世界，现已向城市发展和推进，传递着山东人民朴实的生活热情和人生态度。从艺术起源的角度来看，秧歌艺术最初是民间祭祀活动之一，后来发展成为民间地方戏，到如今发展成为民间舞蹈艺术、民俗艺术，具有很高的研究价值、艺术传承和审美价值。

2. 文化价值

随着社会的发展，山东三大秧歌的形式与内容都在不断发生变化，人们对于秧歌的喜爱为秧歌的延续奠定了牢固的基础。目前，山东三大秧歌均已被北京舞蹈学院民族民间舞系编为大系教材，成为必修科目。

3. 思想教育价值

山东秧歌是山东人民集体智慧和创造精神的体现，在现实中，山东秧歌鲜明地展现了海阳农村百姓的精神风貌和性格特征，是一方地域文化的重要组成部分，对于丰富群众的文化生活、构建和谐社会起到了重要的促进作用。

拓展阅读

胶州秧歌具有鲜明的风格特色和动律特征，“三道弯”是胶州秧歌的基本体态，“拧、碾、抻、韧”是其重要的动态特点。胶州秧歌有着广泛的群众基础，动作大方，简单易学，中国著名的民间舞艺术家张荫松先生评论山东秧歌为“中国的街舞”。

下面就请大家学习一下胶州秧歌的基本动作——正丁字拧步，通过舞蹈动作的学习，大家能更好地感受山东秧歌的独特魅力。

1. 胶州秧歌道具的使用

（1）左手持巾（图 9–3）。

（2）右手握扇（图 9–4）。

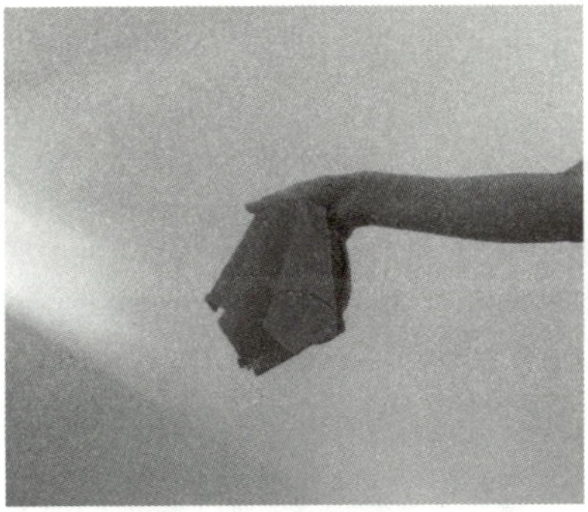

图 9–3　左手持巾

图 9–4　右手握扇

2. 胶州秧歌的基本体态

右腿重心，左脚在前，脚跟着地，脚尖内扣，双膝并拢微屈，双手背后，腰向左回拧，呈“三道弯”体态（图 9–5）。

3. 原地正丁字拧步

节拍 2/4（中速），四拍完成。

准备：站小八字位。

Da：双膝并拢微屈，右扣脚沿左脚擦出至脚尖前，向右拧腰。

1 ~ 2 拍：左脚掌推移重心至右脚跟，

图 9–5　“三道弯”体态

同时碾右脚跟使脚尖经 8 点至 2 点，腰随脚下运动向左回拧。

3 ~ 4 拍：右脚碾脚跟移重心至左脚掌，按原路返回至 Da 拍体态。

提示：正丁字拧步是由脚下的拧动，促使膝盖的转动，带动腰部的扭动，形成自上而下的三道弯儿。脚下的拧动，强调的是主力腿的脚掌追动力腿的脚跟，强调的是碾劲儿，膝部的转动要求主力腿的膝盖追动力腿的膝盖，并且有一个自上而下的动势，强调的是钻碾劲儿。腰部的扭动强调的是对抗力，双膝往右拧，腰往左回，双膝往左拧，腰往右回，主力腿的膝盖往下沉，主力腿的腰相应要往上提。这样有一个交叉的对抗力，对抗力需要韧劲儿来完成。

第三节　阴阳板

摘要

阴阳板是山东省第一批省级非物质文化遗产项目。

阴阳板是祭神求雨的民间舞蹈（图 9-6），流传于邹城城东八里沟一带，因是两板相击而舞，故又名“打阴阳”，已失传 40 多年。阴阳板是传统的民间艺术，在济宁一带具有较高的知名度，有着广泛的影响。所谓“阴阳板”，其实是一长一短两块柳木板。长板为阴，短板为阳。表演时两人一对，一男一女，队伍少则百余人，多则数千人。

图 9-6　阴阳板

传说“八仙过海”中的曹国舅，手持两块神通广大的木板，一阴一阳，专门用来调节世间“阴阳”，为民造福。后来人们为求消灾免祸，驱恶辟邪，讨得曹国舅兴高采烈、手舞足蹈，故成此舞，取名“阴阳板”舞，至今已历经 400 余年。

寻根问底

“阴阳板”是邹城山区人民在长期的农耕生活和劳作习俗中形成的以祭祀天地神灵、迎春祈雨为目的的祭祀性舞蹈。

相传古时候某一年麦收前，天下大旱，麦田焦透，人畜无饮。恰逢八仙巡游到此，看到民不聊生，顿生怜念。曹国舅命人在山上搭起神棚，将一棵柳树劈开，让两个青年人各持一半，赤足裸胸来回对击，又吩咐众百姓手举柳条朝天挥舞。即时，风起云涌，电闪雷鸣，大雨倾盆，须臾之间，河满井溢，地润物丰。人们欢呼跳跃，共庆喜雨。为感谢神仙，百姓依样模仿，载歌载舞，逐渐演变成一种具有鲜明地方特色的民间舞蹈“阴阳板”。

阴阳板表演人数不限，但要求男女各半。男子赤胸，身披“八卦带”，下着灯笼裤，黑布鞋。女子扎头巾，大襟褂，彩裤配黑围裙，绣鞋。

表演首先是请神。队伍布置格局严密，前面是旗锣伞扇开道，旗有龙、凤、黑虎、彩旗。旗队后是锣鼓队，再后就是阴阳板表演队伍。表演者手持阴阳板在锣鼓声中不停地打击，表演各种动作和图案。表演队伍后面是八抬神轿，轿夫光头裸胸赤足。一般请的神有如来、关公、杨二郎、孙大圣等。神轿后面是抬供品的队伍和欢奏乐队，最后面是一手持香、一手举柳枝挥舞的祭祀队伍。请来神后，安置到事先搭建好的神棚里供奉。

阴阳板表演分为行进和场子。行进是在请、送神的路上进行的表演内容。行进主要是跑出各种阵形，如“四过街”“二龙盘柱”“登天梯”“围双龙”“跑太极”“串连环”“双串环”“捆麻花” “万花筒”等。场子表演是在神棚前的开阔场地上进行的，表演者双手持板，不停地打击和搓击，发出两种不同的声音，谓之“阴阳声”。同时加入各种杂耍动作和男女逗情动作表演，气氛活跃。场子的基本动作有“保佑步”“观天步”“跳转步”“后退步”“三步一踮”“追逐步”“蹦蹦步”。男女对舞的动作有“惊天动地”“阴阳嬉戏”“飞龙戏水”“阴阳对脚”“连襟”“阴阳合”“驱邪恶”等。

阴阳板动作憨厚大方，粗犷奔放，又不乏细腻灵活；其瞬间排列出的各种阵形也令人叫绝。阵形有“双环阵”“双扣花”“降祥云”“龙展目”“打四方”“龙卷风”“龙吐须”“喜迎雨”“四鱼斗”“闹龙宫”“二龙戏水”“唤雨阵”“唤风阵”“跑四门”“天地合”等。黑虎旗旗手根据需要指挥乐队和表演者，并负责“叫阵”。“叫阵”即报阵名。如黑虎旗手叫“龙展目”，表演者即跑“龙展目”阵形，乐队随之伴奏。

另外，“行进”表演路上若遇到开阔场地，有人焚香放鞭炮添彩时，队伍可以即兴转入“场子”表演。

发现价值

1. 艺术价值

阴阳板集音乐、舞蹈等艺术形式于一体，其鲜明的宗教色彩、简洁的表演装束、独特的演出道具、奔放的舞蹈动作、粗犷的伴奏音乐，都带有浓厚的鲁南地方特色。

2. 社会价值

整个舞蹈节奏鲜明，古拙朴实，豪放壮观，充分表现出劳动人民朴素虔诚的信仰和对幸福生活的孜孜追求。

拓展阅读

阴阳板传承人——杨成举

杨成举（1950—2009），男，汉族，山东省邹城市香城镇人。1972 年加入中国共产党，1968 年 3 月参加工作，原邹城市豫剧团团长。系山东省舞蹈家协会会员，济宁市舞蹈家协会副主席。

1949 年后，艺人们对阴阳板舞进行了改造革新，每遇佳节，人们便敲起锣鼓，手打阴阳板，走街串巷，娱乐一番。

1982 年，山东省文化部门成立《民间舞蹈集成》编委会，要求各地区搜集整理代表地方特色的民间舞蹈。时任文化馆馆长的杨成举，凭着对民间艺术的特殊感情，主动参与发掘整理阴阳板这一传统民间舞蹈。在此后七年的时间里，他先后走访了 50 余个村庄，130 多位老人，行程 1 万多千米，记录了两万余字价值可贵的走访笔记资料，终于将失传 40 余年、带有地方特色的民间祭祀舞蹈修改记录下来。随后他又对阴阳板的场面和动作进行了排练，这种独具邹城特色的民间舞蹈形式，在济宁市首届农民艺术节上首次与群众见面，即得到人们的认可和喜爱，显示了民间舞蹈艺术的强大生命力。1992 年，阴阳板在济宁民间舞展演中获得一等奖；1996 年，阴阳板在民间艺术展演中获“白牡丹”奖，被载入《山东省民间舞蹈集成》一书，被列为山东省社科成果项目。后来，阴阳板还被北京舞蹈学院列入民间课教材，为此，杨成举在北京舞蹈学院授课十天，讲解阴阳板。

杨成举先后编导舞蹈、戏曲、歌舞等文艺节目及晚会百余场，并挖掘整理流传了几百年的阴阳板，将其重放异彩，做出了突出的贡献。

第四节　山东梆子

摘要

山东梆子是第二批国家级非物质文化遗产项目。

山东梆子是流行于鲁西南及鲁中地区的地方戏曲剧种。山东梆子又名“高调梆子”，简称“高调”或“高梆”，其因高昂激越的特点，又被人称为“舍命梆子腔”。其主要流行于山东省西南部的菏泽、济宁、泰安等地的大部分县市，以及聊城、临沂等地区的广大城镇乡村。因流行区域的不同，群众对其称呼亦有区别。如以菏泽为中心的习称“曹州梆子”，以济宁、汶上为中心的称为“汶上梆子”或“下路调”，总称“高调”，以区别于流行在鲁西南、豫北、冀南的“平调”。1952 年，定名统称为“山东梆子”（图 9–7）。

图 9–7　山东梆子《孟母》剧照

寻根问底

山东梆子是山东最主要的地方剧种之一，它形成流行于鲁西南一带。地处鲁西南地域中心的嘉祥县、梁山县、汶上县，是山东梆子的主要发源地之一。

山东梆子源于山陕梆子。山陕梆子大约形成于明代嘉靖年间，逐渐沿着商路流传四方，并受当地方言的影响形成不同的梆子剧种。古代有“商路即戏路”的说法，山陕梆子通过黄河和运河两条商路传入山东，与当地原有的击节而歌的民间艺术、民间戏曲形式相结合，且声腔受山东语音的影响，清初在鲁西南地区的一些州、县形成了本地梆子。各地的本地梆子经过长时期的相互交流融合，形成了共同的艺术风格，后来统称为山东梆子。

山东梆子的角色行当传统上是按生、旦、净、末、丑五种行当划分的。从戏曲谚语“五生五旦五花脸，四兵四将四丫鬟，八个场面两箱倌，两个烧水杂役员”可看出传统班社的行当设置和业务人员配备规模。现行的角色行当体制，分属生、旦、净、丑四大门类。原有的末行归入生行，称“外角”。山东梆子目前在行当上细分为 31 种行当类型。

山东梆子的唱腔音乐属板式变化体，唱词结构为上下句式。以七字句和十字句为主，也有数字不等的长短句及分逗不规则的唱词。在板式的运用上，主要有两种形式，一种形式为单一板式的应用，即根据剧中情节和人物情绪，选用某一种基本板式作为一个独立唱段，主要适用于情绪比较单一的唱词；另一种形式则是通过不同板式的有机组合和转接，构成节奏变化明显、旋律对比鲜明的大段成套唱腔，这是山东梆子唱腔音乐的主要表现手法。

山东梆子具有丰富而又规范的表演程式，注重技巧特长，使饰演的人物显得格外鲜明生动。表演程式分为个体程式、技巧程式和套路程式。

山东梆子经常上演的剧目有 600 多个，山东省戏曲研究室记录了 440 个。基本剧目大多数是历史故事剧，另有神话戏、民间生活小戏和新创编的现代戏。山东梆子还曾经演出过昆腔、笛戏、大笛罗罗的剧目，这些剧目现均已失传。

山东梆子是一个有 400 年历史的古老剧种，有许多精品剧目，题材广泛，积累了大量宝贵的历史故事和民间传说资料，有许多古老的音乐、唱腔及表演程式仍然保留在现在的演出舞台上，是山东地方戏的“活化石”，为山东地方史、民俗学、方言研究提供了大量素材。

发现价值

1. 艺术价值

山东梆子行当齐全，板式复杂，曲牌繁多，剧目丰富，表演程式规范，唱腔舒展洪亮、高亢奔放，伴奏生动，具有极高的艺术价值。其唱词对白雅俗共赏，具有较高的文学价值；其服装、脸谱具有较高的美学价值；其舞台动作与舞蹈、武术相关；其伴奏、唱腔对于研究民族音乐具有借鉴意义。

2. 思想教育价值

山东梆子流布区域广，戏迷众多，名角辈出，具有较强的社会价值。剧目内容歌颂了纯朴正直的人民，对于弘扬中华民族传统美德有着积极作用。

3. 社会价值

在今天的鲁西南地区，有许多山东梆子剧团常年参与广场演出、送戏下乡、节庆联欢、丰收庆典等活动，对于丰富群众生活发挥了重要作用。

拓展阅读

角色行当

山东梆子传统的角色行当有生、旦、净、末、丑五大类。现行的角色行当按生、旦、净、丑四大门头划分。末行归入生行，称“外角”。

（1）生行，含红脸、外角、小生三类。

勾红脸的生角，称大红脸。其重唱功，发音高亢浑厚，讲究做功身段，着重刻画角色的英雄气势，如《哭头》中的赵匡胤、《临潼山》中的秦琼等。

净面大王是红脸行的一种，因戴黑三髯，又称胡子生。其重唱

功，行腔流畅圆润，表演稳重大方，多扮演帝王、官员一类角色，如《摔琴》中的俞伯牙等。

跑马生，红脸行的一种，又称马上红脸、架子生，因常有跨马及多种趟马套路而得名，剧中大多扮演武将，如《大名府》中的卢俊义等。

大外角，外角行的一种，俗称老外。该行常扮演将帅、官员等角色，气派较大，故称大外角。

文小生，多扮演年轻的公子、儒生，以念唱为主，常用真假嗓结合；帅生，文小生的一种，多扮演年轻的统帅人物，讲究风采气度，扮相英俊潇洒，唱腔常用本嗓。

靠架生，武小生的一种，其动作讲究脆、帅、漂，唱念做打并重，多扮演年轻气盛、威武雄壮的将帅角色。

娃娃生，小生的一种，扮演年龄幼小的生行角色。

（2）旦行，包括青衣、花旦、小旦、帅旦、闺门旦、刀马旦、泼旦、彩旦、老旦。

青衣，因该行角色常穿素色女帔得名。青衣多饰演中年妇女。青衣重唱工，唱腔委婉细腻、字正腔圆，如《铡美案》中的秦香莲等。

花旦，扮演的角色大多为穿红挂绿的青年女子。其饰演的人物性格活泼机智、大胆热情，唱念甜润，身段灵活，扮相俏丽，举止轻捷。花旦讲究扇子、手帕、辫子等功夫，如《柜中缘》中的许翠莲。

小旦，饰演年少女子的角色。其表演的人物大多是大户人家的小姐或小家碧玉，性格温柔含蓄，如《蝴蝶杯》中的胡凤莲等。

帅旦，主要饰演擅长武艺、统兵打仗的女性角色。其表演唱念具备、文武兼长，如《破洪州》中的穆桂英等。

闺门旦，多饰演有教养的闺阁小姐。其表演念白娇柔，唱腔委婉缠绵，身段端庄文静或妩媚娇羞，如《哭剑》中的苏妲己等。

刀马旦，因饰演的角色提刀跨马得名。其多扮演女侠、女妖、女寨主等。其表演文武兼备，唱念嗓音洪亮，如《姚刚征南》中的黄金婵等。

泼旦，多饰演泼辣女性角色。其表演的人物性格或粗俗强悍或爽快风趣，如《墙头记》中的李氏等。

彩旦，又称丑婆子、彩婆子。其饰演的大都是滑稽可笑或刁钻丑恶的女性角色，如媒婆、后娘、傻丫头、丑小姐等。

老旦，主要扮演剧中的老年妇女。

（3）净行，内有大净、奸净、毛净、童净等行。

大净，因本行饰演的角色大多勾画黑色脸谱，故又称黑脸、黑头。其所表演的人物性格多刚直不阿、粗犷豪放。其做功注重气质架势，嗓音高亢洪亮，如《铡美案》中的包拯等。

奸净，因勾画白色脸谱，又称白色脸谱。其多扮演奸诈阴险、专横跋扈的角色，如《下边廷》中的潘仁美等。

毛净，因饰演毛手毛脚的粗鲁武将而得名，又称二花脸。其所表演的人物性格多豪放耿直，如《滚鼓山》中的张飞等。

童净，扮演剧中年少的净行角色。其所饰演的人物性格大多憨厚耿直、鲁莽剽悍，如《两狼山》中的杨七郎等。

（4）丑行，含公子丑、官丑、武丑、老丑、娃娃丑等行。

公子丑，多扮演行为不端、其貌不扬、放荡好色的富家公子。其身段表演迂腐作态，念白口语化，唱腔花哨，如《日月图》中的胡林等。

官丑，因扮演官宦角色而得名。

武丑，饰演擅长武功、性格机警、语言伶俐的人物。

老丑，多扮演男性老年角色。其所饰人物大都诙谐善良，语言幽默生动，生活气息浓郁，如《黄牛分家》中的卢万仓等。

第五节　山东大鼓

摘要

山东大鼓是第一批国家级非物质文化遗产项目。

图 9-8　山东大鼓

山东大鼓是北方大鼓之鼻祖，是中国北方地区现存最早的传统曲艺鼓书暨鼓曲形式（图 9-8）。其主要流传于以山东菏泽为中心的广大鲁、苏、豫地区。山东大鼓原称犁铧大鼓，因其伴奏乐器为犁铧碎片而得名。自《老残游记》之后，始谐音美其名为“梨花大鼓”。

寻根问底

大鼓书，是一种说唱兼有的传统曲艺艺术。演唱者一手敲鼓、一手夹板，配合唱腔、道白，节奏和谐，演唱者唱一段说一段，还伴有动作表情。大鼓书有很多不同的派别，分布在中国各个省区，山东大鼓是其中一个重要的种类。据清末刘鹗《老残游记》记述，当年明湖居的规模很大，有一百多张大方桌，兼做茶园卖茶点，因清末梨花大鼓几位名家在此表演，常常座无虚席，热闹非凡，名噪一时，成为梨花大鼓鼎盛时期的标志。

据艺人师承谱系和口碑传说，山东大鼓由渔鼓道情的孙赵门演化而来。已知清嘉庆年间，孙赵门山东大鼓河北籍艺人有五位姓名中均带“山”字，即威县王奎山、临西吕连山和李明山、清河徐靠山和临城冯云山，时称“五大山”。自清嘉庆至 1937 年，山东大鼓在冀鲁两省南起聊城、临清，北至德州、沧州的大运河两岸十分兴盛，并形成三个支派。

山东大鼓的演唱形式多为单人站唱，也有二人对唱形式。其主要伴奏乐器为矮脚小鼓、大三弦和月牙板（也叫梨花片）。演唱时演员右手执鼓楗击鼓，左手操钢板敲击演唱，乐师以三弦伴奏。唱腔属板腔体，一般分慢板（又称头板）、二板（流水板）、三板、快板等板式。三个支派的唱腔与书目各具特点与风格。“老北口”派唱腔粗犷、豪放，其开头腔是用头板或类似头板的二板起腔，速度慢，尾音长，板起板落，咬字狠，吐字真，落音重，字密声促，善用顿音，其旋律似说似唱自然流畅。故有“老牛大摔缰”的俗称。“小北口”派的演唱风格，借鉴了一些西河大鼓的技法，较之“老北口”显得巧俏，委婉细腻，善说演“文书”，唱中加叙；“南口”派的唱腔婉转悠扬，曲调华丽细腻，字少腔繁，节奏舒缓。

山东大鼓自出现以来，名角不断。清末演唱山东大鼓的著名艺人有郭老占、何老凤、范其凤等。其后，黑妞、白妞、上半截、下半截、盖山东、郭大妮等都享有盛名。20 世纪 30 年代以后，成名的是谢、李、赵、孙“四大玉”等。后来又有杜大桂、鹿巧玲等相继而起。20 世纪 30 年代前后，谢大玉、李大玉、赵大玉、筱艳芳等在上海灌制了“山东大鼓”的唱片，发行大江南北，使其发展成为一个具有全国影响的大曲种。

传承价值

1. 艺术价值

山东大鼓历史悠久，音乐唱腔独特，节目蕴藏丰富，地方色彩浓郁，有着“鼓书之祖”的美誉。它直接促发了山东快书的形成，并对“乔派”河南坠子和西河大鼓等的形成与发展产生过重大影响，具有很高的艺术性。

2. 思想教育价值

山东大鼓诞生于劳动人民在乡间劳作时助兴哼唱的民间小调，起初采用山东方言演唱。唱段内容多由历史故事、戏曲、民间故事改编而来，很多唱段都取材于《三国演义》《红楼梦》等文学作品，有很高的文学价值和思想教育价值。

拓展阅读

白妞说书——《老残游记》之明湖湖边美人绝唱　刘鹗著

正在热闹哄哄的时节，只见那后台里，又出来了一位姑娘，年纪约十八九岁，装束与前一个毫无分别，瓜子脸儿，白净面皮，相貌不过中人以上之姿，只觉得秀而不媚，清而不寒，半低着头出来，立在半桌后面，把梨花简丁当了几声，煞是奇怪：只是两片顽铁，到他手里，便有了五音十二律似的。又将鼓槌子轻轻地点了两下，方抬起头来，向台下一盼。那双眼睛，如秋水，如寒星，如宝珠，如白水银里头养着两丸黑水银，左右一顾一看，连那坐在远远墙角子里的人，都觉得王小玉看见我了；那坐得近的，更不必说。就这一眼，满园子里便鸦雀无声，比皇帝出来还要静悄得多呢，连一根针跌在地下都听得见响。

王小玉便启朱唇，发皓齿，唱了几句书儿。声音初不甚大，只觉入耳有说不出来的妙境：五脏六腑里，像熨斗熨过，无一处不伏贴，三万六千个毛孔，像吃了人参果，无一个毛孔不畅快。唱了十数句之后，渐渐地越唱越高，忽然拔了一个尖儿，像一线钢丝抛入天，不禁暗暗叫绝。哪知他于那极高的地方，尚能回环转折。几啭之后，又高一层，接连有三四叠，节节高起。恍如由傲来峰西面攀登泰山的景象：初看傲来峰削壁千仞，以为上与天通，及至翻到傲来峰顶，才见扇子崖更在傲来峰上；及至翻到扇子崖，又见南天门更在扇子崖上：愈翻愈险，愈险愈奇。那王小玉唱到极高的三四叠后，陡然一落，又极力骋其千回百折的精神，如一条飞蛇在黄山三十六峰半中腰里盘旋穿插。顷刻之间，周匝数遍。从此以后愈唱愈低，愈低愈细，那声音渐渐地就听不见了。满园子的人都屏气凝神，不敢少动。约有两三分钟之久，仿佛有一点声音从地底下发出。这一出之后，忽又扬起，像放那东洋烟火，一个弹子上天，随化作千百道五色火光，纵横散乱。这一声飞起，即有无限声音，俱来并发。那弹弦子的亦全用轮指，忽大忽小，同他那声音相和相合，有如花坞春晓，好鸟乱鸣。耳朵忙不过来，不晓得听那一声的为是。正在缭乱之际，忽听霍然一声，人弦俱寂。这时台下叫好之声，轰然雷动。

停了一会儿，闹声稍定，只听那台下正座上，有一个少年人，不到三十岁光景，是湖南口音，说道："当年读书，见古人形容歌声的好处，有那'余音绕梁，三日不绝'的话，我总不懂。空中设想，余音怎样会得绕梁呢？又怎会三日不绝呢？及至听了小玉先生说书，才知古人措辞之妙。每次听他说书之后，总有好几天耳朵里无非都是他的书，无论做什么事，总不入神，反觉得'三日不绝'这'三日'二字下得太少，还是孔子'三月不知肉味'，'三月'二字形容得透彻些！"旁边人都说道："梦湘先生论得透辟极了！'于我心有戚戚焉'！"

非遗传承活动

活动　学习胶州秧歌基本动作"正丁字拧步"

学生分小组表演胶州秧歌原地正丁字拧步组合，互相学习交流，并请大家说一说通过学习简单的胶州秧歌基本动作有什么收获和感想。如有兴趣，可以继续尝试学习胶州秧歌舞蹈，进一步感受胶州秧歌的风格与魅力。

第十章
孔孟之乡传统中医药

阅读提示：

中医药是中国灿烂的文化遗产，历史悠久。

几千年来，中医不断吸收儒家、道教、佛教和其他健康的文化精髓，总结和凝练出一套社会大众都认可的中医药文化。中医药文化是中华民族优秀文化的重要组成部分，是中华民族优秀文化的精髓，是中医基础理论的继承创新，是中医药的思想基础和内在精神。中国民族传统医药品牌历史源远流长，它蕴含着深厚的中国传统文化底蕴。当代中医学正在东西方文化的强烈碰撞中走向科学化、现代化、国际化，面临着难得的机遇与严峻的挑战。

入选国家级非物质文化遗产名录的传统医药项目共有45项，山东省非物质文化遗产名录中传统医药项目共有14项，本章重点介绍东阿阿胶制作技艺、二仙膏制作技艺、推拿、接骨膏制作工艺等四个项目。

第一节　东阿阿胶制作技艺

摘要

东阿阿胶制作技艺是第一批国家级非物质文化遗产项目。

一方水土一方风物。阿胶，至今已有2 600年的悠久历史。战国时成书的《禹贡》、汉朝的《淮南子》对阿胶均有记载，中国现存最早的药物学专著《神农本草经》将其列为“上品”，《本草纲目》称之为“圣药”（图10–1）。明末清初，东阿镇阿胶制作已至善至美，东阿镇成为当时中国最大的阿胶制作地和阿胶集散交易中心，达到了“妇幼皆通熬胶”的鼎盛时期，诸家各有所长，各领千秋。今天的阿胶，作为山东的又一文化名片

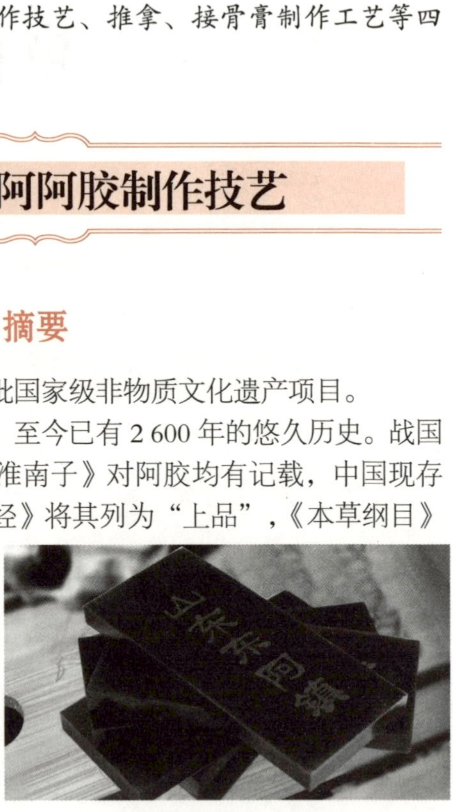

图10–1　阿胶

正在走遍神州，走向世界。

寻根问底

《本草经集注》载："阿胶，出东阿，故曰阿胶。"2 000多年来，阿胶在我国的中医药史上一直占有重要地位。阿胶是用阿井之水把驴皮熬煮成胶。当地胶工专用"阿井"水来制胶。关于阿井，当地民间还流传着这样一个神话传说："昔有猛虎居深山，爪刨地得泉，饮之久化为人。"后逐渐将泉转化为井。据《东阿县志》载，当地的阿井古称"八宝琉璃井"，人们从井中提水，长此以往，那井绳拉来拉去挂在井口上的颜色颇似琉璃，这表明此地的井水中含有钙、镁、钾、钠等矿物质。当地人都讲，此地水每担比普通井水或河水重三四斤，用此水与驴皮配合熬制成胶，才是名副其实的阿胶。

《中国药学大辞典》记载，每年春，选择纯黑无病健驴，饲以狮耳山之草，饮以狼溪河之水，至冬宰杀取皮，浸狼溪河内四五日，刮毛涤垢，再浸漂数日，取阿井水，用桑柴火熬三昼夜，去渣滤清再用银锅金铲，添加中草药药汁熬制成胶。其色光洁，味甘咸，气清香，此即真阿胶也。

阿胶生产工艺是很难用文字记载清楚的，几千年来，多靠以师带徒、言传身教的办法来传授。化皮、提沫、浓缩、晾胶、擦胶等关键工序都是几千年来阿胶生产的经验总结。明末清初东阿镇熬胶业达到鼎盛时期，出现几十家熬胶作坊，其技艺冠绝一时，代代相传，生生不息。

李时珍盛赞阿胶为滋补上品、补血圣药。每日一味精巧玲珑的阿胶药膳滋养了杨贵妃的倾城绝色，也令慈禧天年颐养。古时，阿胶是达官贵人、皇家国戚的滋养圣品。如今，延续千年古法炼制技术的东阿阿胶，成为更多人日常滋补养生的上品。

现代药理实验证明，阿胶具有强大的滋补作用，能改善骨髓造血系统，滋养身体、美容养颜、延缓衰老。东阿阿胶流传千年，成就了今天继往开来的东阿阿胶人。他们以信立身、以诚处事，呵护着千年的珍存，承载着寿人济世的使命。

发现价值

1. 科学价值

中医药的核心理念是“治未病”，治病不如防病，而阿胶正是这样一味“治未病”的重要药材。传统中医药，尤其是东阿阿胶的医药原理及制作工艺，对现代医学发展提供了重要的理论基础和技术支持。

2. 思想教育价值

中医药学源远流长，博大精深，阿胶所传递的古老智慧和“道地”法则正是现代社会值得探求的。大学生要走近阿胶、了解阿胶，积极弘扬传统中医文化。

拓展阅读

阿胶的传奇故事

大清河注入黄河，河曲成大陵，大陵为阿，东阿因此而得名。一项传承了近 3 000 年的制胶技艺，让这座齐鲁小邑声名远播。东阿与阿胶自此便永久地联系起来。

（1）阿胶与孔融。东汉孔融《同岁论》曰：“弊箪径尺，不足以救盐池之咸。阿胶径寸，不能止黄河之浊。”

（2）阿胶与曹植。曹植就是那个才高八斗，写“本是同根生，相煎何太急”的苦命皇子，他到东阿来做县太爷，身体很差，人非常瘦，善良的东阿人就给他吃阿胶，结果他身体就慢慢地好起来了。他很感激东阿阿胶，写了一首诗歌：“授我仙药，神皇所造。教我服食，还精补脑。寿同金石，永世难老。”

（3）阿胶与李世民。东阿境内千年流传的民间掌故说道：想当初，尽管李世民金戈铁马，气吞万里如虎，但在山东境内，却遇到强人王世充。那王世充也不是等闲之辈，一阵厮杀下来，李世民小受顿挫，人困马乏，遂引军进入东阿县休整。东阿人就以阿胶熬汤来拥军。说也奇怪，大队人马第二天就精神焕发，居然一鼓作气打败了王世充。唐代《元和郡县志》记载，太宗时，朝廷派遣大将尉迟恭光临东阿县，封存阿井，宣布自此之后当地闲杂人等一律不得私启井封制造阿胶，否则杀无赦。只有官家才可以“启封而取水”，

“熬胶进贡”。

（4）阿胶与武则天。武则天永葆青春的秘诀何在？原来宫中御医经常给她服用“美白如玉汤”，其成分是阿胶、黑芝麻、木瓜、白芷、玉竹、山楂等美容养颜滋补之品，经常服用调理，才使武则天肤色美白如玉，光滑细腻，艳丽无疵。

（5）阿胶与王安石。王安石《我欲往沧海》一诗可以说是作者的自画像：“我欲往沧海，客来自河源。手探囊中胶，救此千载浑。我语客徒尔，当还治昆仑。”王安石诗中的“胶”即指东阿的阿胶。

（6）阿胶与朱熹。《朱子文集》里收录了南宋著名理学大师朱熹给母亲的一封信，信中说：“慈母年高，当以心平气和为上。少食勤餐，果蔬时伴。阿胶丹参之物，时以佐之。延庚续寿，儿之祈焉。”其言切切，其心拳拳，于日常闲话之中传达出其至孝之心。

（7）阿胶与郑和。郑和下西洋，“欲耀兵异域，示中国之富强”。他的宝船之上除了丝绸、瓷器，还有中药材，其中就有阿胶。这是阿胶出口海外的最早记载，也说明阿胶是中国特有的珍贵产品。

（8）阿胶与乾隆。乾隆的妃子棠儿有身孕期间，乾隆特将山东东阿贡品阿胶赐给棠儿服用，说：“这是山东巡抚进上来的阿胶，用的是真正的阿井水、真正的沂蒙驴皮，熬胶的是阿胶真正的传人！你回去慢慢吃……”

（9）阿胶与同治。同治十年（1871 年），朝廷曾委派钦差前往树德堂监制阿胶，此胶称为“九天贡胶”。御赐“福”字一直为东阿制胶人所用，所产阿胶皆做“福”记，并成为正宗阿胶的标识。

（10）阿胶与毛泽东。悠久的使用历史，使阿胶成为延年圣品的代名词，因此，它渐渐成为人们表达敬孝之情的载体。20 世纪 40 年代，中国共产党七大召开之际，在鲁西至延安的漫漫长途间发生了一段感人的故事。鲁西区党委七大代表徐运北背负着鲁西人民对毛主席的深情厚谊，怀揣 5 斤（1 斤＝500 克）阿胶，踏上了漫漫长途。当时正值百团大战开战之际，徐运北一路上历经艰险，历时一年才到了延安，终于将这份饱含感情的礼物送上。

黎锦熙是毛泽东的老师。北平和平解放后，毛泽东进驻不久就立即驱车到北京师范大学宿舍看望黎锦熙。中华人民共和国成立后，毛泽东日理万机，抽不开身亲去看望，就派秘书周小舟前往代为看望，常常捎去自己的一些喜爱之物送给老师，其中就有阿胶。

传奇故事说不尽，流风余韵两千年。古老的国药瑰宝早已不是昨日深宫中的稀世之品，而成了今日人们日用之物。阿胶的故事仍在继续，阿胶的文化正在光大。

第二节　二仙膏制作技艺

摘要

二仙膏制作技艺是第四批国家级非物质文化遗产项目。

人杰地灵的济宁不仅孕育出了奠定中国 2 000 年文明基础的儒家文化，还诞生了传统中医药的杰出代表广育堂。广育堂是我国中医药行业的领军企业，其 1 180 个经典古方和独特的生产工艺得到了很好的传承，成为国家非物质文化遗产代表性保护项目。广育堂的二仙膏（图 10–2）更是滋补佳品，其炮制工序繁杂，原料要求也极为苛刻，在乾隆年间被征为皇家用药，得到乾隆皇帝的赞誉和御笔题词。

图 10–2　二仙膏

寻根问底

广育堂创建于 1578 年，至今已有 440 年的历史。在我国传承下来的传统医药老字号中，它是历史比较悠久的一个。在一代代的传承和努力下，广育堂历经明代、清代，经久不衰。广育堂如今已经改制为山东方健制药有限公司，当年精湛的中医药技术得到进一步的继承和发展。

“二仙膏”古法生产制作工艺有其独特性，从清朝乾隆年间开始被征为皇家御用滋补佳品。如今，二仙膏在传统膏方炮制手段的基础上进一步优化传统工艺，同时充分保留了传统膏方炮制中最有价值的工艺和方法。二仙膏原料及工艺有其独特性、唯一性。人参要选择长白山五年以上老人参，枸杞子选择宁夏当年好枸杞子，龟板胶要选择微山湖的龟板甲制胶，黄芪要选择地道蒙芪，五味子要选择地道东北产，牛膝要选择地道川牛膝，丹参要选择紫丹参，牛鞭要选择鲁西黄牛鞭，其他均要选择上等的地道药材。

二仙膏熬膏用水，要用运河畔杨家坝的圣泉水。膏方制作的工艺已经流传千年，工序繁杂，要求也极为苛刻。俗话说，膏方补不补在医生，灵不灵在煎制。这指的就是膏方制作存在很大差异。

二仙膏膏方的制作要经过选药、炮制、浸泡、发酵、闷药、煎煮、浓缩、收膏、存放熟化、品评、灌装等多道工序。二仙膏膏方制作工艺流程如下：老中医审核中草药的剂量处方，配料药师按照处方剂量调配膏方药材。药材前期炮制，龟板胶、鹿角胶加水烊化、滤过，滤液备用，闷药、发酵，促进药材有效成分内部转化。浓缩：将经过沉淀过滤后的药液小火煎发浓缩，不断搅动，防止上下焦化，谓清膏。收膏：煮制完成后，药师将煎出的药液再放到小火上煎煮蒸发浓缩，蜂蜜可在此时添加，最后用特制的工具不断地搅动药液，防止焦化，逐渐形成稠膏状。把蒸烊化的胶类药与蜂蜜膏放在小火中慢慢熬炼，不断用铲搅拌，直至能扯拉成旗状或能滴水成珠，直到完全收膏，存放熟化放入地窖中。要求每年端午节前制膏，存放至重阳节取出食用，认降低膏方的燥性。要由经验丰富的药师进行品评。要经过多道制作工艺，将其密封装于陶瓷罐中。

广育堂作为传统中医药文化的杰出代表，它的制药工艺和医术具有医学科学和历史文化的双重价值。在制作工艺上，流程严格、工艺复杂，配方和质量控制非常严格，所产药品质量高、效果好，广受赞誉。作为广育堂产品的招牌之一，

二仙膏制作技艺

二仙膏至今仍是企业的支柱产品。它的生产工艺流程极为复杂，每道工序的细腻程度和要求之高都达到了苛刻的程度。二仙膏组方：人参、枸杞子、鹿角胶、龟板胶、牛鞭、黄芪、熟地黄、制何首乌、五味子、沙苑子、牛膝、核桃仁、黑芝麻、山药、远志、丹参，辅料为蜂蜜。广育堂对药材也十分挑剔，不是最好的地道药材不会被广育堂选中。

发现价值

1. 科学价值

二仙膏所代表的传统医药工艺有着不可估量的科学价值，它的历史悠久，以中国传统医学理论为支撑，讲究滋补强身、阴阳调和，兼具扶正祛邪的功效，为我国传统医学的理论发展和实践创新做出了应有的贡献。

2. 思想教育价值

通过非物质文化遗产保护，提高了公众对于中医文化核心价值的认知度，实现了对中医药文化的价值提升和合理利用。

拓展阅读

广育堂始建于明万历年间，御医徐春甫的得意门生李广育携带徐春甫的医药名著《古今医统》等著作，在济宁创建中医坐堂店铺，创建了百年老字号“广育堂”。广育堂的前辈创立了独门虚症良药精方二仙膏和广育堂古法制作技艺，其后历经明清，至今经久不衰，广育堂“广济世、育众生”“不为良相，则为良医”的祖训传承至今。

李广育，“精于医，老于医”。自幼聪悟，善于思辨，对医药方书产生了浓厚的兴趣，潜心研究医学，穷研医籍，共商医理，勤奋学徒 6 年，21 岁时已能按个人见解，发挥古方奥义，运用于临床实践。26 岁到济宁，研医方，磋医理，为人治病，疗效多验。凡有病者，投药即愈，名声大振，在众人挽留下，李广育看到济宁中医药市场的繁荣，决心在济宁开医馆并取名“广育堂”。广育堂传承儒家之风，制定了“广济世、育众生”的堂训，太平盛世，商业繁盛，则力求药材地道，价格童叟无欺，富贵贫贱一视同仁，对医术精益求精，义利相守，不乱收分文；时局战乱，商业凋敝，民声哀怨，则广施于众，悬壶济世，甚至不取分文，拯救众生于苦难，得到当地百姓广泛赞颂，众人请德高望重的曾任顺天府尹、工部尚书的郭朝宾书写了“妙手回春广济世，膏丹丸散育众生”的对联称赞李广育的精湛医术和崇高医德，其创始人李广育被当地群众称为“在世观音”。“广育堂，广济世，初一施，十五济。老中医，有绝技，拴娃娃，数第一……”440 年来，良医良药的故事伴随着悠悠运河之水广为流传。

第三节　推拿

摘要

三字经流派推拿是山东省第三批省级非物质文化遗产项目。

三字经流派推拿创建于 1877 年，因创始人徐谦光以三个字为一句话编著《推拿三字经》而得名。作者为了使此书广为流传，而未在家中保存，正如序中所言：“且愿同志君子，四海仁人，广布宣传，则功德莫大焉。”《推拿三字经》虽未出版，但在民间流行。独具特色的三字经流派推拿历经 100 多年的发展，依然活跃在中医儿科界，是近代小儿推拿疗法中具有代表性的一门流派。其医疗特点是取穴少，用独穴，推时长，手法简，疗效高，在国内颇有影响（图 10-3）。

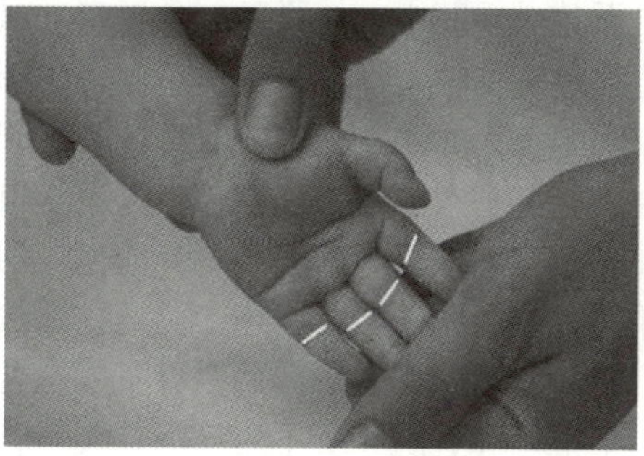

图 10-3　小儿推拿

寻根问底

徐宗礼，字谦光，号秩堂，登郡宁邑（今烟台市牟平区宁海镇）人，大约生于1820年，卒于何年不详。因用三字一句之歌诀，写成了《推拿三字经》而被后人称为三字经推拿流派。

《推拿三字经》所记载的推拿技法，多为治疗当时民间流行的某些成人及小儿疾病时所用，尤其对痢疾、腹泻、脱肛、霍乱、瘟疫、痨瘵、痰喘、疮肿、惊风、癫狂、牙痛、腹痛等病的症状、诊断、取穴、预后、疗效等方面，叙述较详。清代民间无钟表，推拿计时靠计数，故《推拿三字经》中有“大三万”“小三千”“婴三百”等词句，这些均是从推拿次数而言的。推拿次数的多少，时间的长短，要根据病人年龄大小、体质强弱和病情轻重灵活掌握，临床治病不必拘泥此数。

《推拿三字经》原文为：

徐谦光　奉萱堂　药无缘　推拿恙　自推手　辨诸恙
定真穴　画图彰　上疗亲　下救郎　推求速　惟重良
独穴治　大三万　小三千　婴三百　加减良　分岁数
从吾学　立验方　宜熟读　勿心慌　治急病　一穴良
大数万　立愈恙　幼婴者　加减量　治缓症　各穴量
虚冷补　热清当　大察脉　理宜详　浮沉者　表里恙
迟数者　冷热伤　辨内外　推无恙　虚与实　仔细详
字廿七　脉诀讲　明四字　治诸恙　小婴儿　看印堂
五色纹　细心详　色红者　心肺恙　俱热症　清则良
清何处　心肺当　退六腑　即去恙　色青者　肝风张
清补宜　自无恙　平肝木　补肾脏　色黑者　风肾寒
揉二马　清补良　列缺穴　亦相当　色白者　肺有疾
揉二马　合阴阳　天河水　立愈恙　色黄者　脾胃伤
若泻肚　推大肠　一穴愈　来往忙　言五色　兼脾良
曲大指　补脾方　内推补　外泻详　外泻良　泻大肠
立去恙　兼补肾　愈无恙　若腹痛　窝风良　数在万
立无恙　流清涕　风寒伤　蜂入洞　鼻孔强　若洗皂
鼻两旁　向下推　和五脏　女不用　八卦良　若泻痢
推大肠　食指侧　上节上　来回推　数万良　牙痛者

骨髓伤　揉二马　补肾水　推二穴　数万良　治伤寒
拿列缺　出大汗　立无恙　受惊吓　拿此良　不醒事
亦此方　或感冒　急慢恙　非此穴　不能良　凡出汗
忌风扬　霍乱病　暑秋伤　若上吐　清胃良　大指根
震艮连　黄白皮　真穴详　俱此方　向外推　立愈恙
倘泻肚　仍大肠　吐并泻　板门良　揉数万　进饮食
亦称良　瘟疫者　肿脖项　上午重　六腑当　下午重
二马良　兼六腑　立消亡　分男女　左右手　男六腑
女三关　此二穴　俱属凉　男女逆　左右详　脱肛者
肺虚恙　补脾土　二马良　补肾水　推大肠　来回推
久去恙　或疹痘　肿脖项　仍照上　午后恙　诸疮肿
照此详　虚喘嗽　二马良　兼清肺　兼脾良　小便闭
清膀胱　补肾水　清小肠　食指侧　推大肠　尤来回
轻重当　倘生疮　辨阴阳　阴者补　阳清当　紫陷阴
红高阳　虚歉者　先补强　诸疮症　兼清良　疮初起
揉患上　左右揉　立消亡　胸膈闷　八卦详　男女逆
运八卦　离宫轻　痰壅喘　横纹上　左右揉　久去恙
治歉证　并痨症　歉弱者　气血伤　辨此症　在衣裳
人着褡　伊着棉　亦咳嗽　名七伤　补要多　清少良
人穿褡　他穿单　名五痨　肾水伤　分何脏　清补良
在学者　细心详　眼翻者　上下僵　揉二马　捣天心
翻上者　捣下良　翻下者　捣上强　左捣右　右捣左
阳池穴　头痛良　风头痛　蜂入洞　左右旋　立无恙
天河水　口生疮　遍身热　多推良　中气风　男女逆
右六腑　男用良　左三关　女用强　独穴疗　数三万
多穴推　约三万　无不良　遍身潮　分阴阳　拿列缺
汗出良　五经穴　肚胀良　水入土　不化谷　土入水
肝木旺　外劳宫　左右揉　久揉良　嘴唇裂　脾火伤
脾胃恙　清补脾　俱去恙　向内补　向外清　来回推
清补双　天门口　顺气血　五指节　惊吓伤　不计次
揉必良　时摄良　一百日　即无恙　上有火　下有寒
外劳宫　下寒良　六腑穴　去火良　左三关　去寒恙
右六腑　亦去恙　虚补母　实泻子　曰五行　生克当

生我母　我生子　穴不误　治无恙　古推书　身首足
执治婴　无老方　皆气血　何两样　数多寡　轻重当
吾载穴　不相商　少老女　无不当　遵古推　男女分
俱左手　男女同　予尝试　并去恙　凡学者　意会方
加减推　身歉壮　病新久　细思想　推应症　无苦恙

发现价值

1. 科学价值

《推拿三字经》充实了中医药的宝库，促进了中医学术的不断发展，形成了中医学丰富多彩的百家争鸣局面。

2. 社会价值

《推拿三字经》以顽强的生命力和卓越的疗效走进人们的心里，成为非物质文化遗产中绚烂的一部分，随着三字经推拿流派的不断发展，绿色医疗的地位在人们心目中得到提升。

拓展阅读

中国古代民间推拿按摩疗法发展史

推拿按摩是民间主要的医疗和养生保健方法，与其他传统医学学科一样，有着悠久的历史渊源。

起源：在远古时代，人类因寒冷或撞击、扭挫、跌损等外伤引起肢体麻木、疼痛时，都会出于本能地或自己或让同伴搓摩、按揉不适部位以抵御寒冷、减轻伤痛。经过长时间的实践和不断的总结，这种自发的本能行为逐渐发展成自觉的医疗行为，形成了最古老的推拿按摩疗法。

先秦时期：如文献所载，殷商的原始巫吏常利用包括推拿按摩在内的一些民间疗法的效验来印证其神力。春秋战国时期名医扁鹊用按摩诸术治愈虢太子暴疾尸厥等。安阳殷王墓发掘的陶搓、玉牙头梳等，不仅是卫生用具，也是民间自我推拿按摩的工具。

秦汉晋时期：推拿按摩疗法成为一门有民族特色的中医学科，其中包含了许多民间推拿按摩的技术和方法，如马王堆汉墓出土的《导引图》中的捶背、抚胸、搓腰、揉膝等手法；《五十二病方》中对木椎、筑、钱币、羽毛、药巾等的运用；《汉书·苏武传》记载的用足踩背救醒昏迷的苏武等技术；《肘后备急方》记载了掐按人中、拇指按胃脘、抓脐上3寸、抄举法、捏脊法、背法、口内复位法等手法治疗昏厥、溺水、卒心痛、颞颌关节脱位等急症。

隋唐时期：推拿按摩疗法在医学领域有较高的地位和广泛的临床应用，在民间也得到快速的发展。如《千金要方》记载的按摩治疗“小儿客忤项强欲死”“鼻塞不通有涕出”“夜啼”“腹胀满”“不能哺乳”等，以及“小儿无病，早起常以膏摩囟上及手足心，甚辟风寒”，及膏摩小儿心口、脐等民间小儿推拿保健方法。

明代：推拿学得到了较全面的总结、创新和发展，除政府重视设专科外，小儿推拿专著的问世和小儿推拿独特体系的形成是这一时期推拿按摩发展的一个重要标志。在民间，推拿流传于洗浴、理发业和养生群体，使保健推拿更加职业化、规范化和个体化。

清代：太医院虽未设推拿科，但推拿学在小儿、骨伤、内科、五官推拿及膏（药）摩的应用以及流派形成上取得了很大成就，如一指禅、内功、正骨、腹诊、脏腑经络、捏筋拍打等民间推拿流派，加上明代传承下来的小儿点穴推拿流派，均以分散的形式在民间存在和发展，一直延续到中华人民共和国成立前，并出现地域性特征。如鲁东湘西的儿科推拿、北方的正骨推拿、江浙的一指禅推拿、山东的武功推拿、川蓉的经穴推拿、上海的掤法推拿等。

第四节　接骨膏制作工艺

摘要

接骨膏制作工艺（曹县）为山东省第二批省级非物质文化遗产项目。

曹县“活血接骨膏”“全鸡接骨膏”制作工艺展现了丰厚的历史文化遗存和文化积淀。曹县历史文化悠久，文化底蕴深厚，是中华民族古代文化的发祥地之一，曹县对于接骨膏制作工艺的弘扬更是让文化“活”起来（图10-4）。

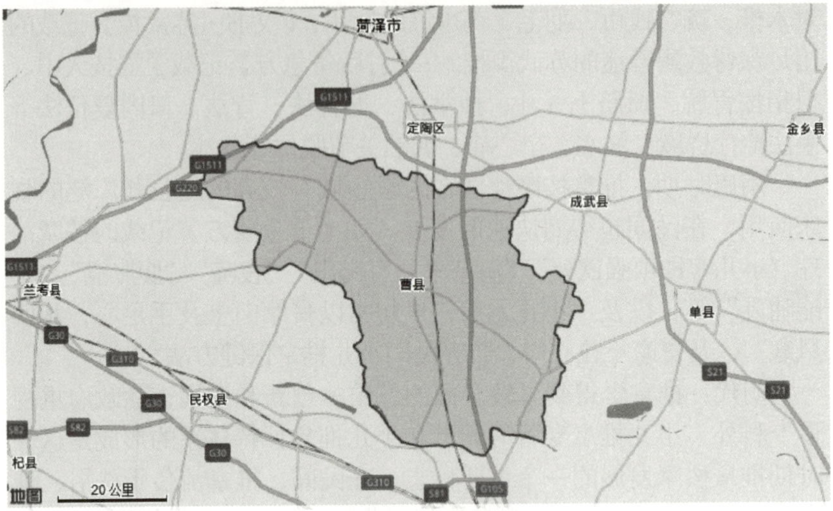

图 10-4　山东曹县

寻根问底

在曹县县城西约十千米的地方，有一个不起眼的小村庄，叫董楼村。在这里有一位享誉苏鲁豫皖用“活鸡接骨”的艺人董副太。董副太自幼子承父业学会“活鸡接骨”的绝活手艺，造福乡梓，被患者誉为“接骨国手”。

董家接骨手艺传至董副太已是第三代。董副太勤奋好学，不仅从父辈手中继承了正骨、配药的老手艺，而且注重学习现代医学知识，手艺更为精湛；不论哪个部位，只要经过他的治疗，便可痊愈，一般不留后遗症。河南省民权县有一位建筑工人，施工中被砸伤腿，四处骨折，医院会诊后认为只能截肢，别无良策。后经董副太的精心治疗，病人竟神奇般能走了。

“活鸡接骨”具有治疗费用低、手法简单便捷、痛苦少等优点。一般治疗的费用仅为医院治疗费用的九牛一毛，很适合家庭困难、不宜手术的患者。

“活鸡接骨”的具体秘法是用中药材当归、杜仲、骨碎补、血竭、麝香等打碎成粉，用活菜公鸡去毛、去五脏后绞成肉馅，混合后趁热敷在骨折部位。一般一次治疗即可愈合。“活鸡接骨”

经过上千年的临床验证，具有祛瘀血、生新血、凉血止血、消肿止痛、生肌、促进组织再生、促进骨折愈合、续筋接骨的良好功效。

发现价值

1. 科学价值

挖掘和保护传统医药文化遗产，弘扬广大中医药治病效果，规范了活血接骨膏药诊疗技术，普及推广了活血接骨膏、膏药治疗技能，同时也促进了各地医药临床经验的交流。

2. 社会价值

膏药的制作工艺丰富了我国非物质文化遗产的内容，展现了传统文化的多样性，有利于充分挖掘当地历史人文资源，促进文化产业基地的建设，有效促进了社会经济的发展。

拓展阅读

古代医学家有言曰："膏药能治病，无殊汤药，用之得法，其响立应。"与打针吃药相比，膏药方便、无痛，更容易被人们接受。特别是常有腰酸背痛的老年人，更是对膏药情有独钟，家中常备。

膏药，是中药五大剂型——丸、散、膏、丹、汤之一。在战国、秦汉时期出现的医学文献《黄帝内经》《神农本草经》《难经》等著作中都有关于膏药的记载。这时的膏药，是猪脂膏之类的软膏。《黄帝内经》中记载了一种猪脂膏之类的软膏，称之为"豕膏"，用于涂治腋部小溃疡。

魏晋时期炼丹术盛行，黑膏药已经出现。唐宋时黑膏药的制备逐渐完善，医药大为兴盛，得到广泛使用。明清时膏药已经成为普遍的用药之一。到清代，膏药已经发展成为普遍的民间医药，是常用的外治措施之一。到了近代，由于汤药的发展，黑膏药的使用大大减少。现代工艺的橡胶膏出现后，黑膏药已几乎从医院中绝迹，只流传在民间。

非遗传承活动

活动　思考探究

工匠精神是指工匠对自己的产品精雕细琢，精益求精，使之更加完美的精神理念。请根据对传统中医药项目的学习来谈谈对于工匠精神的理解。

第十一章

孔孟之乡传统体育、游艺与杂技

阅读提示：

传统体育、游艺与杂技是指具有一定民族特点以及地方习惯的体育运动或者体育文化，传统体育、游艺与杂技具有多样性、地域性和民族性等特点。传统体育、游艺与杂技类项目常常在传统节庆、岁时中开展。

入选国家级非物质文化遗产名录的传统体育、游艺与杂技类项目共有100项，山东省非物质文化遗产名录中传统体育、游艺与杂技类项目共有53项，本章重点介绍梁山武术、洪派太极拳、文圣拳、鲁南民间游戏、东阿杂技等五个项目。

第一节 梁山武术

摘要

梁山武术是第四批国家级非物质文化遗产项目。

梁山是水浒英雄故事的故乡，是历代群雄啸聚、反压迫反剥削的地方；同时，又是被誉为“国宝”的中华武术的四大发祥地之一。因此，不仅在国内一向与河南少林、湖北武当、四川峨眉齐名，而且因一部古典历史巨著《水浒传》驰名天下。长期生活在梁山这片沃土上的人们崇尚武术，自古以来，民间习武之风盛行，素有“喝梁山的水，都会伸伸胳膊踢踢腿”之说。综观古今，在中华大地上，水泊梁山可称为当之无愧的武术之乡。更可以自豪的是，这里为中华武术的发扬光大做出了宝贵贡献，为祖国培养造就了许多杰出的武术人才，为国增了光，并为世界武林有志之士所倾慕（图11–1）。

图 11-1 梁山武术

寻根问底

梁山武术源远流长，到了明代出现了众多的拳、械门类，且武术专著相继问世。进入清代后，不仅武术拳、械门类更加丰富，而且门中分派、派系繁衍，民间武术呈现出百花齐放、百家争鸣的崭新局面。清末民初，外地一些拳种相继传入梁山，素来尚武的梁山加入习练队伍，于闲暇之余拜师访友、切磋技艺，一批武术社、馆及拳场也应运而生，推动着民间武术的发展与繁荣。

源远流长、历史悠久的传统尚武之风，海纳百川、对外开放的民间演武习俗，造就了水泊梁山流派林立、风格各异的武林格局。梁山武术博大精深，是一个有机的整体，各个拳种门派相互学习借鉴、切磋提高，共同促进了梁山武术的传承和发展。据调查，梁山一带习练的拳术达十余种，其中梅花拳、子午门、太极拳、少林拳、佛汉拳、洪拳、三晃膀大洪拳、秘踪拳、黄氏二郎拳等不仅习练人数多，而且在梁山一带影响较大；八极拳、螳螂拳、醉拳、脱铐拳、埋伏拳、查拳、猴拳等拳术在梁山一带弟子相对较少。

经过世世代代梁山武术家的口授身传，不断精练创新和发展，梁山武术的整体水平逐步提高，更具有科学性、观赏性，是水浒文化的主要组成部分。

梁山武术作为一种普及面广的群众性体育活动，具有强身健体、自卫御敌、娱乐表演等多种功能，对于丰富人民群众的文化生活，提高群众的生活质量，满足群众的精神文化需求发挥了重要作用。

发现价值

1. 历史价值

梁山武术是中国四大武术门派之一，与河南少林、湖北武当、四川峨眉武术齐名，经过数代人的努力，已成为中国传统体育项目中的一颗璀璨的明珠。

2. 文化价值

中华武术历史悠久，梁山武术源远流长。自有史料记载以来，武术就是梁山广大群众所喜闻乐见易于开展的传统体育活动项目，不仅有强身健体作用，而且活跃了人民群众的文化生活。

拓展阅读

梁山子午功夫

在漫长的封建社会中，许多有志之士利用武术开展了反压迫、反剥削的斗争。隋朝，枪已成为步兵、骑兵的主要武器，马槊也开始应用到战场上。梁山北 40 千米的斑鸠店，是隋末农民英雄、唐代开国功臣程咬金的故里。程咬金善用板斧、马槊，曾聚众数百，保卫一方，在大业十三年（公元 617 年）投奔李密，参加了瓦岗军，后成为唐朝开国功臣。

宋朝时期，群众尚武的风气甚盛，大大促进了梁山武术的快速发展。至北宋末年，梁山好汉一百零八将恃武仗义的故事就已传为佳话。当年，武松、林冲、李逵、鲁智深、燕青、杨志等英雄好汉“聚兄弟于梁山，结英雄于水泊”，采众家所长，逐步形成了武松拳、林冲“枪”、李逵“斧”、杨志“刀”、燕青拳、子午门功夫等拳功的规范套路，从而丰富和升华了梁山武术。

宋徽宗宣和（公元1120年前后）年间，天下各路豪杰啸聚水泊梁山，凭借水泊天险，仗着精绝的武艺，杀富济贫，除暴安良，演出了一幕幕生动感人的活剧。从此高手云集的水泊梁山，便名冠武林，威震天下。梁山北部六工山建福寺老方丈元通，走遍天下无敌手。梁山好汉每次大仗之后，便到那里休整、演练武艺，他就汲取好汉们的功夫之长，创编成梁山功夫。又因该功多在子夜、午时演练，故称“子午门”功夫。宋江等好汉招安被害后，元通把他们的后人接进六工山加以保护，免遭灾难的水泊英雄也纷纷到建福寺出家为生。高俅、蔡京等奸党，深知元通收徒百余，由于个个武艺高强而未敢进犯。为使子午门功夫不致传入歹人，元通选出两个出类拔萃的大弟子，言传身教，然后再从中确定一个功夫强熟者，并云游他乡，与各大门派武林名家探讨切磋，取长补短，印证武功，返回后正式立为掌门人。此后，这已成为所谓门规。至今，梁山子午门功夫已传至第二十一代掌门人。

梁山县拥有子午门、梅花拳、少林拳、太极拳、洪拳等百余种武术门类，武术馆校遍及城乡，经常参加习武健身的人很多。其中，梁山子午门在2009年入选第二批山东省非物质文化遗产。梁山武术文化底蕴丰富，它汲取当年梁山众好汉的功夫之长，形成了自己独特的技术风格特点和武术文化特色。目前，传授“梁山武术”的武馆已经遍布北美、欧洲、非洲及东南亚等30个国家和地区，开设了73家梁山武术的培训机构。

第二节　洪派太极拳

摘要

洪派太极拳是山东省第四批省级非物质文化遗产项目。

洪派太极拳创始人洪均生先生，河南禹县人，1907年出生于书香世家，自幼颖悟过人。幼年时随其父寓居京城，因体弱于1930年拜陈式太极拳第十七代宗师陈发科为师，学习陈式太极拳，言传身教得之于师，潜揣默识求诸已；十五年不辍所学，深得陈发科真传。后困于家计，于 1944 年离京，辗转赴济南投亲谋生。1956 年再度赴京，拜晤其师陈发科，以求拳法之精与拳理之秘，更得陈发科晚年之技击精粹。征得陈发科同意，遂将师授之技法融于套路之中，为后来学者开辟了一条掌握陈式技击奥妙的捷径（图 11–2）。

图 11–2　洪派太极拳

寻根问底

洪均生自幼聪颖过人，善于思索，博览强记，通音律，工诗词，文武兼修，随陈发科习拳不久，即对太极拳的缠丝劲颇有心得。

洪均生为人忠厚诚实，视师如亲，随师十五年，师徒感情深厚。时隔六十年，每每提及恩师，言情间溢于崇敬之情。洪均生在太极理法上，主张讨论实验，对有些著作及观点，坦率地说出自己的观点。对那些弄虚作假的现象毫不客气地提出批评，他提出教学相长的原则，并指出“人有品，拳亦有品，拳品高低实以人品为主”。

洪均生技高艺纯，被人誉为神技。日本的曾吾忠弘写道：“观看了洪老师的示范表演，真正看到了我们所倾慕的东西，感到在他身上有着令人难以置信的极高雅的武术气质，而他就像一位杰出的哲人，蕴藏着人类的奥秘……洪老师具有天才般的反应、速度和精确度，有人曾试图推动他的身体，但在欲推的瞬间，突然力量好像被什么东西给带走了，自己反而被弹出甚远。洪老师的身体就像装有机械装置，在本人尚未意识到的一刹那，就自动作出反应。再者，洪老师在击溃对方中心时，其手的精确度可以毫米计，我们称他的手为‘魔手’，在我与洪老师门下的学生练习推手时，无论我使出什么招数他们都纹丝不动，洪老师见状走来，只轻轻地将其手放在我的手上，我的对手就被弹出，令我惊奇不已。我这才亲身体会到内家拳的功夫是日积月累、不懈努力得来的……”

洪均生一生坎坷，毕生追求太极真谛，少年多病，幸遇明师，身体转健，但中年丧偶，子女又多，生活条件艰难，最初由学生们资助，原住于济南东巷一陋室。至 20 世纪 80 年代初，因日本学生来济南学拳，政府安排到济南菜市新村一两居室的房子，此时才得以安居。

1961 年，正值自然灾害，生活极苦，几乎难以支撑，幸受著名学者刘子衡的鼓励，洪均生决心整理太极拳及自己的心得，《陈式太极实用拳法》三易其稿，都是在多年居住的陋室里写成的，一直到 1989 年七次易稿，由学生资助才得以出版。洪均生一生著作颇丰，著有《陈式太极实用拳法》《陈式太极拳》《十三势心解》《太极拳式名考释》及诸多论文。

洪均生几十年如一日，积极传播太极，弟子及再传弟子遍及世界各地，前几年，其再传弟子在全国太极推手赛上几乎囊括全部金牌。众多弟子继续为传播太极拳作出贡献。

洪均生在太极拳理上首次提出手法的公转与自转，公转的正旋、反旋；自转的顺逆以及腿部缠法的具体要求；根据“腰为车轴，立如平准”的原则，提出太极拳要求随遇平衡；首次提出眼法上也有虚实顺逆之分；他特别强调，“太极是掤劲，动作走螺旋”，对掤劲作出了更具体的说明，对螺旋缠丝进行了详尽的探讨，这些理论都是创造性的见解，为后学研练太极指明了方向。

洪派太极拳

发现价值

1. 文化价值

洪派太极拳是优秀的太极拳种，洪均生先生将拳的奥妙及多年的心得著成通俗易懂的歌诀，对太极的缠法、眼、手、身、步、双重、推手等内容作了详尽的解说，习者容易诵记并得到完整明确的概念。

2. 科学价值

洪派太极拳风格精巧轻灵，宛转含蓄，缜密缠绵，自然雍容，外示处女之秀，内含金刚之坚，不着意于大开大合，奔腾雄壮。洪均生先生对于太极拳的科学诠释给我们后学指引了研究太极拳的捷径。

拓展阅读

20 世纪 60 年代，洪公在趵突泉公园内南面的拳场传授太极拳。当时，有一姓刘的壮汉常在拳场活动，此人长得五大三粗，体重200多斤，其长枪短棒皆有两下子，时常练骑马蹲裆式。每次摆好功架，他都用双手叉腰，便犹如铁塔般无人撼得动。某日，洪公高兴，对他说："我试试如何？"刘不以为然道："可以。"洪公走向前去，用中指抵其腹部，手指略一旋转，刘便向后跌出数步，众人拍手叫绝。学生孟宪彬当时随洪师习拳不久，见此情形甚感奇妙，也试着用双手推刘，可任他竭尽全力，却不能撼动其分毫。洪公兴起，跟他说："老孟，你用一只手按其腹上。"孟按住刘腹部，洪公仍用中指点在孟之手背，复用旋转之力，隔手背又将刘点跌数尺。围观者啧啧称奇，姓刘的壮汉也佩服得五体投地。众人纳闷，纷纷问洪公："您用的什么招？"洪公幽默地回答说："我亦不知玄又玄。"

又一日在黑虎泉边，弟子习套路，洪公在一旁指导并亲自示范。这时一位经常来此观摩的壮年男子走到洪公跟前，突然抬起右手，一巴掌拍在洪公的左肩上："我这招你怎么破？"洪公抬起右手，往左肩一抹，该壮汉如遭重创，扑哧跌在洪公脚下。此人不肯作罢，爬起来，又把右手搭上，洪公仍就势一抹，该壮汉又跌倒，再度爬起来后，竟眨巴着眼睛回不过神来，惹得洪公的弟子及路过者皆大笑。洪公笑着问他："摔疼了吗？"壮汉摇摇头。洪公开玩笑说："告诉你，这叫'搭手巾把'招。"小手法有如此奇效，"奇"更奇在跌倒之人全无疼痛感，难怪此事会被人们铭记于心，直到今日观者仍历历在目。不论是与武林中人切磋技艺，还是教训突袭挑衅的路人，洪公与人过招总是点到为止，从不伤人。这种平和的心态与他的武学思想密不可分。

第三节　文圣拳

摘要

文圣拳是济宁市第二批非物质文化遗产项目。

文圣拳起源于17世纪中叶（明末清初）。先师刘奉天（1617—

1689）宗师，自幼研习家传导引术，后经高人指点，修行道家内功，造诣极深，后定居山东单县练武，著有《八卦八书歌》。他与徒弟郜云龙共同研创了“文圣功”。

在国家非物质文化遗产文圣拳传承人宋连洪先生与宋国旗先生、王安林先生及门人的共同努力下，文圣拳分别在2007年、2008年、2009年被汶上县、济宁市、山东省三级政府列为非物质文化遗产保护项目。

文圣拳是中国传统武术宝库中的一朵奇葩，是中国优秀传统武术，是山东省四大优秀拳种之一（图11–3）。

图11–3　文圣拳宗师宋传平在练功

寻根问底

文圣拳，又称五步架、杜家拳、神拳、长寿拳，是一种古老的汉族拳术。据传，赵匡胤后代将赵匡胤所习的老洪拳和文功静坐法相结合，发展演变为文圣拳。

“文”字取意于文功静坐之法，“圣”字显其拳理高深。清乾隆年间，山东冠县杨士海将文圣拳传嘉祥县的杜宏信。后杜宏信返回家乡广授文圣拳技艺，杜去世后，为纪念他，后人也将文圣功称为“杜家拳”。文圣拳动作稳健，无蹿蹦跳跃，五步之距就可练拳，人们又称之为“五步架”。清朝末年，文圣拳中反清复明之士聚会时，总是先烧香敬神，继之习拳练武，燃香习武渐成规矩，文圣拳由此被称为“神拳”，又因为文圣拳门中长寿者甚多，有“八十出功，九十不松”的说法，故又被称为“长寿拳”。

杜宏信授徒传艺，文圣拳遂在嘉祥县、汶上县、郓城县、冠县等地流传。杜宏信弟子侯宪章（嘉祥人）充实发展了文圣拳套路动作内容，将原静步功架变活步功架，即静坐习练改为行走习练，成为流传至今的头趟架，亦称“五步架”。杜另一弟子高皇（嘉祥人，清武举人）将六路梅花刀发展为九路梅花刀。宋传平这一代又将其传承与发展，故其传人尊称其为“文圣拳宗师”。

文圣拳造型古朴无华，运动量大，招招式式以气为本，以强身为主，有刚有柔，兼具技击性。拳术有头趟架、二趟架，器械有文圣六合大枪、九路梅花大刀、文圣剑，对练有二趟脱打、六合大枪对扎。

文圣拳以古代阴阳无形变化的原理为拳艺指南，由文功和武功两部分组成，文功即静功，武功即动功。文功主要是调息，入静，养气，练意，为功法拳法之根本，方式有静坐、侧卧、仰卧、站立等式。武功主要是练形求法，动作中讲究阴阳变化，刚柔并济，伸筋拔骨，以意引气，以气催力，气到力到，意气力结合，方法上讲究粘、沾、连、挤、推、托、靠、钻等。

发现价值

1. 文化价值

文圣拳是近年来挖掘整理新发现的稀有拳种，该拳种记录了当地民间生活的一种方式，体现了文化多样性的表现形式。

2. 科学价值

文圣拳中长寿老人甚多，有“八十出功，九十不松”的说法，而一代宗师宋传平老先生，在 1986 年以 94 岁高龄参加全国武术观摩交流大会，并获雄师金奖，享年 104 岁。故人们又称文圣拳为能使弱者强、强者仁、仁者寿的“长寿拳”，为研究人类长寿提供了一定的借鉴意义。

拓展阅读

神秘的文圣内功

在文圣拳学中，将文圣拳分为两种，一种是套路，一种则是内功。在文圣拳学中，文圣内功占有极高的地位，内功相当于基础，对此王安林深有感触。

大约在 1979 年的夏天，年轻的王安林经人引荐，拜入了宋如一的门下，成了他的记名弟子。“当时入门以后，我跟着老师和几个师兄一起练习文圣拳”，但是让王安林奇怪的是，一连几个月，他和师兄们都在不断地“扎马步”，或者是演练几个单调的动作，既没有刀光剑影的对练，也没有什么“江湖人士”前来讨教，这让王安林觉得很不舒服：“那时候我年轻，就觉得练文圣拳就得是对练，就得是终日里刀光剑影打打杀杀。”王安林很不适应这种枯燥单调的练功模式，他甚至一度有了离开的想法。“后来有一天，我看师傅在那里洗脸，我就有了一个想法”，王安林悄悄地走到师傅宋如一的背后，趁师傅不备，忽然间发力，右手一拳打向了师傅的后背，他满以为这一偷袭足以撼动师傅，谁知道拳刚一触及师傅的后背，一股貌似柔和却颇霸道的劲力忽然间反击过来，王安林倒退几步摔倒在地，而师傅却纹丝未动。“从那以后我算是明白了，想学会文圣拳，必须要打好基础，我就老老实实地每天扎马步练套路。”与此同时，王安林还在师傅的指导下开始读一些涉及中国传统文化的书籍，“《易经》《黄帝内经》我都开始学，还有穴位图，我学着学着发现，这些东西跟文圣拳的内功中的很多心法是不谋而合的。内功这种东西很抽象，也不能很好解释，但是文圣拳中的内功确实是存在的，而且有养生的功效。”王安林说，在史料中，确实有一些文圣拳修习者长寿的记载。“就拿我师祖宋传平来说，他在 1986 年的时候还参加了全国武术观摩交流大会，还拿了一个金奖，那时候他都 94 岁了，他活了 104 岁，不但头发有三分之二重新变黑，还长出了新牙齿，要知道我师祖那一辈人可是久经战乱和饥饿，能够如此长寿，我觉得跟文圣内功有莫大的关系。”

文圣拳也有霸道的一面

与文圣内功相比，文圣拳学中的对练套路则是另一种风格。

张金平是济宁市文圣传统武术馆的教练，作为王安林弟子之一，他多年来一直致力于文圣拳的对练和实战，并且颇有心得。他说，文圣拳的特点在于其整体的进攻性，“出手的时候很凶悍，很霸道。”张金平说，虽然单练的文圣拳看起来速度并不快，但是一旦与人对敌，所产生的力量却是非常凶悍霸道的。

从小习武的张金平，对于武术非常痴迷，他曾经买过不少关于擒拿格斗的书籍，希望从中学到一些功夫。“那时候不但买了书学，而且一看人家有练武的，就想上去跟人家比画比画。”2004 年的一天清晨，在公园里练功的张金平遇到了王安林，“当时看起来觉得这人练的功夫很慢，但是一交手就知道厉害，当时老师也没有用力跟我打，只是简单地过了几下，我就感觉出对方的力量来了。”文圣拳的一个特点就是多以滑步为主，进攻的速度快，力量足。

而文圣拳的另一个特点则是少有高难度动作，也没有纵跳、腾空等比较剧烈的运动，“其实文圣拳比较古朴，外人看起来或许会觉得平淡无奇，但是内中却藏着非常厉害的杀招。”王安林的另一位弟子刘勇说。

力挫欧洲空手道冠军

2007 年 9 月的一天，一个英国留学生拿着一张中国武协的推荐信，来到了济宁市王安林的武馆。这个英国小伙子叫瑞恩，才 19 岁，由于自幼爱好武术而且天赋不错，因此得到过不少国外高手的指点，如今他来到济宁，就是为了拜入王安林的门下学习文圣拳。

瑞恩自幼生长在一个武学之家，他的曾祖父、祖父和父亲都是全英国的空手道冠军，尤其是瑞恩的父亲埃蒙·马奇尼，不但是英国空手道黑带五段，还曾经两次获得全欧洲空手道大赛的冠军。父辈通过学习空手道所获得的成绩和荣誉，也让瑞恩对搏击颇为热爱，尤其是神秘的中国功夫，更让他神往不已。

很快，瑞恩就拜在了王安林的门下，开始学习文圣拳。“大概是过了一年多吧，瑞恩的父亲埃蒙从英国来看他了。”王安林说，他没有想到这次探亲，居然变成了空手道与文圣拳的一次对抗。

此时的埃蒙虽然已经退役，但是所学的功夫却没有搁下，在来到王安林的武馆后，他做的第一件事就是要求观摩王安林和儿子所练的文圣拳。“我们练完了之后，埃蒙很自然地就要评价一下。”王安林说，当时的埃蒙似乎对儿子所学的功夫不太感冒，他毫不客气地对王安林说：“你的功夫很棒，但是我想我的功夫更棒。”说完，埃蒙随便找了几块砖头，轻松地将它们劈开。

既然双方都认为自己的功夫不错，那么交手印证一下也就不可避免了，但是王安林却有所顾忌：“怎么说呢，人家也算是国际友人，出手太重伤了谁都不好。”于是王安林与埃蒙一交手，便尽量控制自己的力量，“他的空手道功夫确实不错，力量也强，个子高，臂展长，所以我就依靠近身的攻击来制约他。”几次交手后，埃蒙接连被王安林摔倒在地，而埃蒙却很难打到王安林。

“第一天交手结束后埃蒙还是不太服气，但是第二天他就下不了床了，后来他干脆就留在了济宁，跟儿子一起学文圣拳。”王安林说，类似这样的事情太多了，因为很多外国学生一到济宁，都要先跟师傅过手。

第四节　鲁南民间游戏

摘要

鲁南民间游戏是济宁市第二批非物质文化遗产项目。

在民间各地流传着许多具有浓厚生活气息、风格各异的游戏，这就是所谓的民间游戏，它在许多人的脑海中留下了属于童年的美好回忆。民间游戏具有浓厚的区域文化气息，玩法简单易学，趣味性强，材料简便，不受人数、场地、环境限制，需要我们去传承。

图 11-4　鲁南民间游戏

鲁南民间游戏作为民间风俗，曾在人们的精神娱乐生活中占据主导地位，游戏内容丰富、流传广泛（图 11-4）。

寻根问底

鲁南民间游戏的玩法多是自由性的和竞赛性的，有团体、个人之分。具体来说，民间游戏分为两大类：体育竞技类和民间棋弈类。

体育竞技类包括斗鸡游戏、洋画片游戏、种京瓜、跑四角城、老鼠十八洞、老鹰叼小鸡、跳房子、打官瓦、踢毽子、打拉牛、跳绳、抬花轿、拉拉秧、藏槐槐儿、藏猫猴儿、打拉子、拾子儿、推铁环、打角螺、弹弓、翻绳、过星星路、瞎子逮瘸子、磕杏核、天下太平等。

体育竞技类游戏的特点是规则简单，要求场地充足，运动量较大，适合少年儿童玩耍。斗鸡游戏、踢毽子、跳绳等项目也深为广大成年人所喜爱。

民间棋弈类包括憋死牛、喝三壶、鸡毛蒜皮、撑狗皮、顶子儿、下三、古楼等。

民间棋弈类游戏趣味横生，场地随意，是一种无论大人小孩都喜爱的文化娱乐活动。

民间游戏之所以能够普及，就在于不仅游戏本身简单易学，开发智力、趣味横生，而且条件要求低，玩起来极其方便。除部分游戏如打角螺、踢毽子需要陀螺和毽子等特定道具外，其余大部分游戏可就地取材，在地上画几条线、拾几块石头就可以进行，因而民间游戏经久不衰，深受人们的喜爱。

发现价值

1. 文化价值

民间游戏老少皆宜，体现了民间群众的智慧，研究民间游戏对于研究鲁南一带民风民俗具有重要的意义。民间游戏还附儿歌唱和，孩子必得边唱边玩，在游戏中相互交流，逐渐学习表达，这样可以丰富词汇，促进语言的发展。

2. 思想教育价值

民间游戏简单易学，趣味性强且种类繁多，对促进孩子身心发展有着不可低估的作用，能促进孩子社会性的发展，促进孩子良好意志品质的形成。

拓展阅读

鲁南民间游戏：时光河畔的乱琼碎玉

在物质条件比较贫乏的年代，广大劳动人民的精神娱乐活动也是相对单调的。但人们在长期的劳动生活中发明了一系列用以强身健体、调节情绪、娱乐自身的文化活动，这些活动统称为民间游戏。作为邹城某时期民间风俗的重要组成部分，鲁南民间游戏曾经在人们的精神娱乐生活中占据主导地位。游戏种类丰富多彩，包括斗鸡游戏、洋画片游戏、种京瓜、跑四角城、老鼠十八洞、老鹰叼小鸡、跳房子、打官瓦、摔哇呜、踢毽子、打拉牛、跳绳、抬花轿、拉拉秧、藏槐槐儿、藏猫猴儿、打拉子、拾石子儿、攀罗圈、过星星路、瞎子逮瘸子、玩杏核、过家家、天下太平等。

斗鸡游戏又称鸡斗，参加者单腿站立，另外一腿盘屈胯间，双手握屈起的脚踝，做金鸡独立状。游戏时，参加者双方各自"驾鸡"，单腿跳跃前进。接近时，各自用膝盖去冲击对方的膝盖，以冲撞、上掀、下砸、侧击、佯攻、躲闪等方法迫使对方倒地或者脱手"掉鸡"。腿脚先着地者为败。竞赛类型分为打擂台、群鸡斗、攻营等多种玩法。

"跑四角城"要求至少 7 人参加。先在地上画一个方框为城，选 4 人分别站四角，每两人之间的空隙为一门，共分东、南、西、北四门。然后抽签选出一人在城内扮"老聋子"，其余人在城外。这时城外人边跑边喊"老聋子，出东门，然后再拿人"，喊毕，"老聋子"就从东门跑出来抓人。若出错了门则为输。若出对了并抓住了人，则被抓住者接替"老聋子"继续游戏。城外人也可以喊"老聋子，呼噜噜，不管哪门都能出"，这样"老聋子"可以随便从一门出来抓人。城外人跑累了可以让站城角的人接替自己跑，自己变为城角。

"摔哇呜"是一种适宜夏季雨后进行的游戏，多人参加。游戏者用泥捏成碗状的"哇呜"，口喊"我的哇呜要不响，都来拍我的光脊梁"，口下底上，往平整的地面上摔。哇呜爆裂时会发出清脆的声响。以哇呜爆裂时候破口大小和摔出的声音大小为标准，声音响，破口大者获胜。

（来源：http://www.mencius.gov.cn/news03/05/meishizoucheng/2012-08-02/388.html）

第五节　东阿杂技

摘要

东阿杂技是山东省第二批省级非物质文化遗产项目。

东阿县是中国民间杂技艺术的发源地。东阿杂技历史悠久，源远流长，称得上中国杂技的故乡和摇篮。5 000多年前，东夷部落首领蚩尤的主要活动区域就在今天的东阿一带，蚩尤被誉为“杂技始祖”。春秋战国时期，东阿杂技已趋于成熟，形成了以杂技艺术为主，汇集各种表演艺术于一体的“百戏”。近代以来，东阿杂技更形成了“遍地开花，百家争鸣”的可喜局面。东阿杂技人才辈出，经久不衰，杂技艺人走南闯北，遍布全国各地。凭借着对杂技艺术的满腔热血，东阿艺人将杂技代代传扬，不仅在国内打出了名堂，还将杂技推向了国际，斩获奖项无数。如今，杂技已然成为东阿县的一张文化名片。

图 11–5　杂技

寻根问底

古代杂技源于角抵戏，又名蚩尤戏。据《史记》等资料记载，传说中的最早的角抵英雄蚩尤，其生前主要活动区域之一便是东阿，死后，其首葬在寿张。汉代是中国杂技的形成和成长期，品种不断增加，技艺不断提高。近年来，文物工作者在东阿县邓庙村发现一汉墓，出土画像石中有很多杂技表演的内容，其中百戏人物刻画线条优美，布局合理，展现了汉代杂技艺术成就。

三国时期，杂技马戏在东阿一带已很盛行。著名文学家、诗人曹植就是位承前启后的重要人物。这位“世目为绣虎”的才子是一位出色的杂技艺术家，史料记载，他“跳丸击剑，诵俳优小说数千言”，“斗鸡东郊道，走马长楸间”，《白马篇》中“控弦破左的，右发摧月支；仰首接飞猱，俯身散马蹄”，就是他当时表演马术的生动写照。《三国志·魏书·王粲》引《魏略》云：“曹植善杂技，能胡舞，跳丸，击剑。”魏太和三年(229年)，曹植被封为东阿王后，昔日结交的俳优术士会集东阿参加百戏会。据传，他墓前的一块风水地就是他当年的娱乐场。

1949年前，东阿县成立的“东盛马戏班”，曾流行这样一首歌谣："跑马卖解上大杆，跳丸地圈流星鞭，走江行会保平安，莫忘先拜曹子建。"从中可见曹植对于东阿杂技的发展所产生的影响。1951 年，在东阿曹植墓发掘的 132 件出土文物中，有蒜头形五花石球 1 个，据考证即为曹植"跳丸"用的道具。东阿杂技的起源从曹植算起已有 1 800 多年的历史。

唐代，东阿有两位重要人物，花振芳和她的女儿花碧莲。她们擅长舞剑，据记载，花碧莲因为出色的技艺一度惊动了喜欢骑射的唐玄宗，并欲将其招至宫中演出，还许诺封其官位，但是其婉言谢绝。聊城地区曾有马戏艺人班子供奉花振芳的习俗，称其为"花祖爷"。可见，东阿杂技艺术日臻成熟，至唐代已成为宫廷和民间共盛的艺术。

清末民初，东阿出现了大批杂技名人，贺庄村的张鹏芳、李金芝是杂技艺人李半仙的弟子。张大人集人张正振，孟庄人孟继钱、孟继恩、孟继功，都是张鹏芳、李金芝的弟子。20 世纪 20 年代，他们都已经是山东省著名的杂技艺人了。这一时期，涌现了一批如"盖山东""草上飞"等全国闻名的杂技名家。当时，东阿杂技马戏班有几十个。

张正振于 1919 年创办的"东盛马戏班"，演于东北地区，当时主要演出的节目有《二人抬杆子》《爬大杆》《上刀山》《钻刀火门子》《钻席筒》等节目。由"明地"演出发展成布帷圈棚演出，节目增添了驯兽、马术、武术、气功等。

1921 年，张正振聘邀了日本人竹野俊郎做翻译，从丹东市进入朝鲜国演出。这是山东省历史上第一个出国演出的杂技班社，张正振也是第一个率团出国演出的人。该戏班在朝鲜演出达六年之久，足迹遍及朝鲜国的广大乡村和各个城市，深受朝鲜人民的欢迎。该戏班 1926 年返回祖国，改名为"东盛马戏团"，后又改名为"前进杂技马戏团"。

东阿杂技产生于新石器时代晚期，经春秋战国时期，至汉代已经非常发达，至今已有 2 000 多年的历史。近年来，东阿杂技在创新中发展，目前有千余名东阿籍杂技演员遍布全国各地，并担任主要领导和业务骨干。2008 年 9 月，东阿县被文化部命名为"中国杂技艺术之乡"。

发现价值

1. 文化价值

东阿杂技有助于推动精神文明建设，丰富人民群众的文化生活，提高人民群众的素质，对于促进人的全面发展，构建社会主义和谐社会，都将产生重要的影响。

2. 社会价值

东阿县是中国杂技艺术之乡，是中国民间杂技的摇篮。东阿杂技在中国杂技史上占有极其重要的地位，杂技是优秀的民间艺术，是中国优秀传统文化的组成部分。抢救、保护东阿杂技对中国杂技事业，乃至对世界杂技的发展都将产生一定的推动作用。

拓展阅读

中国杂技九大特色

重视腰腿顶功的训练是中国杂技的第一个特点。中国杂技自古重视顶功。汉代砖、石画像和壁画、陶俑中，有许多拿顶和翻筋斗的形象。中国杂技艺人，即使是表演古代戏法的演员也要有扎实的功夫基础，所谓“文戏武活”即是指此。没有坚实的功夫，在大褂里卡上上百斤的道具，还要行动自如，翻着筋斗变水变火是不行的。

第二是险中求稳、动中求静，显示出冷静、巧妙、准确的技巧和千锤百炼的硬功夫。如“走钢丝”中种种惊险的表演，都要求“稳”；“晃板”“晃梯”之类，凳上加凳，人上叠人，但顶上的人必须在动荡不定的基础上求平求静，这要求艺人必须有极冷静的头脑、高超的技艺，同时也离不开千百次刻苦训练。

第三是平中求奇。以出神入化的巧妙手法，从无到有，显示人类的创造力量。这个艺术特色在举世惊绝的“古彩戏法”中表现得最为突出。中国戏法与西洋魔术最大的区别就在于魔术讲究运用声光道具，台面上金碧辉煌、锃光瓦亮，而中国戏法演员却只要一件长袍，一条薄单，平凡朴实，毫无华彩，然而这一身长袍却要变出千奇百怪的东西，从酒席菜肴至活鱼、活鸟，无奇不有。演员一个跟斗能献出烈火燃烧的铜盆，再一个跟斗又取出硕大无比、有鱼有水的鱼缸。

第四是轻重并举，通灵入化，软硬功夫相辅相成。最能表现这一艺术特色的是“蹬技”节目，蹬技多数是由女演员表演，演员躺在特制的方台上，以双足来蹬。至于所蹬物体，几乎包罗万象，从绍兴酒罐、彩缸、瓦钟到桌子、梯子、木柱、木板和喧腾带响的锣鼓等，轻至绢制的花伞，重到100多斤重的大活人；被蹬物体，或飞速旋转，或腾越自如，从光滑的瓷制彩缸，到笨重的木制八仙桌子，都可以蹬得飞旋如轮，只见影子不见物象。

第五是超人的力量和轻捷灵巧的跟斗技艺相结合。《叠罗汉》的底座负重量是惊人的。唐代《载竿》有一人顶十八人的记载。现藏日本，作为国宝级文物的唐代漆画弹弓，弓背上就有一个顶六人的形象。近世的《千斤担》一位老演员手举脚蹬同时举起四副石担和七八个演员，负重达千斤以上，表现了超人的力量。传统的“拉硬弓”“耍关刀”都是负重极大的节目。

第六是大量运用生活用具和劳动工具为道具，富于生活气息。碗、盘、坛、盅、绳、鞭、叉、竿、梯、桌、椅、伞、帽等平凡的物品，在中国杂技艺人手里，变幻万状，显示了中国杂技与劳动生活的紧密关系，有些节目就是劳动技能和民间游戏结合的产物。如绳技、神鞭等，就是牧民套马、赶车和儿童跳绳的艺术化。

第七是古朴的工艺美术和形体技巧的结合。“耍坛子”“转碟”等节目把中国的瓷绘艺术与杂技交融在一起。“蹬技”中的花伞和彩缸同样给人以传统艺术的美感。

第八是中国杂技有极大的适应性，表演形式、场所多样化。如广场、剧场、街巷、客房，多至百人大荟萃，小至一人的现场都可即席献艺。正是这种广泛的适应性使其能千古犹存。

第九是中国杂技有严密的师承传统，又与姊妹艺术关系密切。中国杂技有严密的内向性，每一种技艺都是代代相传。同时还有地域性，如河北省吴桥县就是有名的杂技之乡。杂技艺人尊师重艺，对先辈传下来的技艺，总是千方百计地保存下来，传递下去。

（节选自网络《中国杂技九大特色》）

非遗传承活动

活动一　互动交流

搜集你所在地区中国传统武术的图片和视频，了解武术传承的悠久历史，感受中华武术的独特艺术魅力。

活动二　重拾民间游戏

电子产品充斥着我们的生活，父辈们儿时的游戏早已被我们抛之脑后，请与长辈交流，他们儿时都有哪些民间游戏，有哪些是你没有玩过的民间游戏呢？

附录
孔孟之乡非物质文化遗产项目名录

孔孟之乡非物质文化遗产项目数量汇总

项目 批次	第一批 2006.12.30	第一批 拓展 2009.9.27	第二批 2009.9.27	第三批 2013.5.7	第三批 拓展 2013.5.7	第四批 2016.3.22	第四批 拓展 2016.3.22
民间文学	17	1	24	11	2	7	
传统音乐	14	3	12	2	2	2	6
传统舞蹈	21	1	19	8	2	6	1
传统戏剧	23	7	2		1	4	4
曲艺	10	5	7	1	2	3	5
传统体育游艺与杂技	7	1	19	6	4	9	7
民间美术	29		9	6	4	7	11
传统技艺	22	1	41	24	2	16	21
传统医药	1		7	1	2		3
民俗	13		10	3		4	1
合计	157	19	150	62	21	58	59

山东省第一批省级非物质文化遗产项目名录（2006.12.30）
（共计 157 项）

一、民间文学（17 项）

序号	编号	项目名称	申报地区或单位
1	1-1	梁祝传说	济宁市
2	1-2	孟姜女传说	淄博市
3	1-3	崂山民间故事	青岛市崂山区
4	1-4	陶朱公传说	定陶县
5	1-5	麒麟传说	嘉祥县、巨野县
6	1-6	董永传说	博兴县
7	1-7	孟母教子传说	曲阜市、邹城市
8	1-8	鲁班传说	曲阜市、滕州市
9	1-9	孔子诞生传说	曲阜市
10	1-10	闵子骞传说	济南市历城区、鱼台县
11	1-11	炉姑传说	淄博市张店区、桓台县
12	1-12	牛郎织女传说	沂源县
13	1-13	八仙过海传说	蓬莱市
14	1-14	秃尾巴老李传说	文登市、即墨市、莒县、诸城市
15	1-15	卧冰求鲤传说	临沂市兰山区
16	1-16	东方朔民间传说	陵县
17	1-17	女娲神话	枣庄市

二、民间美术（29 项）

序号	编号	项目名称	申报地区或单位
18	2-1	杨家埠木版年画	潍坊市寒亭区
19	2-2	高密扑灰年画	高密市

续表

序号	编号	项目名称	申报地区或单位
20	2-3	宗家庄木版年画	平度市
21	2-4	东昌府木版年画	聊城市东昌府区
22	2-5	张秋木版年画	阳谷县
23	2-6	清河镇木版年画	惠民县
24	2-7	东昌葫芦雕刻	聊城市东昌府区
25	2-8	曹州面人	菏泽市牡丹区
26	2-9	曹县江米人	曹县
27	2-10	郎庄面塑	冠县
28	2-11	聂家庄泥塑	高密市
29	2-12	苍山泥塑	苍山县
30	2-13	惠民泥塑	惠民县
31	2-14	伏里土陶	枣庄市山亭区
32	2-15	莒县过门笺	莒县
33	2-16	五莲剪纸	五莲县
34	2-17	滨州剪纸	滨州市滨城区
35	2-18	高密剪纸	高密市
36	2-19	烟台剪纸	烟台市
37	2-20	胶州剪纸	青岛市黄岛区、胶州市、胶南市
38	2-21	潍坊核雕	王绪德（潍坊市）
39	2-22	鄄城砖塑	鄄城县
40	2-23	郯城木旋玩具	郯城县

续表

序号	编号	项目名称	申报地区或单位
41	2-24	西关村王家锡雕	莱芜市莱城区
42	2-25	滕县松枝鸟	滕州市
43	2-26	曲阜楷木雕刻	曲阜市
44	2-27	嘉祥石雕	嘉祥县
45	2-28	掖县滑石雕刻	莱州市
46	2-29	洛房泥玩具	枣庄市薛城区

三、民间音乐（14 项）

序号	编号	项目名称	申报地区或单位
47	3-1	聊斋俚曲	淄博市
48	3-2	鲁西南鼓吹乐	嘉祥县、菏泽市牡丹区
49	3-3	道教音乐（崂山道教音乐、泰山道教音乐、胶东道教音乐、腊山道教音乐）	青岛市崂山区、泰安市、烟台市、东平县
50	3-4	山东古筝乐	菏泽市
51	3-5	菏泽弦索乐	菏泽市
52	3-6	临清架鼓	临清市
53	3-7	鱼山呗	东阿县
54	3-8	鲁南五大调（郯马五大调、满江红）	郯城县、日照市东港区
55	3-9	海洋渔号（长岛渔号、岚山渔民号子）	长岛县、日照市岚山区
56	3-10	运河船工号子	武城县

续表

序号	编号	项目名称	申报地区或单位
57	3-11	山东民歌（沂蒙山小调、包楞调）	山东省文化厅、费县、成武县
58	3-12	邹城平派鼓吹乐	邹城市
59	3-13	大杆号吹奏乐	蓬莱市
60	3-14	诸城派古琴	诸城市

四、民间舞蹈（21项）

序号	编号	项目名称	申报地区或单位
61	4-1	鼓子秧歌	商河县、济阳县
62	4-2	胶州秧歌	胶州市
63	4-3	海阳大秧歌	海阳县
64	4-4	龙灯扛阁	临沂市河东区
65	4-5	芯子（周村芯子、阁子里芯子、章丘芯子）	淄博市周村区、临淄区、章丘市
66	4-6	商羊舞	鄄城县
67	4-7	花鞭鼓舞（陈官短穗花鼓、花鞭鼓舞）	广饶县、商河县
68	4-8	磁村花鼓	淄博市淄川区
69	4-9	鲁南花鼓	枣庄市台儿庄区
70	4-10	莘城镇温庄火狮子	莘县
71	4-11	颜庄村花鼓锣子	莱芜市钢城区
72	4-12	百兽图	新泰市
73	4-13	独杆跷	新泰市

续表

序号	编号	项目名称	申报地区或单位
74	4–14	抬花杠	武城县
75	4–15	绣球灯舞	齐河县
76	4–16	逛荡灯	新泰市
77	4–17	阴阳板	邹城市
78	4–18	手龙绣球灯	济南市长清区
79	4–19	栖霞八卦鼓舞	栖霞市
80	4–20	踩寸子	淄博市临淄区
81	4–21	柳林花鼓	冠县

五、戏曲（23 项）

序号	编号	项目名称	申报地区或单位
82	5–1	柳子戏	山东省文化厅
83	5–2	五音戏	淄博市
84	5–3	茂腔	胶州市、高密市
85	5–4	蓝关戏	莱州市
86	5–5	一勾勾（四音戏）	临邑县、东平县
87	5–6	柳琴戏	枣庄市、临沂市
88	5–7	京剧	山东省文化厅、济南市、青岛市
89	5–8	吕剧	山东省文化厅、济南市、东营市东营区、广饶县、博兴县
90	5–9	柳腔	即墨市
91	5–10	山东梆子	泰安市、菏泽市、嘉祥县、梁山县

续表

序号	编号	项目名称	申报地区或单位
92	5-11	莱芜梆子	莱芜市
93	5-12	东路梆子	惠民县
94	5-13	枣梆	菏泽市
95	5-14	大弦子戏	菏泽市
96	5-15	两夹弦	定陶县
97	5-16	大平调	菏泽市牡丹区、东明县
98	5-17	四平调	成武县、金乡县
99	5-18	皮影戏（黄墩皮影戏、山亭皮影戏、济南皮影戏、定陶皮影戏、泰山皮影戏）	日照市岚山区、枣庄市山亭区、济南市、定陶县、泰安市
100	5-19	木偶戏（贾家洼村傀儡戏、宁阳木偶戏）	莱芜市莱城区、宁阳县
101	5-20	渔鼓戏	沾化县
102	5-21	扽腔	博兴县
103	5-22	鹧鸪戏	淄博市临淄区
104	5-23	王皮戏	平阴县

六、曲艺（10项）

序号	编号	项目名称	申报地区或单位
105	6-1	山东大鼓	山东省文化厅、济南市
106	6-2	山东琴书	山东省文化厅、济南市、菏泽市

续表

序号	编号	项目名称	申报地区或单位
107	6-3	山东快书	山东省文化厅、济南市
108	6-4	胶东大鼓	烟台市、青岛市
109	6-5	山东八角鼓	胶州市、聊城市东昌府区
110	6-6	山东落子	单县
111	6-7	山东花鼓	菏泽市
112	6-8	莺歌柳书	菏泽市
113	6-9	端公腔	微山县、东平县
114	6-10	鼓儿词	枣庄市市中区

七、民间杂技（3 项）

序号	编号	项目名称	申报地区或单位
115	7-1	聊城杂技	聊城市
116	7-2	宁津杂技	宁津县
117	7-3	孔楼杂技	巨野县

八、民间手工技艺（18 项）

序号	编号	项目名称	申报地区或单位
118	8-1	潍坊风筝	潍坊市寒亭区
119	8-2	彩印花布	山东省文化厅
120	8-3	蓝印花布	山东省文化厅
121	8-4	鲁锦（鲁西南民间织锦技艺）	山东省文化厅、鄄城县、嘉祥县
122	8-5	黄金溜槽碓石砌灶冶炼技艺	招远市

续表

序号	编号	项目名称	申报地区或单位
123	8-6	周村烧饼	淄博市周村区
124	8-7	龙口粉丝传统手工生产技艺	招远市
125	8-8	郓城水浒纸牌及雕版印刷工艺	郓城县
126	8-9	郓城古筝制作技艺	郓城县
127	8-10	周村铜响乐器制作技艺	淄博市周村区
128	8-11	临清贡砖制作技艺	临清市
129	8-12	潍坊嵌银漆器	潍坊市
130	8-13	柘砚制作技艺	泗水县
131	8-14	柳疃丝绸技艺	昌邑市
132	8-15	潍坊刺绣	邓华（潍坊市）
133	8-16	海草房民居建筑技艺	荣成市
134	8-17	景芝酒传统酿造技艺	安丘市
135	8-18	莱州草辫技艺	莱州市

九、消费习俗（4项）

序号	编号	项目名称	申报地区或单位
136	9-1	德州扒鸡制作技艺	德州市
137	9-2	孔府菜烹饪技艺	曲阜市
138	9-3	鲁菜烹饪技艺	烟台市福山区

续表

序号	编号	项目名称	申报地区或单位
139	9-4	济南烤鸭制作技艺	济南市

十、岁时节令（1 项）

序号	编号	项目名称	申报地区或单位
140	10-1	宁阳端午彩粽习俗	宁阳县

十一、民间信仰（2 项）

序号	编号	项目名称	申报地区或单位
141	11-1	泰山石敢当习俗	泰安市
142	11-2	桃木雕刻民俗	肥城市

十二、传统中医药（1 项）

序号	编号	项目名称	申报地区或单位
143	12-1	阿胶（东阿阿胶制作技艺、东阿镇福牌阿胶制作技艺）	东阿县、平阴县

十三、传统体育与竞技（4 项）

序号	编号	项目名称	申报地区或单位
144	13-1	蹴鞠	淄博市
145	13-2	查拳	冠县
146	13-3	梁山武术	梁山县
147	13-4	螳螂拳	莱阳市

十四、文化空间（10 项）

序号	编号	项目名称	申报地区或单位
148	14-1	祭孔大典	曲阜市

续表

序号	编号	项目名称	申报地区或单位
149	14-2	惠民胡集书会	惠民县
150	14-3	泰山东岳庙会	泰安市
151	14-4	泰山封禅与祭祀习俗	泰安市
152	14-5	渔民节祭祀仪式	荣成市
153	14-6	渔民节	日照市
154	14-7	周戈庄上网节	即墨市
155	14-8	渔灯节	烟台市
156	14-9	海云庵糖球会	青岛市四方区
157	14-10	天后宫新正民俗文化庙会	青岛市

第一批省级非物质文化遗产扩展项目名录（2009.9.27）（共计19项）

一、山东省省级非物质文化遗产名录民间文学（1项）

序号	编号	项目名称	申报地区或单位
2	1-2	孟姜女传说	济南市长清区、莱芜市莱城区

二、山东省省级非物质文化遗产名录传统音乐（3项）

序号	编号	项目名称	申报地区或单位
48	3-2	鲁西南鼓吹乐	巨野县、单县
55	3-9	海洋渔号（荣成渔民号子）	荣成市
56	3-10	运河船工号子(枣庄运河号子)	枣庄市

三、山东省省级非物质文化遗产名录传统舞蹈（1项）

序号	编号	项目名称	申报地区或单位
61	4-1	鼓子秧歌	阳信县

四、山东省省级非物质文化遗产名录传统戏剧（7 项）

序号	编号	项目名称	申报地区或单位
82	5−1	柳子戏（马堤吹腔）	定陶县、夏津县
83	5−2	五音戏	章丘市
84	5−3	茂腔	胶南市
89	5−8	吕剧	滨州市
91	5−10	山东梆子（汶上梆子）	汶上县
96	5−15	两夹弦（北词两夹弦）	郓城县
97	5−16	大平调	成武县

五、山东省省级非物质文化遗产名录曲艺（5 项）

序号	编号	项目名称	申报地区或单位
105	6−1	山东大鼓	夏津县
106	6−2	山东琴书	枣庄市山亭区、郓城县
108	6−4	胶东大鼓	栖霞市
109	6−5	山东八角鼓（青州八角鼓）	青州市
110	6−6	山东落子	金乡县、巨野县

六、山东省省级非物质文化遗产名录传统体育与竞技（1 项）

序号	编号	项目名称	申报地区或单位
147	13−4	螳螂拳	栖霞市、青岛市崂山区

七、山东省省级非物质文化遗产名录传统技艺（1 项）

序号	编号	项目名称	申报地区或单位
120	8−3	蓝印花布印染技艺（苍山县大仲村蓝印花布、东明县大屯镇蓝印花布、博兴县锦秋街道办事处蓝印花布）	苍山县、东明县、博兴县

山东省第二批省级非物质文化遗产项目名录（2009.9.27）
（共计 150 项）

一、民间文学（24 项）

序号	编号	项目名称	申报地区或单位
158	Ⅰ-18	大舜传说	济南市历下区、诸城市
159	Ⅰ-19	尧舜传说	菏泽市牡丹区
160	Ⅰ-20	泰山传说	泰安市
161	Ⅰ-21	秦始皇东巡传说	荣成市
162	Ⅰ-22	徐福传说	胶南市、青岛市黄岛区、龙口市
163	Ⅰ-23	扁鹊传说	济南市长清区
164	Ⅰ-24	范蠡与陶山的故事	肥城市
165	Ⅰ-25	颜文姜传说	淄博市博山区
166	Ⅰ-26	庄子传说	东明县
167	Ⅰ-27	奚仲造车传说	枣庄市薛城区、滕州市
168	Ⅰ-28	公冶长传说	诸城市、安丘市
169	Ⅰ-29	琅琊台传说	胶南市
170	Ⅰ-30	柳毅传说	潍坊市寒亭区
171	Ⅰ-31	鬼谷子传说	淄博市淄川区
172	Ⅰ-32	牡丹传说	菏泽市牡丹区
173	Ⅰ-33	伯乐传说	成武县
174	Ⅰ-34	长勺之战传说	莱芜市
175	Ⅰ-35	丘处机传说	栖霞市
176	Ⅰ-36	刘备在平原的传说	平原县

续表

序号	编号	项目名称	申报地区或单位
177	Ⅰ-37	凤凰山传说	东阿县
178	Ⅰ-38	柳下惠传说	兖州市、平阴县
179	Ⅰ-39	临淄成语典故	淄博市临淄区
180	Ⅰ-40	大禹治水的传说	宁阳县
181	Ⅰ-41	蒙山传说	蒙阴县

二、传统音乐（12 项）

序号	编号	项目名称	申报地区或单位
182	Ⅱ-15	韶乐（箫韶乐舞、齐韶）	曲阜市、淄博市临淄区
183	Ⅱ-16	博山锣鼓	淄博市博山区
184	Ⅱ-17	商家大鼓	淄博市淄川区
185	Ⅱ-18	石岛渔家大鼓	荣成市
186	Ⅱ-19	黄河号子	滨州市
187	Ⅱ-20	阳谷寿张黄河夯号	阳谷县
188	Ⅱ-21	东平硪号子	东平县
189	Ⅱ-22	挫琴	青州市
190	Ⅱ-23	章丘扁鼓	章丘市
191	Ⅱ-24	张氏吹打乐	莱芜市莱城区
192	Ⅱ-25	牛屯鼓乐	定陶县
193	Ⅱ-26	薛城唢呐	枣庄市薛城区

三、传统舞蹈（19 项）

序号	编号	项目名称	申报地区或单位
194	Ⅲ-22	梆鼓秧歌	济南市历城区

续表

序号	编号	项目名称	申报地区或单位
195	Ⅲ-23	地秧歌	高密市
196	Ⅲ-24	德平大秧歌	临邑县
197	Ⅲ-25	莱西秧歌	莱西市
198	Ⅲ-26	小章竹马	昌邑县
199	Ⅲ-27	加古通	平阴县
200	Ⅲ-28	月宫图	寿光市
201	Ⅲ-29	火虎	邹城市
202	Ⅲ-30	羊抵头鼓舞	东明县
203	Ⅲ-31	担经	鄄城县、成武县
204	Ⅲ-32	三皇舞	鄄城县
205	Ⅲ-33	柳林降狮舞	冠县
206	Ⅲ-34	蹉地舞	莱芜市莱城区
207	Ⅲ-35	猴呱嗒鞭	苍山县
208	Ⅲ-36	闹海	寿光市
209	Ⅲ-37	独杆轿	枣庄市峄城区
210	Ⅲ-38	四蟹抢船	枣庄市市中区
211	Ⅲ-39	盐垛斗虎	东营市东营区
212	Ⅲ-40	福山雷鼓	烟台市福山区

四、传统戏剧（2 项）

序号	编号	项目名称	申报地区或单位
213	Ⅳ-24	周姑戏	莒县、临朐县
214	Ⅳ-25	蛤蟆嗡	冠县

五、曲艺（7 项）

序号	编号	项目名称	申报地区或单位
215	Ⅴ-11	评词	济南市
216	Ⅴ-12	山东渔鼓	汶上县、单县
217	Ⅴ-13	东路大鼓	安丘市、滨州市滨城区、沾化县
218	Ⅴ-14	西河大鼓	无棣县、阳信县
219	Ⅴ-15	小曲子	东明县
220	Ⅴ-16	枣木杠子乱弹	广饶县
221	Ⅴ-17	临清时调	临清市

六、传统体育、游艺与杂技（19 项）

序号	编号	项目名称	申报地区或单位
222	Ⅵ-8	东阿杂技	东阿县
223	Ⅵ-9	梅花拳	山东梅花拳学会、梁山县
224	Ⅵ-10	文圣拳	汶上县
225	Ⅵ-11	子午门	梁山县、东平县
226	Ⅵ-12	徐家拳	新泰市
227	Ⅵ-13	孙膑拳	青岛市市北区、青岛市李沧区、安丘市
228	Ⅵ-14	大洪拳	菏泽市牡丹区、郓城县、滕州市
229	Ⅵ-15	二洪拳	鄄城县、曹县
230	Ⅵ-16	佛汉拳	东明县
231	Ⅵ-17	二郎拳	巨野县
232	Ⅵ-18	崂山道教武术	青岛市崂山区

续表

序号	编号	项目名称	申报地区或单位
233	Ⅵ－19	济南形意拳	济南市
234	Ⅵ－20	青州花毽	青州市
235	Ⅵ－21	傅士古短拳	青岛市城阳区
236	Ⅵ－22	临清肘捶	临清市
237	Ⅵ－23	临清潭腿	临清市
238	Ⅵ－24	吴式太极拳	莱州市
239	Ⅵ－25	戚家拳	蓬莱市
240	Ⅵ－26	牛郎棍	乳山市

七、传统美术（9 项）

序号	编号	项目名称	申报地区或单位
241	Ⅶ－30	济南面塑	济南市
242	Ⅶ－31	泰山泥塑	泰安市岱岳区
243	Ⅶ－32	曹县木雕	曹县
244	Ⅶ－33	威海剪纸	威海市
245	Ⅶ－34	茌平剪纸	茌平县
246	Ⅶ－35	黄县窗染花	龙口市
247	Ⅶ－36	莱芜吕家泥塑	莱芜市
248	Ⅶ－37	高密半印半画年画	高密市
249	Ⅶ－38	鲁绣	济南市、文登市

八、传统技艺（41 项）

序号	编号	项目名称	申报地区或单位
250	Ⅷ－23	崔字小磨香油传统技艺	潍坊市

续表

序号	编号	项目名称	申报地区或单位
251	Ⅷ-24	棒槌花边技艺（临淄花边、青州府花边大套）	栖霞市、淄博市临淄区、青州市
252	Ⅷ-25	微山渔家虎头服饰	微山县
253	Ⅷ-26	五莲割花技艺	五莲县
254	Ⅷ-27	枣庄民间缝绣技艺	枣庄市薛城区
255	Ⅷ-28	曹县戏文纸扎	曹县
256	Ⅷ-29	长岛木帆船制造技艺	长岛县
257	Ⅷ-30	潍坊仿古铜铸造技艺（潍坊仿古青铜器铸造技艺、潍坊市奎文区仿古铜印铸造技艺）	潍坊市、潍坊市奎文区
258	Ⅷ-31	曹县龙灯制作技艺	曹县
259	Ⅷ-32	曲阜大庄绢花制作技艺	曲阜市
260	Ⅷ-33	威海锡镶技艺	威海市环翠区
261	Ⅷ-34	即墨大欧鸟笼制作技艺	即墨市
262	Ⅷ-35	聊城牛筋腰带制作技艺	聊城市东昌府区
263	Ⅷ-36	高密菜刀工艺	高密市
264	Ⅷ-37	德州古埙制作技艺	德州市
265	Ⅷ-38	济南石家老陶烧制技艺	济南市槐荫区
266	Ⅷ-39	曲阜尼山砚制作技艺	曲阜市
267	Ⅷ-40	桑皮纸制作技艺	曲阜市、临朐县
268	Ⅷ-41	柳编编织技艺	博兴县、曹县
269	Ⅷ-42	胶南泊里红席编织技艺	胶南市
270	Ⅷ-43	草编编织技艺（枣庄市薛城区庞庄麦秸手编技艺、垦利县黄河口民间草编技艺、博兴草编）	枣庄市薛城区、垦利县、博兴县

续表

序号	编号	项目名称	申报地区或单位
271	Ⅷ-44	曲阜琉璃瓦制作技艺	曲阜市
272	Ⅷ-45	青州井塘村石砌房民居建筑技艺	青州市
273	Ⅷ-46	黄县民居雕刻技艺	龙口市
274	Ⅷ-47	武定府酱菜制作技艺	惠民县
275	Ⅷ-48	成武酱菜制作技艺	成武县
276	Ⅷ-49	蠓子虾酱制作技艺	荣成市
277	Ⅷ-50	强恕堂白酒传统酿造技艺	桓台县
278	Ⅷ-51	兰陵美酒传统酿造技艺	苍山县
279	Ⅷ-52	玉堂酱菜制作技艺	济宁市
280	Ⅷ-53	王村醋传统酿造技艺	淄博市周村区
281	Ⅷ-54	通德醋传统酿造技艺	平原县
282	Ⅷ-55	仲宫白酒传统酿造技艺	济南市
283	Ⅷ-56	宏源白酒传统酿造技艺	寿光市
284	Ⅷ-57	扳倒井白酒传统酿造技艺	高青县
285	Ⅷ-58	清梅居香酥牛肉干手工技艺	淄博市博山区
286	Ⅷ-59	聊城铁公鸡制作技艺	聊城市东昌府区
287	Ⅷ-60	济南油旋制作技艺	济南市
288	Ⅷ-61	糖瓜制作技艺	文登市、莱芜市莱城区
289	Ⅷ-62	滕州张汪竹木玩具制作技艺	滕州市
290	Ⅷ-63	淄博陶瓷烧制技艺	淄博市

九、传统医药（7 项）

序号	编号	项目名称	申报地区或单位
291	Ⅸ-2	宏济堂中医药文化	济南市
292	Ⅸ-3	赵培印面瘫膏药制作工艺	淄博市张店区
293	Ⅸ-4	扈氏鼻炎药膏制作工艺	淄博市
294	Ⅸ-5	接骨膏制作工艺（全鸡接骨膏、活血接骨膏）	曹县
295	Ⅸ-6	安驾庄梁氏正骨疗法	肥城市
296	Ⅸ-7	董家骨科正骨疗法	安丘市
297	Ⅸ-8	健脑补肾丸制作工艺	临清市

十、民俗（10 项）

序号	编号	项目名称	申报地区或单位
298	Ⅹ-14	千佛山庙会	济南市
299	Ⅹ-15	仿山山会	定陶县
300	Ⅹ-16	桃源花供	曹县
301	Ⅹ-17	长岛显应宫妈祖祭典	长岛县
302	Ⅹ-18	宁阳斗蟋	宁阳县
303	Ⅹ-19	周村古商城商贸习俗	淄博市周村区
304	Ⅹ-20	章丘铁匠习俗	章丘市
305	Ⅹ-21	转秋千会	莒县
306	Ⅹ-22	胶东花饽饽习俗	烟台市、文登市
307	Ⅹ-23	淄博花灯会	淄博市张店区

山东省第三批省级非物质文化遗产项目名录（2013.5.7）
（共计 62 项）

一、民间文学（11 项）

序号	编号	项目名称	申报地区或单位
308	Ⅰ-42	颜子传说	曲阜市

续表

序号	编号	项目名称	申报地区或单位
309	Ⅰ-43	东海孝妇传说	郯城县
310	Ⅰ-44	武训传说	冠县
311	Ⅰ-45	孙膑传说	鄄城县
312	Ⅰ-46	胡峄阳传说	青岛市城阳区
313	Ⅰ-47	李左车传说	安丘市
314	Ⅰ-48	张尔歧传说	济阳县
315	Ⅰ-49	盐宗夙沙氏煮海成盐传说	青岛市城阳区
316	Ⅰ-50	伊尹传说	曹县
317	Ⅰ-51	水浒传说	山东省水浒文化交流中心、梁山县、东平县
318	Ⅰ-52	赤山明神传说	荣成市

二、传统音乐（2项）

序号	编号	项目名称	申报地区或单位
319	Ⅱ-27	古琴艺术	山东省艺术研究所、济南市、德州市
320	Ⅱ-28	锣鼓艺术（长勺鼓乐）	莱芜市

三、传统舞蹈（8项）

序号	编号	项目名称	申报地区或单位
321	Ⅲ-41	百鸟朝凤	寿光市
322	Ⅲ-42	阴阳鼓	潍坊市

续表

序号	编号	项目名称	申报地区或单位
323	Ⅲ-43	跑驴（德州跑驴、孙斗跑驴）	德州市、广饶县
324	Ⅲ-44	灯舞（人灯、戏灯穿花、八仙灯、骰牌灯）	枣庄市薛城区、栖霞市、蒙阴县、枣庄市薛城区
325	Ⅲ-45	高跷（上杠高跷、郓城高跷）	济阳县、郓城县
326	Ⅲ-46	精灵皮	单县
327	Ⅲ-47	狮舞（梅花桩舞狮子）	梁山县
328	Ⅲ-48	撅老四	东明县

四、曲艺（1项）

序号	编号	项目名称	申报地区或单位
329	Ⅴ-18	坠子	济南市、鄄城县、郓城县

五、传统体育、游艺与杂技（6项）

序号	编号	项目名称	申报地区或单位
330	Ⅵ-27	地龙经拳	高密市
331	Ⅵ-28	地功拳	安丘市
332	Ⅵ-29	太平拳	平阴县
333	Ⅵ-30	武当太乙门	济南市槐荫区
334	Ⅵ-31	水浒拳	郓城县
335	Ⅵ-32	八卦掌	曹县

六、传统美术（6 项）

序号	编号	项目名称	申报地区或单位
336	Ⅶ−39	锦灰堆	淄博市周村区
337	Ⅶ−40	布玩具（潍县布玩具）	潍坊市寒亭区
338	Ⅶ−41	鲁派内画	淄博市张店区、淄博市博山区
339	Ⅶ−42	堆绣（曹州堆绣）	定陶县
340	Ⅶ−43	绳编（曹州绳编）	定陶县
341	Ⅶ−44	淄博刻瓷	淄博市淄川区

七、传统技艺（24 项）

序号	编号	项目名称	申报地区或单位
342	Ⅷ−64	砚台制作技艺（临朐红丝砚制作技艺、青州红丝砚制作技艺、长岛砣矶砚雕刻技艺、淄砚制作技艺）	临朐县、青州市、长岛县、淄博市淄川区
343	Ⅷ−65	拓片制作技艺	山东省非物质文化遗产保护协会、曲阜市
344	Ⅷ−66	毛笔制作技艺（广饶齐笔制作技艺、莱州毛笔制作技艺、曲阜扶兴和毛笔制作技艺、东昌毛笔制作技艺）	广饶县、莱州市、曲阜市、聊城市东昌府区
345	Ⅷ−67	陶器烧制技艺（章丘黑陶烧制技艺、枣庄砂陶烧制技艺、昌邑土陶烧制技艺、日照黑陶烧制技艺、德州黑陶烧制技艺、东昌澄泥烧制技艺）	章丘市、枣庄市市中区、昌邑市、日照市东港区、德州市、聊城市东昌府区
346	Ⅷ−68	丝绸织染技艺（周村丝绸织染技艺）	淄博市周村区

续表

序号	编号	项目名称	申报地区或单位
347	Ⅷ-69	中式服装制作技艺（旗袍制作技艺）	济南市历下区
348	Ⅷ-70	琉璃烧制技艺（博山琉璃烧制技艺）	淄博市博山区
349	Ⅷ-71	木杆秤制作技艺	安丘市
350	Ⅷ-72	弓箭制作技艺（徐弓坊弓箭制作技艺）	曲阜市
351	Ⅷ-73	制鼓技艺	惠民县
352	Ⅷ-74	剪刀锻制技艺（青州剪刀锻制技艺）	青州市
353	Ⅷ-75	锡壶制作技艺	阳信县
354	Ⅷ-76	金银细工制作技艺（梦金园金首饰制作技艺）	昌乐县
355	Ⅷ-77	卤水制盐技艺	寿光市
356	Ⅷ-78	传统木船制造技艺（木质渔船制造技艺、桷蓬制造技艺、传统小船制造技艺）	青岛市城阳区、荣成市、日照市东港区
357	Ⅷ-79	石榴盆景栽制技艺	枣庄市峄城区
358	Ⅷ-80	酿造酒传统酿造技艺（即墨老酒黄酒传统酿造技艺、妙府黄酒传统酿造技艺）	即墨市
359	Ⅷ-81	蒸馏酒传统酿造技艺（景阳冈陈酿酒传统酿造技艺、花冠酒传统酿造技艺、孔府家酒传统酿造技艺、乾隆杯酒传统酿造技艺、云门春酒传统酿造技艺）	阳谷县、巨野县、曲阜市、昌邑市、青州市

续表

序号	编号	项目名称	申报地区或单位
360	Ⅷ-82	肉食传统制作技艺（曹县烧牛肉传统制作技艺、莱芜口镇南肠传统制作技艺、单县羊肉汤传统制作技艺、亓氏酱香源肉食酱制技艺、潍坊朝天锅制作技艺）	曹县、莱芜市、单县、莱芜市、潍坊市奎文区
361	Ⅷ-83	海参传统加工技艺	荣成市
362	Ⅷ-84	面食传统制作技艺（福山大面制作技艺、滨州锅子饼制作技艺、泰山驴油火烧制作技艺、隆盛糕点制作技艺）	烟台市福山区、滨州市滨城区、泰安市、青州市
363	Ⅷ-85	糁制作技艺	临沂市兰山区
364	Ⅷ-86	豆腐传统制作技艺（泰安豆腐制作技艺、邹平酸浆豆腐制作技艺）	泰安市泰山区、邹平县
365	Ⅷ-87	醋酿造技艺（泺口醋酿造技艺）	济南市天桥区

八、传统医药（1项）

序号	编号	项目名称	申报地区或单位
366	Ⅸ-9	推拿（三字经流派推拿疗法）	青岛市中医医院

九、民俗（3项）

序号	编号	项目名称	申报地区或单位
367	Ⅹ-24	民间信俗（东岳大帝与碧霞元君信俗、莱阳豆面灯碗信俗、东镇沂山祭仪）	泰安市、莱阳市、临朐县

续表

序号	编号	项目名称	申报地区或单位
368	Ⅹ-25	民间食俗（胶东饺子食俗、四四席食俗）	荣成市、淄博市博山区
369	Ⅹ-26	民间风俗（宁津斗蟋风俗、“串黄河”风俗）	宁津县、文登市

山东省省级非物质文化遗产扩展项目名录（2013.5.7）（共计21项）

一、民间文学（2项）

序号	编号	项目名称	申报地区或单位
171	Ⅰ-31	鬼谷子传说	平邑县
178	Ⅰ-38	柳下惠传说	新泰市

二、传统音乐（2项）

序号	编号	项目名称	申报地区或单位
50	Ⅱ-4	古筝艺术（金氏古筝）	临清市
57	Ⅱ-11	山东民歌（淄博市《赶牛山》、胶州市《赶集》、泗水县《大辫子甩三甩》、苍山县《绣荷包》）	山东省艺术馆

三、传统舞蹈（2项）

序号	编号	项目名称	申报地区或单位
65	Ⅲ-5	抬阁（崔楼抬阁）	鄄城县
198	Ⅲ-26	竹马（尚寨竹马）	邹城市

四、传统戏剧（1 项）

序号	编号	项目名称	申报地区或单位
86	Ⅳ-5	一勾勾（四根弦）	高唐县

五、曲艺（2 项）

序号	编号	项目名称	申报地区或单位
111	Ⅴ-7	山东花鼓（山头花鼓）	邹城市
216	Ⅴ-12	山东渔鼓	平阴县

六、传统体育、游艺与杂技（4 项）

序号	编号	项目名称	申报地区或单位
145	Ⅵ-2	查拳（安丘查拳、莒县查拳、黑虎查拳）	安丘市、莒县、临沂市兰山区
147	Ⅵ-4	螳螂拳（鸳鸯螳螂拳、梅花摔手螳螂拳）	青岛市市南区、烟台市牟平区
223	Ⅵ-9	梅花拳	定陶县
228	Ⅵ-14	大洪拳	鄄城县

七、传统美术（4 项）

序号	编号	项目名称	申报地区或单位
18	Ⅶ-1	木版年画（郯城木版年画）	郯城县
25	Ⅶ-8	面塑（济宁面塑）	济宁市市中区
28	Ⅶ-11	泥塑（安丘泥人）	安丘市
243	Ⅶ-32	木雕（阳谷木雕）	阳谷县

八、传统技艺（2项）

序号	编号	项目名称	申报地区或单位
251	Ⅷ－24	棒槌花边技艺（牟平棒槌花边、乳山镂绣）	烟台市牟平区、乳山市
268	Ⅷ－41	草柳编（平度草编、文登草编、临沭柳编、河东汤河草柳编）	平度市、文登市、临沭县、临沂市河东区

九、传统医药（2项）

序号	编号	项目名称	申报地区或单位
143	Ⅸ－1	中医传统制剂方法（宏济堂传统阿胶制作技艺、二仙膏古法制作技艺、王三贴膏药制作技艺、黄县柳条膏制作技艺）	章丘市、济宁市、中国中铁十局集团有限公司、龙口市
295	Ⅸ－6	中医正骨疗法(孟氏正骨疗法）	新泰市

山东省第四批省级非物质文化遗产代表性项目名录（2016.3.22）
（共计58项）

一、民间文学（7项）

序号	编号	项目名称	申报地区或单位
370	Ⅰ－53	王邦直与《律吕正声》的传说	青岛市城阳区
371	Ⅰ－54	仪狄造酒故事	高青县
372	Ⅰ－55	酒祖传说	安丘市
373	Ⅰ－56	姜太公传说	昌乐县
374	Ⅰ－57	鸡黍之约	金乡县
375	Ⅰ－58	肥桃传说	肥城市
376	Ⅰ－59	岱崮传说	蒙阴县

二、传统音乐（2 项）

序号	编号	项目名称	申报地区或单位
377	Ⅱ-29	软弓京胡	邹城市
378	Ⅱ-30	鲁东南鼓吹乐《小桃红》	临沭县

三、传统舞蹈（6 项）

序号	编号	项目名称	申报地区或单位
379	Ⅲ-49	猫蝶富贵	济南市天桥区
380	Ⅲ-50	虎斗牛	利津县
381	Ⅲ-51	洼子跑麒麟	临朐县
382	Ⅲ-52	花棍舞	济宁市兖州区
383	Ⅲ-53	蹦鼓舞	德州市陵城区
384	Ⅲ-54	高唐落子舞	高唐县

四、传统戏剧（4 项）

序号	编号	项目名称	申报地区或单位
385	Ⅳ-26	章丘梆子	章丘市
386	Ⅳ-27	八仙戏	淄博市临淄区
387	Ⅳ-28	弦子戏	沂南县、临沂市兰山区
388	Ⅳ-29	蟠龙梆子	莱芜市钢城区

五、曲艺（3项）

序号	编号	项目名称	申报地区或单位
389	Ⅴ-19	山东清音	鱼台县
390	Ⅴ-20	高唐四平调	高唐县
391	Ⅴ-21	三弦平调	临沂市兰山区

六、传统体育、游艺与杂技（9项）

序号	编号	项目名称	申报地区或单位
392	Ⅵ-33	鸳鸯内家功	青岛市市南区
393	Ⅵ-34	三铺龙拳	胶州市
394	Ⅵ-35	通背拳	淄博市淄川区
395	Ⅵ-36	尹派宫式八卦拳	威海市环翠区
396	Ⅵ-37	聊城梅花桩拳	聊城市东昌府区
397	Ⅵ-38	燕青拳	滨州市滨城区
398	Ⅵ-39	武术点穴法	东明县
399	Ⅵ-40	高兴线狮	日照市岚山区
400	Ⅵ-41	定陶阴阳掌	定陶县

七、传统美术（7项）

序号	编号	项目名称	申报地区或单位
401	Ⅶ-45	指墨画	即墨市
402	Ⅶ-46	泰山水陆画	泰安市

续表

序号	编号	项目名称	申报地区或单位
403	Ⅶ-47	木刻刀笔书画	德州市德城区
404	Ⅶ-48	茌平董庄中堂画	茌平县
405	Ⅶ-49	济南微雕	济南市
406	Ⅶ-50	运河梁氏石刻脸谱	枣庄市台儿庄区
407	Ⅶ-51	挑花（沂蒙挑花）	平邑县

八、传统技艺（16 项）

序号	编号	项目名称	申报地区或单位
408	Ⅷ-88	装裱修复技艺(古籍修复技艺）	山东省图书馆
409	Ⅷ-89	制扇技艺	山东省民俗学会
410	Ⅷ-90	木鱼石雕刻制作技艺	济南市长清区
411	Ⅷ-91	海产品制作技艺（沙子口金钩海米加工技艺、胶东回水咸鱼干传统制作技艺）	青岛市崂山区、荣成市
412	Ⅷ-92	春宝发制品传统制作工艺	即墨市
413	Ⅷ-93	传统古琴制作技艺（诸城派古琴斫琴技艺、传统古琴制作技艺）	诸城市、枣庄市
414	Ⅷ-94	锔艺（尚氏锔艺、传统锔艺）	潍坊市、肥城市、威海市环翠区
415	Ⅷ-95	泰山封禅御宴	泰安市泰山区

续表

序号	编号	项目名称	申报地区或单位
416	Ⅷ-96	茶传统制作技艺（老鹊窝国槐茶制作技艺、传统干烘茶制作技艺）	沂南县、莱芜市
417	Ⅷ-97	传统家谱制作技艺	沂南县
418	Ⅷ-98	东明粮画制作技艺	东明县
419	Ⅷ-99	北狮皮制作技艺	鄄城县
420	Ⅷ-100	胶州作古典家具制作技艺	胶州市
421	Ⅷ-101	齐村古陶窑建造技艺	枣庄市市中区
422	Ⅷ-102	院庄风箱手工技艺	安丘市
423	Ⅷ-103	泰山香传统制作技艺	泰安市

九、民俗（4 项）

序号	编号	项目名称	申报地区或单位
424	Ⅹ-27	珠算文化	山东珠算协会、蒙阴县
425	Ⅹ-28	民间食俗（山东煎饼习俗、泰山豆腐宴食俗、博山正觉寺禅修茶道）	山东省民俗学会、泰安市泰山区、淄博市博山区
426	Ⅹ-29	民间习俗（东夷渔祖郎君庙会、蓬莱阁庙会、寿光蔬菜生产习俗、青州宣卷、峄山会、毓璜顶庙会）	青岛市城阳区、蓬莱市、寿光市、青州市、邹城市、烟台市

续表

序号	编号	项目名称	申报地区或单位
427	Ⅹ-30	民间信俗（孙膑崇拜、泰山玉习俗、泰山祭祀习俗、成山祭日、中元节习俗）	昌邑市、泰安市岱岳区、泰安市、荣成市、莱芜市

山东省省级非物质文化遗产代表性项目名录扩展项目名录（2016.3.22）
（共计59项）

一、传统音乐（6项）

序号	编号	项目名称	申报地区或单位
48	Ⅱ-2	鲁西南鼓吹乐	成武县
50	Ⅱ-4	山东古筝乐	郓城县
54	Ⅱ-8	大调	日照市东港区
56	Ⅱ-9	黄河号子	菏泽市
57	Ⅱ-11	山东民歌（沂蒙花鼓调系列民歌、妞儿妞）	临沂市、郯城县
193	Ⅱ-26	唢呐艺术（峄县唢呐、小铜唢呐）	枣庄市峄城区、济宁市任城区

二、传统舞蹈（1项）

序号	编号	项目名称	申报地区或单位
62	Ⅲ-53	秧歌（伞棒舞、乳山大秧歌、闫家山地秧歌）	聊城市东昌府区、乳山市、青岛市市北区

三、传统戏剧（4项）

序号	编号	项目名称	申报地区或单位
84	Ⅳ-3	茂腔（五莲茂腔）	五莲县
91	Ⅳ-10	山东梆子	济南市长清区、聊城市、济宁市、郓城县
93	Ⅳ-12	东路梆子	阳信县
98	Ⅳ-17	四平调	单县

四、曲艺（5项）

序号	编号	项目名称	申报地区或单位
110	Ⅴ-6	山东落子	济南市长清区
111	Ⅴ-7	山东花鼓(金乡花鼓、花鼓丁香)	金乡县、单县
216	Ⅴ-12	渔鼓	金乡县
218	Ⅴ-14	西河大鼓	平原县
329	Ⅴ-18	坠子	菏泽市

五、传统体育、游艺与杂技（7项）

序号	编号	项目名称	申报地区或单位
145	Ⅵ-2	查拳（张鲁查拳）	济宁市任城区、莘县
147	Ⅵ-4	螳螂拳	海阳市
223	Ⅵ-9	梅花拳	东明县
227	Ⅵ-13	孙膑拳	淄博市淄川区
231	Ⅵ-17	东阿二郎拳	东阿县

续表

序号	编号	项目名称	申报地区或单位
238	Ⅵ-24	洪派太极拳	山东省武术院、淄博市张店区
335	Ⅵ-32	程派高氏八卦掌	滨州市滨城区

六、传统美术（11 项）

序号	编号	项目名称	申报地区或单位
18	Ⅶ-1	年画（滕县木版年画、临朐手绘年画、安丘木版年画）	滕州市、临朐县、安丘市
24	Ⅶ-7	葫芦雕刻(王氏葫芦书法微烙）	滨州市
28	Ⅶ-11	泥塑（泥塑兔子王、刘氏泥塑、即墨泥老虎）	济南市历下区、青岛市城阳区、即墨市
32	Ⅶ-15	剪纸（泗水民间剪纸、琅琊剪纸、挂门笺、烟台剪纸）	泗水县、临沂市兰山区、郯城县、栖霞市
39	Ⅶ-22	昌邑砖雕	昌邑市
40	Ⅶ-23	旋木	鄄城县
44	Ⅶ-27	三庄石雕石刻	日照市东港区
243	Ⅶ-32	木雕（汶上郭氏木雕、根雕、邹家木雕）	汶上县、沂南县、莱芜市莱城区
249	Ⅶ-38	鲁绣（高桥手绣、烟台绒绣、乳山钩织、莫氏绒绣、济南钩绣）	沂水县、烟台市、乳山市、临沭县、济阳县

续表

序号	编号	项目名称	申报地区或单位
340	Ⅶ－43	绳编（高家店麻绳）	莱芜市莱城区
341	Ⅶ－44	刻瓷（博山窑陶瓷刻绘）	成武县、淄博市博山区

七、传统技艺（21项）

序号	编号	项目名称	申报地区或单位
119	Ⅷ－2	彩印花布传统印染技艺	临沂市河东区
121	Ⅷ－4	鲁锦（老粗布制作技艺）	博兴县
138	Ⅷ－3	鲁菜烹饪技艺（聊城义安成高氏烹饪技艺）	聊城市东昌府区
250	Ⅷ－23	传统糊香食用油制作技艺	莱芜市
251	Ⅷ－24	棒槌花边技艺（即墨花边传统手工技艺）	即墨市
267	Ⅷ－40	造纸技艺（阳谷石佛鲁庄造纸技艺）	阳谷县
274	Ⅷ－47	酱菜制作技艺（垛庄酱菜传统制作技艺）	蒙阴县
280	Ⅷ－53	王家园子醋传统酿造技艺	宁津县
290	Ⅷ－63	陶瓷烧制技艺（博山雨点釉制作技艺）	淄博市博山区
342	Ⅷ－64	砚台制作技艺（徐公砚制作技艺）	沂南县

续表

序号	编号	项目名称	申报地区或单位
343	Ⅷ－65	拓片制作技艺（泰山石刻碑拓技艺、古器物拓制技艺）	泰安市、淄博市临淄区
344	Ⅷ－66	毛笔制作技艺（阴平毛笔制作技艺）	枣庄市峄城区
345	Ⅷ－67	陶器烧制技艺（薛家窑泥陶烧制技艺、齐河黑陶制作技艺、黄泥古陶制作技艺）	莒南县、齐河县、郓城县
346	Ⅷ－68	茧绸织染技艺	潍坊市
348	Ⅷ－70	琉璃烧制技艺（淄博琉璃烧制技艺、博山琉璃灯工制作技艺、博山鸡油黄与鸡肝石琉璃烧制技艺）	淄博市淄川区、淄博市博山区、淄博市博山区
355	Ⅷ－77	晒盐技艺(渤海海盐滩晒工艺）	无棣县
358	Ⅷ－80	酒传统酿造技艺（古贝春酒传统酿造技艺、百脉泉传统酿酒技艺、泰山酒传统酿造技艺、颐阳补酒制作技艺、月河老五甑酿酒技艺）	武城县、章丘市、泰安市、威海市文登区、邹平县
360	Ⅷ－82	肉食传统制作技艺（周氏流亭猪蹄制作技艺、香酥鸡烹饪技艺、知味斋肴鸡制作技艺、临朐全羊制作工艺、万和春排骨砂锅制作工艺）	青岛市城阳区、青岛市市南区、淄博市周村区、临朐县、青岛市市北区

续表

序号	编号	项目名称	申报地区或单位
362	Ⅷ-84	传统面食制作工艺（利津水煎包制作技艺、纸皮包子手工制作技艺、葡萄软月制作技艺、淄川肉烧饼制作技艺、临清什香面制作技艺）	利津县、邹平县、济南市天桥区、淄博市淄川区、临清市
364	Ⅷ-86	豆腐传统制作技艺（杜桥豆腐皮制作技艺）	惠民县

八、传统医药（3项）

序号	编号	项目名称	申报地区或单位
143	Ⅸ-1	中医传统制剂方法（古城膏药制作工艺及正骨医术、明通万应膏药制作技艺、小儿牛黄清心散古法制作技艺、宋氏祖传拔毒膏制作技艺、中亚至宝三鞭丸制作技艺、孟氏接骨膏制作技艺、马纪庄眼药制作技艺、阳谷古阿邑达仁堂张氏阿胶糕制作技艺）	淄博市临淄区、招远市、济宁市、莱芜市莱城区、烟台市、新泰市、定陶县、阳谷县
295	Ⅸ-6	中医正骨疗法（田氏整骨疗法、生氏正骨术、华疃正骨、王氏正骨、孙氏整骨、仇氏正骨术、葛氏正骨法、徐氏中医正骨）	淄博市张店区、滕州市、潍坊市寒亭区、泰安市岱岳区、威海市文登区、郯城县、莒南县、滨州市沾化区

续表

序号	编号	项目名称	申报地区或单位
434	Ⅸ-10	中医诊疗法（周氏艾灸法、八白散传统驻颜技法、中医平衡旋转整脊疗法、李氏小儿推拿秘笈）	青岛市市南区、青岛市市南区、滨州市沾化区、青岛市市南区

九、民俗（1项）

序号	编号	项目名称	申报地区或单位
306	Ⅹ-22	民间习俗（胶东花饽饽习俗）	栖霞市、莱州市、烟台市牟平区

参考文献

[1] 陈淑姣，白秀轩．非物质文化遗产概论[M].北京：中国人民大学出版社，2016.
[2] 李群．齐鲁非物质文化遗产丛书[M].济南：山东友谊出版社，2008.
[3] 乔建中．中国传统音乐[M].上海：上海音乐学院出版社，2009.
[4] 罗雄岩．中国民间舞蹈文化教程[M].上海：上海音乐出版社，2001.
[5] 吴文科．论曲艺的本质特征[J]．浙江艺术职业学院学报，2004(1)：7.
[6] 仲富兰．中国民俗学通论 1：民俗文化论[M]．上海：复旦大学出版社，2015.
[7] 蒋铁生．泰山石敢当习俗的流变及时代意蕴[J]．泰山学院学报，2006(2)：1-5.
[8] 王杰．谈春节习俗及其现代化演变的文化内涵[J]．长春教育学院学报，2013(11)：18-19.
[9] 郑艳．二十四节气探源[J].民间文化论坛，2017(1)：5-12.
[10] 毛嘉陵．中医药文化的思考与传播[J]．中医药通报，2009(6)：1-5.
[11] 曹保明，刘德伟．东阿阿胶与铜城古井的田野考察报告[J].民间文化论坛，2012(1)：95-99.
[12] 邱鸿钟．中医是另一种可能世界的范式[J].医学与哲学（人文社会医学版），2007(4)：14-16.
[13] 邵雷，烟建华．从历史的角度论中医的科学性[J].医学与哲学（人文社会医学版），2007(9)：54-55.
[14] 张雨生，娄季芳．推拿起源于洛阳[J]．骨伤科通讯，1989(1)：38-41.
[15] 王俊奇．也论民间体育、民俗体育、民族体育、传统体育概念及其关系——兼与涂传飞、陈红新等商榷[J]．体育学刊，2008(9)：101-104.
[16] 莫伟彬，蒋宇凌，李跃林，等．论广西少数民族传统节日中民俗、民间体育文化的价值[J]．体育科技，2013(3)：6-7.

[17] 吴文峰. 体育非物质文化遗产保护难点及关键性问题研究[J]. 运动, 2011(14): 134-135.

[18] 乌丙安. 带徒传艺: 保护民间艺术遗产的关键[J]. 美术观察, 2007(11): 8-9.

[19] 乌丙安. 非物质文化遗产保护理论与方法[M]. 北京: 文化艺术出版社, 2010.

[20] 苑利, 顾军. 非物质文化遗产学[M]. 北京: 高等教育出版社, 2009.

[21] 樊云松. 济宁非物质文化遗产名录[M]. 北京: 中国社会出版社, 2010.

[22] 牟延林, 谭宏, 刘壮. 非物质文化遗产概论[M]. 北京: 北京师范大学出版社, 2010.

[23] 王文章. 非物质文化遗产保护研究[M]. 北京: 文化艺术出版社, 2013.

[24] 王文章. 非物质文化遗产概论[M]. 北京: 教育科学出版社, 2008.

[25] 高巍. 中国非物质文化遗产: 民俗[M]. 北京: 中国大百科全书出版社, 2013.